만해 한용운 론

아득한 바다,
휘감는 마음노래

김태진 지음

기획 만해문학회

해제(解題)

'아득한 바다'

　가르침에 이르기를 "비유하면 깊고 큰 바다에 진귀한 보배가 한이 없으며, 그 중에 존재의 형태와 종류를 모두 나타내어, 원인과 조건으로 엮인 인연 바다에 공덕의 보배가 한이 없으니, 청정한 진리의 모습 중에 어떤 형상이든 나타내지 않음이 없기 때문이다." 큰 바다가 뭇 흐름을 다 포섭하는 것과 같다. 해인海印, 아득하기만 한 바다다. 세상의 모든 생명과 사물이 바다 가운데에 도장처럼 깊게 비추어진다는 해인이다.

　'세상의 바다'라 할 아득한 바다에 만해 한용운 스님이 일렁이고 있다는 생각이 들었다. 바다는 바람을 만나 춤을 추고, 때로는 태풍에 성난 파도가 되어 세상을 때렸다. 바다는 오늘도 일렁이고 있다. 밤 깊은 바다에 혼자 해루질이라도 해서 건질게 있다면, 그 바다에 아득히 다다른다면 하고 소망했음이다.

'휘감는 마음'

 끊임없이 움직이는 세상에 살고 있는 우리들 마음이다. 오늘날 우리는, 정보가 넘쳐나고 빠르게 변해가니 마음은 어느새 조각나는 세상을 산다.

 사람들은 끊임없이 무언가를 움켜쥐려 하니 오히려 스스로를 잃어가는 것이다. 붓다는 "네가 찾으려는 마음은 이미 너 안에 있다."라는 가르침을 오래전에 이미 천백억 화신의 모습으로 마음의 징표[심인心印]를 들어보였다.

 만해는 '마음의 노래'로 이를 따라 불렀다. 이미 존재하는 '있는 그대로의 마음'을 보고 들어 그대로 노래한 것이다.

  그대가/ 그림 속의 불에/ 손을 데었다 하면/ 나는 금세/ 3도 화상을 입는다 // 마음의 마음은/ 몇 번이고 몇 번이고/ 화상을 입는다//

     — 김초혜 '마음 화상火傷'

 김초혜 시인의 시구처럼 마음은, 마음의 마음이다. "마음을 곧장 가리킨다."는 '직지인심直指人心'이다. 끝없이 휘감는 마음이자 마음이다.

'님의 노래'

　님이 부르는 노래, 님이 불러주는 노래, 님의 노래다. 님이란 자아自我이기도하고 타자他者이기도 하다. 나와 남이 분명하여 나는 노래를 부르기도 하고 남은 불러주기도 한다. 하지만 님은 나와 함께 노래하고 더불어 노래를 듣는 상즉상입相卽相入하는 존재이다.

　내가 기루어하며 님의 노래를 부르는가하면 님은 나를 위해 노래 불러준다. 그래서 님은 님만 아니라 기룬 것으로서의 모든 세상이 다 님인 것이다.

> 그리운 우리 님의 맑은 노래는/언제나 제 가슴에 젖어 있어요// 긴 날을 문門 밖에서 서서 들어도/ 그리운 우리 님의 고운 노래는/ 해지고 저물도록 귀에 들려요/ 밤들고 잠들도록 귀에 들려요// 고이도 흔들리는 노래 가락에/ 내 잠은 그만이나 깊이 들어요/ 고적孤寂한 잠자리에 홀로 누어도/ 내 잠은 포스근히 깊이 들어요// 그러나 자다 깨면 님의 노래는/ 하나도 남김없이 잃어버려요// 들으면 듣는 대로 님의 노래는/ 하나도 남김없이 잊고 말아요//
>
> 　― 김소월, '님의 노래'

　'님의 노래'는 밤들어 잠들도록 들리니 나와 하나가 된다. 님의 노래는 하나도 남김없이 잊어버리고 님과 나는 하나가 된다. 나의 앞에 있는 님은 천백억 화신으로 나타난 나의 마음이니 마음의 노래이다.

아득한 바다, 휘감는 마음노래

아득한 바다는
진리의 바다이지만
우리는 고해 속에
갇힌 채
어려움을 견디며 산다.

님의 노래는
나의 마음이
살아내는
순간순간
노래하는 세상이다.

오늘을 살아가는
우리에게
여전히 유효한
'사랑의 노래'이다.

'지금 이 순간,
내가 살아

숨 쉬는 것.
그것은
이미 완전하다.'

나의 온전함을
일깨워 주는
대자비로 비추는
사랑노래다.

그리하여
아득한 바다,
휘감는 마음,

만해 한용운이
평생 불러온
님의 노래를
부른다.
마음으로 함께 부른다.

일러두기

이 책을 읽는 이에게
— 시대를 건너는 마음, 언어와 문자반야의 징검다리를 놓으며

'아득한 바다, 휘감는 마음노래'는 시인이자 사상가, 독립혁명가이며 선승이었던 만해 한용운의 삶과 사상을 오늘의 언어로 되살리는 평론적 에세이입니다. 이 책은 단지 과거의 위인을 회고하기 위한 전기가 아니라, '마음'이라는 시대를 초월한 화두를 중심으로, 독자와 만해의 대화를 잇는 언어의 징검다리가 되고자 하였습니다. 달리 『心印萬海之曲심인만해지곡』으로 장중하게 불러도 무방합니다.

1. 표기법과 원문 사용에 대하여

만해의 어록, 시, 논설 등은 구한말~일제강점기 당시의 문체(한문, 국한문 혼용체 등)로 쓰여 있어, 오늘날 독자에게는 다소 낯설 수 있습니다. 본문에서는 가독성을 고려해 현대어로 옮기되, 철학적·미학적 무게를 지닌 표현은 원문을 병기하거나 주석을 통해 그 의미를 설명하였습니다.

예컨대 '님', '해탈', '무아', '불이' 등의 용어는 본래의 불교적·시적 맥락을 유지하였으며, 과도하게 번역되지 않도록 주의하였습니다.

만해의 자필 원고나 당시 문헌에서 인용한 부분은 별도 각주나 인용 표기하여, 시대적 감각을 직접 체험할 수 있도록 구성했습니다.

2. 이 책의 독법讀法: 어떻게 읽을 것인가

이 책은 연대기적 서술이 아니라, 사유의 주제와 감성의 흐름을 따라 구성된 철학적 에세이집입니다. 따라서 각 장은 독립적으로 읽을 수 있으며, 독자의 관심사에 따라 자유롭게 펼쳐 읽으셔도 무방합니다.

'시', '철학', '역사', '자유', '사랑', '수행'이라는 핵심 주제들이 각 장에서 교차하여 드러나며, 장 서두에는 짧은 성찰의 질문이나 문장 요약을 두어 사유의 여운을 남깁니다.

만해의 언어는 때로 신비롭고 때론 급진적입니다. 독자 여러분께서는 이 책을 생각으로 '읽는 책'이자 마음에 '머무는 책'으로 여겨주시기를 바랍니다. 때로는 한 구절 앞에서 멈추어 마음을 들여다보아도 좋습니다.

3. 책자 작성 시 고려한 사항

본서는 만해의 글을 단순히 인용하는 것을 넘어, 근현대 철학자들(하이데거, 가다머, 메를로퐁티 등)의 개념과 조우하며 사유의 지평을 넓혀가는 방식을 택하였습니다.

각 장은 대중성을 고려하여 문학적·시적인 언어로 풀어냈으며, 전문적인 개념은 독자 친화적으로 설명하거나 부기하여 보충하였습니다.

만해의 생애와 사상을 따라가되, 오늘을 사는 우리에게 어떤 질문을 던지는가를 중심 화두로 삼았습니다. 단지 역사 속 인물이 아니라 지금 여기, 우리 마음을 비추는 거울로 읽히기를 바랍니다.

부록 안내 (책 말미에 수록)

주요개념 및 행장: 불교 용어, 사상 용어, 철학 개념 등 정리 및 만해스님 연보 등
만해어록 인용출처: 『님의 침묵』, 『조선불교유신론』, 『십현담주해』 등
참고문헌: 현대철학 및 불교학 주요 문헌, 만해 관련 연구서 목록

이 책은 결국, '마음'에 대한 책입니다.
만해가 평생을 걸며 증명하고자 했던 진실,
그 침묵의 노래가 지금 당신의 내면에 와 닿기를 바랍니다.

|머리말|

　　만해 한용운(1879~1944)은 구한말 설악산 백담사에서 출가한 승려다. 승속여일의 모습으로 일제 강점기에 서울을 오가며 시집 『님의 침묵』 발간 등 평생 다양한 문학 활동과 독립운동, 사회계몽 운동을 하며 지냈다. 이후 세간으로 돌아와 서울 성북동에 조선총독부와 등을 돌린 이른바 북향집 심우장(尋牛莊)에 정착하여 살다 일생을 마쳤다.

　　출가 수행자 그대로 세간에 살며 모습을 달리한 채 세상을 향해 그의 마음자리에 대한 표현으로 시편을 남겼다. 마음 깊은 곳 끝간 데에서 건져 올린 자기성찰의 정수를 담백한 시어로 마음의 노래를 불렀다. 이를 『님의 침묵』으로 세상에 내 놓았으니 많은 사람들의 주목을 받기에 충분했다.

　　만해 한용운의 산문시집 『님의 침묵』은 지금으로부터 100년 전인 1925년에 설악산 오세암에서 탈고하였고, 1926년에 서울에서 출간되었다. 그의 한글자유시는 시집 『님의 침묵』에 실린 88편의 산문시와 이후 한용운 전집의 「심우장 산시(尋牛莊 散詩)」18편이 세상에 알려졌다.

　　최근 만해의 모교 동국대학교 측이 밝힌 바에 의하면 신문이나 잡지에 게재된 만해의 작품과 미공개 자료를 수집, 발굴하여 새로이 만해 한용운 전집 발간을 계획 중이라 한다. 만해의 한글 자유시에 비해 한시나 시조는 생존 당시에는 별로 알려지지 않았고 한시는 주로 필사본 『잡저雜著』에 실려 있었다. 시조 또한 1974년도 '만해전집' 간행 때 비로소 활자화되어 공개되었을 뿐이다. 이후 2006년에 그의 제자 최범술 등이 논설, 수필, 소설 등 만해의 작품이 망라된 한용운 전집(전6권)을 펴낸 바 있고 이번에 동국대가 2026년 재출간을 기획하고 있음은 여러모로 시사하는 바가 크다.

이와 함께 2002년 7월 29일 「만해사상 실천선양회」를 필두로 「만해학회」, 「만해연구소」, 2015년 「만해사상실천연합」 등이 결성되어 활동 중인 것은 실로 고무적인 일이다. 한용운의 민족자주정신, 불교의 현실참여 정신 및 문학사적 업적을 오늘에 되살려 연구하고 기림으로써 민족문화창달을 도모한다는 기치로 만해사상을 계승·발전, 이를 세계화 해오고 있는 것이다.

이러한 활동들이야말로 만해 한용운, 다양한 그의 얼굴을 오늘에야 바로 보게 된 것으로 의미가 있다. 뿐만 아니라 시인·선사·민족지도자로 교과서나 책속에 각인 또는 역사 속에 갇힌 형해화 된 만해 자신은 물론 '님의 침묵', '알 수 없어요'란 화두를 세상 밖 활구活句로 되살려 낸 것이리라.

이 기회에 사단법인 「만해사상 실천연합」 창립 10주년을 맞아 만해 정신을 선양해 온 그간의 활동을 돌아보고 이어 제10회 심우장 만해 평화문학축전'을 열어 뜻을 되새긴다. 만해 한용운 생애와 사상과 뜻을 함께하는 일이야 말로 감개무량을 넘어 새로운 미래를 향한 시금석이 아닐 수 없다. 그런 의미에서 그 심오한 시세계와 더불어 힘들고 어려운 오늘을 살아가는 우리들에게 던지는 침묵, 금언禁言의 의미를 새삼 음미해 보면 어떨까 한다.

만해는 일찍이 서양철학자 니체가 설파한 "현실의 불교가 현실 도피적인 은둔의 성격을 가지고 있다"는 그의 견해를 일부 인정하면서도, 불교의 근본정신을 구세주의와 자유주의 그리고 사해동포주의에서 찾고 있다. 또 만해의 사회진화론에 대한 동조적 입장은 불교사상보다는 식민지현실을 극복해야 한다는 사상적 과제에서 비롯된 것으로 보여 진다. 사회진화론자들은 인구 변동에 작용하는 자연선택 과정을 통해 우수한 경쟁자가 살아남고 인구의 질이 계속 향상된다고 믿었다.

사회진화론은 이후 제국주의·식민주의·인종주의적 정책을 철학적으로 합리화하는 데 이용되기도 했다. 이는 기본적으로는 서구 개인주의에 기초하고 있으나, 사회유기체론과 결합하면서 개인이 전체에 봉사하는 관념으로 전환하게 된다. 세계는 하나라는 '세계일화世界一花 정신'이 발로하는 계기가 된 것이다.

한용운 전집 2권(신구문화사, 1973), 167면을 살피면 그는 "불교가 출세간의 도가 아닌 것은 아니나, 세간을 버리고 세간에 나는 것이 아니라 세간에 들어서 세간에 나는 것이니, 비유컨대 연蓮이 비습오염卑濕汚染에 나되 비습오염卑濕汚染에 물들지 아니하는 것과 같은 것이다." 즉 아름다운 연꽃이 더러운 낮은 습지에서 피어나지만 더러움에 물들지 않고 자태가 고고하다는 것이다.

"그러므로 불교는 염세적으로 고립독행孤立獨行하는 것이 아니오, 구세적救世的으로 입니입수入泥入水하는 것이다."며 세상을 등지고 홀로 고고하게 행하는 것이 아니니 세상을 구하기 위해 진흙에 들어가고 물속에 들어간다는 뜻으로 중생세계로 들어가 함께 한다는 뜻의 '대승불교大乘佛敎' 주장을 펼치고 있음을 알 수 있다.

즉, 만해는 출세간과 적멸에만 머무르려는 것도 하나의 집착이라며, 불교는 오히려 속세에서 출세간의 깨우침대로 사는 것이 중요하다고 본다. 이런 맥락에서 만해는 대중 속에서 대중과 함께 하는 불교, 즉 대중불교를 주창한다. 그는《조선불교유신론》에서 "대중불교라는 것은 불교를 대중적으로 행한다는 의미이니 불교는 반드시 애애愛를 버리고 친親을 떠나 인간사회를 격리隔離한 뒤에 행하는 것이 아니라, 인간 사회의 만반 현실을 조금도 여의지 아니하고 번뇌 중에서 보리菩提를 얻고 생사 중에서 열반을 얻는 것인즉 그것을 인식하고 실천하는 것이 대중불교의 건설이다."고 한다. 이렇듯 만해는 불교의 현실참여를 적극적으로 주창한다.

만해는 '번뇌를 보리로 보리를 번뇌'로 노래한 『님의 침묵』을 통해 세상으로 향했다. 과거시의 전통을 넘어 새로운 경지를 열었고, 근대 불교시의 초석을 다진 문단의 주요인사로 오늘까지도 그 평가가 이어진다. 성聖과 속俗, 세간과 출세간이 하나가 되는 삶을 노래한 것으로 깨달음의 시, 불이不二의 대명사가 된 것으로 유명하다.

이렇듯 문학은 시대와 역사, 사회적 환경의 산물이 아닐 수 없다. 우리의 역사와 더불어 함께해온 민족정신이 한국문학에 면면히 훈습되어 있다는 것은 어찌 보면 지극히 자연스럽고 당연한 것이기도 하다. 이러한 사실을 스님을 통해 확인하고 있으니 향후 「만해문학회」가 세상의 만반 현실을 향한 필치筆致로 면면히 이어가게 되리라 기대한다.

수행자의 깊은 성찰 끝에 만나는 '님'은 문학이어도 좋고 사상이나 철학이어도 좋다. 시공의 초월 끝에서 만나는 '님'이야말로 절대 무無나 공空이여서 어쩌면 철벽같은 느낌이 든다. 하지만 스님은 봄바람 같은 시어로 풀어내어 험한 세상을 살아가는 우리를 토닥토닥 위로하고 있는 것인지도 모른다는 생각에 다다르게 된다. 사람들을 이롭게 한다는 '하화중생 요익중생'의 실천행은 문학의 힘과 함께 지금도 계속되고 있어 감개무량하다.

식민지 아래에서 자유 평화와 해방이라는 불국정토의 실현을 역설적으로 노래한 만해스님을 오늘 다시 만나 초라한 행색으로 당래當來의 도리를 여쭙는다. 다행히 오늘날 심화되고 있는 자본주의적 산업근대화의 대립 갈등극복, 상생과 화해의 대안 마련을 위해「만해사상실천선양회」를 꾸려 노력 해온 설악무산 오현스님 또한 서로 닮은 행보를 보여 왔으니 그나마 다행이다. 이 모두 '예토穢土의 정토화淨土化'를 실현하려는 노력이 아닐까? 거룩한 모습들을 통해 큰 원력, 문학의 위대함을 짐작하고도 남지만 향후 우리의 모습은 어찌해야 하나?

아쉽게도 만해의 정신적 후계를 자처하며 일생 만해사상 선양을 위해 후학들을 이끌었던 설악무산 오현스님은 입적한다. 3년 후인 2021년에는 「설악·만해사상실천선양회」로 법인명칭을 바꾸고 활동영역확장의 명목으로 2023년 제1회 설악무산 문화축전을 열었다. 2024년 「제1회 무산문화대상 시상식」을 5월 31일 그랜드하얏트서울 그랜드볼룸에서 개최하였다. 수상자로 문학 부문 문태준 시인, 예술 부문 박찬욱 영화감독, 사회문화 부문 예수의 소화 수녀회가 선정되어 각각 1억원의 상금을 받았다. 활동을 강화중이라 하나 강원도 만해마을에서 서울로 나와 편리성은 높였으되 주객전도 쏠림 현상으로 보이는 건 그냥 착시일까? 만해선양의 본래 모습은 퇴색되고 아득히 멀어지고 만 것이던가.

불구하고, 오늘날 한국 불교문학은 만해를 비롯 숱한 승려시인의 등장에 따른 자비실천의 사유와 춘원, 육당, 미당, 양주동, 조연현, 고은, 조지훈, 조정래, 한승원 등 걸출한 불교문인들의 활약에 힘입으며 그나마 삶의 인식을 심화시키는 역할을 해 왔기에 지속발전 가능한 것이었다. 이런 연유로 '오늘, 다시 만해를 만나' 불교문학 발전론 각론의 일환이자 불소시게로 삼아 소론이나마 감히 펼쳐 나가기로 하는 것이다.

여기 저기 스님의 남겨진 글은 물론이고 스님의 작품세계와 남기신 뜻을 조망한 글들도 다수 있었으나 이를 버무려 한 번에 다 담아내기에는 역부족이었다. 고백하건대 그릇이 넘쳐나니 그럴 수가 없었다. 스님의 행적 끝자락인 열반게송을 시작과 끝으로 돈오 돈수하듯 결론으로 삼으려했다. 남겨진 스님의 말과 글은 산처럼 많아 이 모두를 세상으로 끌어 들이기 쉽지 않았다. 세상에서의 공감은 '열반게송'은 물론이고 필시 그 행위의 증명력까지 요구되므로 이에 대한 지속가능한 연구를 이어가야한다는 생각이다.

이理와 사事, 유有와 무無, 승僧과 속俗, 어쩌면 통속적인 것에서의 비속함, 들춰내듯 감추는 언사, 알려하면 할수록 그것은 나에게 풀어지지 않는 또 다른 수수께끼나 퍼즐에 다름 아니었다. 이런 저런 스님에 대한 탐구는 선입견 없이 객관적인 관점에서 스님의 문학사상을 오롯이 반조해야만 한다고 다짐했다. 편견 없이 스님을 바로 보려는 노력이야말로 문학에서의 '악화를 구축'하는 값진 일이자 불교문학 발전의 일환이라 생각하고 집필을 이어가는 이유다.

그러던 중에 사단법인 「만해사상 실천연합」(이사장, 영산 홍파, 관음종 종정)'법인 상임이사로 참여중인 동국대 김용표 명예교수, 법인이사 동국대 고영섭 교수(문학평론가, 불교학회 회장) 등 참여자들의 2026년도 만해한용운전집 발간에 대한 추진경과를 접하며, 필자로선 고무되지 않을 수 없었고 더욱 만해저술에 탐착하게 된 계기가 된 것이다.

비로소 '나와 남', '님과 남'이 다르지 않고 불이不二로 만나는 만해의 사상, 그 시세계를 통해 우리 모두 비로소 하나 되는 대동 세상을 꿈꾼다. 그리하여 우리 모두 온전한 하나가 된다. 이것이 만해를 탐문한 『만해 한용운론 '아득한 바다, 휘감는 마음노래'』를 펴내는 이유이기도 하다.

본서 기획에 참여한 「만해문학회」 묘원 김금희 선생(인문학수필가), 김태욱(부산경찰청) 도운거사, 김태운(동의대법대 명예교수)법헌거사, 디자인 김완상 충담거사, 송경자 국장, 임경일 시인께 감사드린다.

특히 홍파스님(축원), 수불스님(하서), 그리고 「만해사상실천연합」 여러 선생님들과 여러 단체 만해가족께도 다시 한 번 감사인사 올린다.

고려불교의 성지 금토산 '관공굴' 설선당에서
지국 김태진 두 손 모우다

| 祝願 |

마음은 푸른 산, 행동은 강물처럼
'心如萬古靑山 行如萬里長江'

영산 홍파
대한불교 관음종 종정, 사)만해사상실천연합 이사장

　　만해 한용운 선사는 충절의 본향이자 지금의 홍성 땅인 충청남도 홍주에서 1879년 8월 29일에 태어나셨습니다. 만해 선사가 이 땅에 오신지 어느 듯 146년이 되었지만 아직도 우리 곁에 살아 계시는 듯 그 숨결을 느낍니다.
　　선사가 계시던 당시는 외부적으로 서구 열강의 동아시아 침략이 노골화 되고, 내부적으론 봉건적 사회질서가 무너지며 곳곳에서 여러 갈등이 다방면에서 드러나던 전환기였습니다. 선사는 1905년에 백담사로 출가, 불문에 귀의하여 일평생 스님으로의 길을 걷게 됩니다. 스님은 그 무렵 민중들의 혼란한 마음을 안정시키고 스스로도 평안을 찾기 위해 백담사에서 천일기도에 들기도 했고 선방에서 참선 수행을 병행했습니다.

애가 탈 정도로 민초들을 향한 깊은 상념은 자신을 향하는 등불로 생각하여 승속일여僧俗一如의 자세로 수행일과를 여법하게 이어갔던 것입니다. 스님은 나라를 잃고 희망마저 저버린 어둔 세상에서 고통 받으며 살아가는 중생들의 마음과 하나 되어 수행자로서 본분을 지키고자 하였던 것입니다.

당시로서는 상상하기조차 힘든 일제강점 하에 있을 때라 민초들의 삶은 그야말로 피폐하기 이를 때 없었습니다. 중생들의 어려움과 고초를 외면 할 수 없었던 터라 그들을 위해서라도 수행을 등한시 할 수 없었을 것입니다. 나아가 스님은 민중들의 진정한 행복을 위해 나라의 독립이 무엇보다 중요한 일이라는 생각도 함께했던 것입니다.

이토록 어려운 시기를 맞아 스님은 새로운 시대적 가치를 구현하려는 일념으로 기도하고 저잣거리와 산중을 오가며 적극적인 현실참여를 해 나가기로 합니다. 그것도 당신이 직접 참여하는 행동으로, 혼자가 아닌 뜻을 함께하는 동지를 찾아 이를 실천해 나갔습니다.

주지하듯이 불교는 스스로의 노력으로 진리를 찾는 존재, 즉 부처를 이룰 수 있다는 성불成佛의 가르침을 근본으로 합니다. 다른 종교에 못지않게 수행과 실천을 중요하게 여기는 종교인 것입니다. 하지만 스스로의 수행과 함께 중생교화를 해 나간다는 것은 현실적으로 쉬운 일이 아닙니다. 그럼에도 불구하고 만해 선사는 이 둘 모두를 실천해 나갔고 이를 여실히 보여주었으니 모두의 귀감이 아닐 수 없다 할 것입니다.

지금 세계는 우크라이나와 러시아 전쟁이 장기화되고 있고 이스라엘과 팔레스타인은 전쟁을 잠시 멈추었다가 무력갈등이 재연되고 있습니다. 전쟁 피해는 다른 나라에서도 일어나고 있음은 물론 불행이 더 심화될 뿐 잦아질 기미를 보이지 않고 있다는 데 문제의 심각성이 있습니다. 특히 무력에 의한 국가간 분쟁뿐 아니라 세계 곳곳에는 다양한 갈등이 격화되고 있어 염려스런 날이 지속되고 있습니다. 또한 트럼프 출범 후 미국이 일방적 관세부과를 주도하고 있는 보호무역주의로의 회기는 세계무역전쟁으로 치달을 것으로 예상되어 국가간 긴장은 어느 때보다 높아지고 있습니다.

이럴 때 일수록 그 어느 때보다도 만해 선사가 일평생 주창해 오신 '평화'라는 인류 보편적 가치에 주목해야 할 때라 할 것입니다. 무엇보다 '평화'가 절실하기만 한 이때, 만해 선사의 '만유평화 정신'을 조명하여 이를 선양함은 물론 그 실천을 다하기 위해 노력하는 일이야 말로 우리의 중요한 과업이 아닐까 합니다.

더하여 오늘날 까지 남북의 이념 갈등으로 분단된 우리나라의 경우 만해 스님께서 줄곧 주창하시고 손수 보여주신 평화사상이야 말로 더없이 귀한 가치라 할 것입니다. 물론 '이념'이나 '사상'은 사람에 따라 그것을 수용할지 말지 하는 것은 자유로운 영역일뿐더러 그에 대한 시시비비가 나뉠 수 있다 할 것입니다.

하지만 만해 스님의 시집 『님의 침묵』에서 보듯이 '문학'은 언어의 상징을 통해서, 읽는 이들이 저마다의 눈높이에 따라 무한한 이해의 지평을 열어갈 수 있음을 보여줍니다. "님의 침묵"이라는 용어만 해도 그렇습니다. 이때의 "님"의 의미는 생각에 따라 무한하게 열려있습니다. 또 "침묵"은 어떻습니까? 말 없는 말씀은 우리에게 한없는 울림으로 다가옵니다.

만해 사상의 근원에는 진리와 현실 세계가 둘이 아니라는 진속불이眞俗不二라는 대승사상이 깃들어 있습니다. 설악산의 깊은 산중에서 수행에 몰두하다가도, 동포들의 고통을 외면하지 않고, 고난의 칼날 위에 서기를 주저하지 않은 것도, 민초들에게 참된 자유와 생명의 길을 열어주기 위한 보살행이었습니다. 만해 스님의 자유와 평화사상은 민족을 초월하여 인류가 추구해야 할 보편적인 가치임을 보여주고 있는 것입니다.

지금 우리 사회는 이념의 혼란과 남북 간의 대립과 갈등으로 평화통일의 길은 요원해 보입니다. 이러한 불확실성의 시대를 살고 있는 우리들은 주체적 각성을 통해 만해 스님의 가르침을 지남指南으로 삼아 자유평화사상과 자주독립정신을 오늘에 되살려 실천해 나가야 할 것입니다.

알다시피 소납은 출가하기 전 1963년에 동국대학교에 입학하여 스님의 후학으로 공부하였고 '전국대학생불교연합회가 창립'됨에 따라 대학생불교연합회 3대 회장으로 활동하기도 하였습니다. 특히 소승이 관계하고 있는 「만해사상실천연합」은 2015년 '만해의 평화와 평등 정신을 사회실천운동으로 선도하고 이를 승화시킬 초석을 만들고자 한다'는 선진규 법사의 발의로 스님의 만년 거처이던 「심우장」에서 창립되었습니다. 그동안 만해 정신의 계승과 홍포를 실천목표로 활동해왔으며 비로소 2022년 4월 사단법인으로 재도약하기에 이르렀습니다.

매년 스님의 거처이던 「심우장」에서 '만해평화문학축전'을 열어 만해스님 탄신을 기념하는 행사를 올해로 십 년째 이어오고 있습니다. 해마다 만해 선사의 정신적 사상이 함축 되어있는 '조선독립 이유서'의 "자유는 만유의 생명이요 평화는 인생(인류)의 행복이다"라고 하신 말씀을 되새김은 물론 「심우장」에 깃든 만해의 삶의 자취와 문학 세계, 그리고 미래 심우장의 성역화 과제' 등을 심도 있게 논의해 나가고 있습니다.

올해 2025년 을사년은 본 연합 창립 10주년을 맞아 각계의 뜻 있는 많은 인사들이 모여 여법하게 행사를 치르게 되었습니다. 특히 "만해가 꿈꾸었던 민족의 참된 자주독립과 인간의 자유와 평등, 그리고 평화의 세계를 오늘 우리 사회에 구현해 나갈 수 있는 초석을 마련하고자 노력해 나갈 것입니다.

이제 사단법인 「만해사상실천연합」에서 주관하는 만해 한용운 선사 탄신 146주년 기념 '제10회 만해 평화축전일'에 맞추어 본 법인 감사인 김태진 박사가 만해 스님을 기리는 저서를 펴내게 된 것은 뜻 깊은 일이라 할 것입니다.

아무쪼록 김태진 교수가 펴낸 『만해 한용운論, 아득한 바다, 휘감는 마음노래』가 널리 읽혀지길 축원하며 그간의 노고에 감사드립니다. 끝으로 매년 올리는 「만해선사 탄신 다례재 홍파 스님 상축문」으로 이를 증명하고자 합니다.

[축 원]

앙고, 시방삼세 제망중중 무진삼보 자존 불사자비 허수낭감 상래소수공덕해 회향삼처실원만 원아금차 지극지 정성 대한민국 서울특별시 삼각산하 성북동 심우장에서 불기 2569년 을사년 사단법인 만해사상실천연합 주최, 민족의 선각자 만해 한용운 선사 탄신 146주년 기념 제10회 만해평화축전 동참시회 대중 지심봉축

대한민국 국운융창 한반도 자유 평화 남북통일 성업완수 속성취 기원 금일 동참대중 심중소구 자득대지혜 감응도교 애민납수 연후원 조선독립투사 선남선녀 유식함령 등 획득무량대지혜 돈성무상최정각 광도법계제영가 이보제불막대은 세세상행보살도 구경원성살반야 마하반야바라밀

心如萬古靑山 行如萬里長江

2025년 을사년 성하　靈山 泓坡

|賀書|

횡설수설橫說竪說,
"무엇이 마음입니까?"

수불 (대한불교조계종 불교신문 사장,
주) 불교방송(BBS)이사장, 안국선원 회주)

대한불교 조계종의 전통은 간화선입니다. 화두를 의심하는 수행법이죠. 그런데 '이 수행법으로는 더 이상 지혜를 눈뜰 수 없다'는 주장으로 한때 위기를 맞았습니다. 하지만 소납은 평소 '그것이 아니다, 간화선은 누구나 쉽게 할 수 있다'고 말해 왔습니다. 이처럼 간단한 것 임에도 불교계 안팎에서 입장 정리를 하기가 그동안 쉽지 않았습니다. 참선이란 고준한 산사에서 수행하는 스님들만의 전유물로 인식되어 왔고 세상과의 소통을 등한시 한 탓이라는 생각도 해봅니다.

오늘날 우리나라 불교계에는 동남아시아나 티베트, 그리고 일본 등지의 수행법이 빠르게 전파되는 반면, 한국불교의 전통수행방법인 간화선은 잘 알려져 있지 않았던 때문이기도 했습니다. 근자에 들어 종단차원에서 신도들은 물론 일반 대중들을 대상으로 명상과 간화선을 널리 펴기로 한 것은 참 잘된 일이라고 생각합니다.

소위 K문화의 영향력은 가히 세계적입니다. 그런 연유로 세계적인 불교학자들과 종교인들의 한국 간화선 수행에 대한 관심이 높아지고 있습니다. 지금이야말로 선지식善知識(바른 깨달음을 이끌어 줄 스승)의 지도 아래 화두를 깨는 간화선 수행법을 세계에 내놓을 수 있는 시기가 된 것이라 봅니다.

일찍이 「안국선원」을 열어 전국서 매일 2,500여 명 승속이 함께 수행해 온 세월을 다시금 되돌아보게 됩니다. 1989년 부산 금정포교당을 개설하여 대중포교를 시작하였는데 대중선방은 그 때가 시초였던 것 같습니다. 어찌 보면 선납禪衲이 포교당을 연다는 건 시장바닥 한가운데를 수행처 삼아 산문 밖을 나서는 셈이기도 한 것입니다.

고준하게 말하면 십우도十牛圖 마지막 단계인 시장 통에 나가 손을 내미는 입전수수入廛垂手라 할 수 있겠죠. 고대광실高臺廣室같은 전각을 두고 몇 평짜리 '학고방'을 빌려 포교당(선방)을 한다면서 거창하게 입전수수 운운하며… 지금 생각해도 아찔합니다만 고행(?)의 길로 갔습니다. 숲이 우거져 새들이 노래하고 시냇물이 흐르는 청산의 산사山寺를 떠난 것이죠. 허 허! 이것도 인연도리인가? 하면서…

지금도 "마음을 돌아보라… 그곳에 문제와 답이 있다"며 던진

화두에 답하는 '간화선' 수행을 일과로 삼아 하루하루를 보냅니다. 스스로 화두타파 체험을 해봐야 불교에 대한 진정한 신심이 자라니까요. 오늘에야 비로소 시절인연이 도래했음을 느낍니다.

이러한 때를 맞으니 우리민족의 선각 만해 한용운 스님의 선견지명이 근저에 있음을 새삼 일깨우게 됩니다. 만해 스님은 일찍이 석왕사, 건봉사라는 큰 절에 딸린 소위 제도권 선방에서 수행하셨지만 거기에 머물러있지 않으셨습니다. 《조선불교유신론》을 펴내 '선禪'에 대해 교계는 물론 세상의 관심을 제고하였습니다. 특히 만해 선사는 유신론에서 "요즘의 참선하는 사람들은 참 이상하다. 옛사람들은 그 마음을 고요하게 가졌는데, 요즘 사람들은 그 처소를 고요하게 가지고 있다. 옛사람들은 그 마음을 움직이지 않았는데 요즘 사람들은 그 몸을 움직이지 않고 있다. 그 처소를 고요하게 가지면 염세厭世가 되는 것뿐이며, 그 몸을 움직이지 않으면 독선獨善이 안 되려야 안 될 수 없을 것이다."고 설파하셨죠.

이러한 기존선원에 대한 개혁, 비판, 발전 지향적 입장은 이후 〈선과 인생〉, 〈선과 자아〉, 〈선외선〉 등 저술로 일반화 하였습니다. 즉, 선 수행을 통해 깨달은 후에는 세상을 향한 '구세주의'로 나아가야 함을 강조하고 '활선과 선외선'으로 선과 선수행의 확장을 일찍이 의도했으니 참으로 온당한 방향이요, 큰 가르침이 아닐 수 없습니다.

조심스런 심사에 더하여 소납이 평소 기거 중인 안국동 요사체 기둥 옆에 경허 선사의 원효조사를 향한 게송 주련柱聯 4구절을 소개해 봅니다.

  조사입멸전개망(祖師入滅傳皆妄)
     조사가 죽었다는 말은 다 허망하게 전해진 말이다.
  금일분명좌차대(今日分明坐此臺)
     오늘에도 분명히 여기 앉아 계신다.
  장두유안명여칠(杖頭有眼明如漆)
     지팡이 꼭대기 눈이 달려 있는데 그 밝기가 칠흑 같고
  조파산하대지래(照破山河大地來)
     (그 눈으로) 비춰서 산하를 깨뜨리니 대지가 드러난다.

오늘 이 게송을 새삼 일러보는 것은 오롯이 '만해당'을 위한 말씀이자 원효당과 경허당, 그리고 원효당과 만해당이 일체화 된 그 자체이기도 하다란 생각에 다다르기 때문입니다. 그리하여 소납은 문득 아득하기만 한 만해 스님의 경지를 몰록 가늠할 따름입니다.

만해 스님은 1917년 백담사 오세암에서 오도悟道[깨달음] 직후 서울로 내려와 《유심》지를 발간하고, 3·1운동을 주도하는 등 중생과 민족 그 고통의 해방구에 섰습니다. 감옥 속에서도 '선' 수행을 통해 회유협박에 일절 동요치 않았고, 출옥 이후에도 선학원에 주석하며 참선을 이어갔습니다.

불기 2949년(1922) 3월, 도반들을 규합 각성하고 선원을 부흥시키기 위해 송만공宋滿空, 김남전金南泉, 백용성白龍城, 오성월吳惺月, 강도봉康道峰 등 당대의 선백禪伯들과 선우공제회禪友共濟會 창립에 동참하는 등 참선과 실천 행을 쉼 없이 이어갔습니다.

이후 1930년대에 사찰과 선방을 벗어나 속가였던 심우장尋牛莊에서 만년까지 운수납자로 무애자재 하셨습니다. 입적 순간까지 선의 외연 확장을 실행하며 몸소 참선수행을 하신 만해 스님을 사표로 우러르게 됩니다.

이 같이 참선, 즉 간화선은 의심을 거는 게 핵심입니다. 억지로 의심을 하지 않아도 자연스럽게 의심이 되도록 해야 합니다. 그리고 의심이 점점 커져야 합니다. 이때는 의심을 하려고 하지 않아도 저절로 화두話頭가 들여지고, 의심을 하지 않으려 해도 내려놓을 수밖에 없는 상태가 되어야 간화선 수행이 제대로 되는 겁니다. 이런 의심이 바로 활구活句죠. 의심을 거는 단계가 일단 성공하면 그 다음에는 지도하는 사람이 공부하는 사람의 의심을 깨트려줄 수 있도록 인도해야 합니다.

간화선은 공안公案상에서 의심된 화두와 한 덩어리가 되도록 관문을 시설하고 깨닫도록 한 수행법입니다. 참고로 선가에서 전해 내려오는 1,700공안은 모두 화두를 보게 하는 장치입니다. 이런 의미에서 만해 스님의 '님의 침묵'은 살아있는 화두공안 그 자체라 할 것입니다.

선납禪衲은 어쩌면 만해 스님이 걸었던 길을 답습하여, 제방을 다니며 선에서는 말의 모순을 타파하려고 언어도단言語道斷을 하기도 했던 것 같습니다. 횡설 수설을 엮으며 결국 언어를 사용해서 언어를 떠나려는 선가禪家의 방편을 '님의 침묵'을 통해 여실히 증명하기도 했습니다. 횡설수설橫說竪說! 그러니 말을 눕히기도 하고 세우기도 해보는 것이었죠. 오늘이야말로 과거의 소납이 현재의 만해 스님을 만나 당래當來 도리를 여쭙는 선문禪門이요, 무차선회無遮禪會의 치열한 현장이란 생각을 해 봅니다.

비로소 "밤은 얼마나 되었는지 모르겠습니다. 설악산의 무거운 그림자는 엷어 갑니다. 새벽종을 기다리면서 붓을 던집니다."란 '만해당'의 횡설수설'을 마음에 새깁니다. 숱한 시간이 흘러, 오늘에 보아도 만해 스님의 광활한 선시 세계는 그 아득한 바다를 자맥질하니 그 어디에 비할 바 없는 '마음의 노래'가 아닐 수 없습니다. 마음에 표표히 박히는 활구입니다. 卍字 海字 스님! 그리하여 아직도 만행萬行중인 선납禪衲으로서는 불현, 또 한 번 발아래를 살피게 됩니다.

마침 소납과는 승속불이의 범어문도로 인연이 지중한 지국거사가 만해스님의 선시세계와 행장을 조망한 『아득한 바다, 휘감는 마음노래』란 제목의 '김태진 교수의 만해 한용운 논집'을 발간한다는 소식을 들었습니다. 광복 80주년, 사단법인 '만해사상실천연합'

창립 10주년과 '제10회 만해 탄신기념 심우장 만해 평화축전' 행사를 앞두고 이를 상재한다는 말에 감히 발문을 헌사하기로 했습니다.

지국 김태진 거사가 중앙정부 공무원불자회 회장으로 있을 때 소납이 '호국영령 순직공무원 천도 호국법회'를 서너 해 동안 봐준 인연이 있습니다. 지국 거사의 퇴임 무렵 발간한 호국경전인 『인왕반야경』(현명한 정치지도자가 나라를 보호하고 지키는 지혜의 완성) 홍포와 '만해사상실천선양회'를 창립하여 만해사상을 세상에 널리 알려온 설악만악 조오현 스님의 시세계 평론 '논, 아득한 성자' 발간에도 작으나마 성심을 보태기도 하였습니다.

이런 저런 인연으로 오늘 스님의 『아득한 바다, 휘감는 마음노래(심인만해지곡 : 心印萬海之曲)』 발간의 시절인연을 맞고 보니 이 또한 '전생 인연의 도리' 인가합니다.

덧붙여 만행의 본래 의미는 여기저기 다닌다는 그것보다는 선지식을 찾으러 다니는 공부입니다. 과연 어디에 내 공부를 지도해줄 스승이 계신가 하고 찾으려 다니는 거죠. 공부가 어느 정도 이루어진 다음에도 만행이 필요합니다.

자신의 수행 견처見處를 확인하고 점검해줄 선지식이 필요합니다. 이 내면의 미묘한 공부 단계를 점검해줄 분이 세상에 시글시글 하겠습니까? 아주 드뭅니다. 한편 만행은 내면으로의 여행입니다.

깨달음을 통해 스스로 볼 수 있을 때 진정한 만행이라고 할 수 있겠지요. 이제 '아득한 바다, 휘감는 마음노래'를 통해 이 시대의 걸출한 선지식 만해 스님을 조우하실 차례입니다.

끝으로 하안거 결제 일을 앞두고 "불법을 닦을 때 생사를 해탈하려면, 먼저 생사가 없는 이치를 알아야 하고(知無生死), 둘째 생사가 없는 이치를 증득하여야 하며(證無生死), 셋째 생사가 없는 것을 활용할 줄 알아야 한다(用無生死)."는 어느 노승의 열반송을 화두삼아 아득한 바다와 같은 깊은 산중으로 방부를 들였습니다. 거기에서 만해 스님과의 법설이 끊어질 듯 이어지리라 여깁니다.

> 생사生死 본래 그대로인 것
> 헤아리면 그것이 곧 생사
> 경계가 변해도 변함없다면
> 생사 그대로 불세계佛世界로다.
> — 수불

그래서 묻습니다.
"무엇이 마음입니까?"
"마음이 무엇입니까?"

지리산 칠선계곡으로 만행(?)을 나서며
어느 좋은 날
수불 분향합장

목차

해제(解題)
일러두기
머리말
|祝願|
|賀書|

제1부 만해와 만나다 – 기우奇遇, 뜻밖의 만남

1장 만해와 첫 만남 – 공(空)과 색(色)의 만남

아득한 바다, 만해萬海 40 / 날카로운 첫 키스의 추억, 만해와의 첫 만남 42 / '반야심경', 만해의 마음노래 43 / '반야심경의 현대적 이해'로 시작된 강의 45 / 공空과 색色의 만남 48 / 삼세제불도 반야바라밀다 의지하는 까닭에 52 / 그리하여 '아뉴다라삼먁삼보리' 얻나니 53 / 무명無明과 애욕을 넘어 55 / 고난의 칼날에 서라 60 / 오직 '반야般若'의 칼날에 서라 62

2장 님과 조우(遭遇) – 깨어남의 시작

왜 지금 만해 한용운인가 70 / 님은 누구인가 73 / 만해와 두 번째 만남, 조우遭遇 2 77 / 만해와 지낸 한 철 살이 79 / 무설전無說殿을 가득채운 님의 침묵 82 / 침묵 속에 숨은 목소리 84 / 동서양 '님'으로 만나다 - 'Ideale(이상)' vs '님의 침묵' 86 / 님을 향한 '마음의 노래' 90

3장 뜻밖의 만남, 기우(奇遇) – 필연처럼 머무는 인연

우연처럼 온 만남, 필연처럼 이어지는 인연 93 / 다시, 역사의 격랑에 서다 97 / 만해와 세 번째 만남 - 기우奇遇 3 102 / 만해와 나, 시작된 대화 108 / 마음의 바다와 나의 침묵 110 / 만해와 네 번째 만남 112 / 또 다른 만남 115 / 그리고 이별뒤의 만남 116

제2부 만해를 부르다 – 심우尋牛, '님'을 찾아가는 여정

1장 마음을 찾아가는 여정
– 아득한 바다로 향하는 첫 발걸음

심우, 아득한 바다를 향하는 마음의 행로行路 122 /
마음을 찾아서, 님의 부재를 넘어 124 / 님의 부재와 존재의 역설 126
출가 – 세속을 떠나 진리를 향하여 128 /
불법의 체득 – 마음의 본래면목, 본지풍광本地風光 132 /
문학, 수행의 길 – 언어적 선禪 136 / 문학이 비추는 마음 138

2장 수행과 사회적 실천
– 만해 '평화의 길', 간디 '진리의 힘'

흐르는 물, 떠도는 구름처럼 143 / 석전, 유운, 만해의 상즉상통相卽相通 144
이 산승, 중놈들아 146 / 석전스님, 용운 수좌가 갑자기 미쳤나? 151 /
내가 없으면 너도 없다? 152 / 수행 길에서 외롭게 떠돎 155 /
달 밝은 가을 날, 나라 잃은 슬픔과 깊은 회한 157 /
녹수청산으로 걸음 돌리다 160 / 설악 깊은 밤 오세암에서 162 /
1918년 '유심지 창간' 166 /
독립지사 항일투사 그리하여 민족지사로 거듭남 170

3장 여정의 종착, 자유와 해탈
– 존재론적 귀환과 문학적 해방

아득한 바다를 향한 작은 물길 질 끝자락, 회광반조廻光返照 175 /
만해 북향으로 돌아앉다 179 / 조의祖意[달마의 뜻]에 화답하다 182 /
담장 밖에 뿔이 보이면 소인 줄을 안다? 185 /
천하天下의 선지식善知識아! 186 / 너의 가풍家風 고준高峻한다? 189 /
'세상소리' 잘 보아라. 파도처럼 보아라! 철썩 191 /
님을 향한 길에서 만나는 비폭력의 언어 194 /
심우장의 유마거사 197 / 바다에 섰으니 파도가 한이 없다 199

제3부 만해에게 묻다 — 만행萬行, 마음의 행보

1장 「알 수 없어요」 - '정녕 알 수 없어요?'

달마, 모르겠어요 vs 만해, 알 수 없어요 206
사랑의 형이상학 - '알 수 없어요', 존재의 미로인가? 211
백 천 가지 수행의 길 - 불이不二 법문인가? 213
모든 길에 깃든 마음의 발자취[심인心印] - 언어이전의 모습인가? 217
님을 향한 길을 따라 - 무애인의 삶인가? 219
언어적 저항, 침묵 - 세상은 거대한 말의 감옥인가? 221
바다를 마주한 마음 - 아직도 마음을 찾아가는 여정인가? 225

2장 길위의 길, 저 너머 - 거리의 수행자인가

언어질서 해체, 역설의 미학 인가? 230 / 말 보다는 행동 - 주의·사상 보다는 실천인가? 234 / 님은 누구인가? - 님은 찾았는가? 236 / 시대와 현실에 맞서다 - 마음의 행보는 멈췄는가? 239 / 언어너머의 실천 - 침묵이후 241 / 선지식인가? 동행자인가? 243

3장 깨달음의 사회화 - 불교사회주의란?

세계평화주의의 또 다른 개념, 만해의 '불교 사회주의' 248 / 만해의 '불교 사회주의', 평화사상의 교두보 250 / 깨달음의 사회화, 그민의 회향 방식 255 / 악惡한 사람은 죄의 길 257 / 의義있는 사람은 옳은 일을 위하여 칼날을 밟는 법 260 / 죽음의 길보다 힘한 나의 길 263 / 화중생련火中生蓮, 불속에 피우는 꽃 265 / 세상은 비방도 많고 시기도 많나니 267 / 당신에게 비방과 시기가 있을지라도 269 / 여기에 한 아픈 중생이 있으니 271 / 무문관 압방, 세상과의 단절 선언 273 / 만해의 일평생, 불멸의 밤을 마주하다 274 / 세상을 떠나 세상을 구할 것이 아니라 276 / 세상에 들어와서 세상을 구하리니 277 / 만해의 독백, 술집·생선가게 사람들 성불할 때까지 279 / 번뇌 즉 보리[깨달음]를 얻나니 280

제4부 만해를 향하다 — 동행同行, 나란히 걷는 길

1장 만해사상에서 배우다 – 지능정보화시대의 향방

평생 이어지는 만해의 가르침 286 / 만해의 삶에서 배우다 287 /
천백억 화신의 모습 불교문학, 'K-문학'의 본류 290 /
만해사상, 한류문화의 본류중 하나 291

2장 만해의 선수행 계승을 위한 교육방향
– 발전방안과 간화선의 대중화

선수행, 불교진리의 사회화 297 / '선과 인생', '선과 자아', '선외선',
거리를 향하다 302 / 만해의 생활간화선 재조명 304 / 소위 'K-선禪'
세계화 방향 307 / 만해의 각종 논서를 활용한 '민주 시민화' 교육 310
/ 만해의 수행이력, 대중교육 결사의 좌표 312 /
'동국의 빛, 이 사람을 보라', 지속가능해야 할 만해선양의 길 314

3장 만해정신·사상이 지향하는 대국민 교육방향
– 만해 평등·구세주의

불교의 평등·구세주의, 만해의 사상적 기반이자 지향점 317
만해의 민족자결, 자유 평화를 넘어 인류 보편적 본성을 향하다 320
남북분단 극복과 민족번영을 향한 만해 한용운의 평화론 324
만해의 어록, 역사 인문학교육 자료 DB구축 327
역사왜곡 극복을 위한 연구활동 및 단체간 연대강화 330
일본, 분쟁의 세계화 vs 만해, 만국평화론 332

4장 문학을 통한 만해사상 선양 및 그 실천방안
– 님의 침묵

'님의 침묵', 민중을 향해 내미는 천백억 화신의 손길 334
'갈등과 반목을 넘어 나와 남이 하나 되라'는 불이不二의 사자후 338
만해의 문학사상을 잉태한 활동공간의 다양한 교육환경으로 전환 340
만해 콘텐츠의 세계화 342

5장 만해정신·사상이 지향하는 대국민 교육방향
- 만해 평등·구세주의

(사)「만해사상 실천연합」, 만해사상 만해문학 홍포 345
만해 계승자, 「만해사상실천연합」설립 취지문 347
광복 80주년 기념, 만해스님 행적 등 불교계의 항일운동 조명 349
범어사와 불교계의 독립운동과 만해스님 352
만해축전 '문학으로 만해를 기억하다?' 355
'만해사상' 선양의 산실, 만해기념관 그리고 특별전시회 359
21세기 만해문학이 지향하는 국민교육 운동의 방향 361
「만해문학회」, 세상의 만반 현실을 향한 필치筆致 364

만해 한용운 연보 369

만해 한용운 연보 및 저술, 작품 일람 373

참고문헌 379

제1부

만해와 만나다
― 기우奇遇, 뜻밖의 만남

만해 스님이 입적한 뒤 30여년이 흘러
뜻밖에 고등학교 3학년 국어책에 실린
'님의 침묵'으로 당신을 만났다.
지금으로부터 50여년이 지난 첫 만남은
오랜 기억 속 아득한 바다의 물결이 되어
오늘도 일렁이고 있다.

이별이 사랑을 깨치는 것이며
새로운 만남을 예견하는
'새 희망의 정수박이'라고 노래하는 시인은
죽음보다 더 처참한 슬픔 앞에서도
'다시 또 일어서고 있다.

국어 선생님은 이어 "이 경지야말로
'마하반야바라밀 다심경'에 나오는
'색이 곧 공이요 공이 곧 색이다'로 번역되는
'색즉시공 공즉시색'의 또 다른 해석이다."
라고 설명을 이어갔다.

즉 물질적인 세계와 평등무차별한 공空의 세계가
서로 다르지 않다는 불교교리'를
덧대어 해석했던 것이다.

만해와의 필연적 첫 만남은
정색을 하며 대승경전에 기반한
진리적 논거를 바탕으로 시작되었던 것이다.
뜻밖에도 만해 스님과의
'공空과 색色'을 주고받는 선문답,
때론'세상이 왜 이래요'란 고토苦吐 끝에
침묵하고 그 첫 만남은
점점 아득한 바다를 향해 나아갔다.

퇴임과 함께 모든 것을 내려놓고
통도사, 범어사, 백담사, 오세암 등
고찰을 수시오가며
스님의 동선을 따라 함께 행선하기도 했고
그 후로도 서너 번의 성스러운 만남으로 이어졌다.

매년 팔월이면 성북동 222번지 골목 어귀
초가집이던 「심우장」 대청에서 만나
차 한 잔 올리곤 헤어진다.

이제 그 움켜쥐었던 두 손을 내려두고
진리의 칼날, 반야의 칼날에 서기를 소망할 뿐,
오직 그리 할 뿐...

1장 만해와 첫 만남

- 공空과 색色의 만남

흔히 '님의 침묵'은
만해스님의 '선禪적 깨달음'의
노래라고 알려진다.

당시 내가 만난
'님의 침묵'은
안으로 안으로 부르는
님을 향한 '마음의 노래'란
생각에 다다랐다.

또 다른 반야심경,
심경心經의 모습으로 이해했다.

88편의 시詩중에 35번이나
'아아'라는 구절이 등장하는데

이는 색色과 공空의
경계에서 마주한
내면에서 솟아난 원음,
영혼의 소리울림으로 들었다.

나 역시 만해와 만날 때마다
그 뜻밖의 만남에
'아아'라는
외마디로 화답했다.

언어 이전에
마음속 깊은 곳에서
'날카로운 첫 키스'의 순간이
영원성을 흐르는
합일슴—의 의미로 다가왔다.

아득한 바다, 만해萬海

　오늘도 '세상의 바다'를 만났다. 문득 '아득한 바다'라 불러온 만해 스님이 일렁이고 있다는 생각을 했다. 바다는 바람을 만나 춤을 추고 어떤 때는 태풍에 성난 파도가 되어 세상을 때렸다. 바다는 오늘 그리고 내일도 일렁이고 어느새 천 백억 마음의 파편이 되어 갖가지 모양으로 나타난다. 평소 아득한 바다라고 부르는 만해萬海가 펼친 마음의 풍광은 파도 끝자락에 빛나는 본지풍광本地風光에 다름 아니란 생각에 다다른다.
　모든 사람에게 본래부터 갖추어져 있는 원만하고 진실한 면모를 가리키는 본지풍광本地風光, 본분사·본분전지·본래면목本來面目이 아닐 수 없다. 나는 망망하기만 한 바다에서 네다섯 차례 만해를 만났고 이글은 그의 본래면목을 더듬던 흔적이다.

　화엄경을 살핀 원효성사는 『대승기신론소』 서분序分귀경서歸敬序에서 이같이 밝히고 있다.

　진여의 큰 바다도 또한 그러함을 알아야 할 것이니, 왜냐하면 모든 잘못을 영원히 끊어내기 때문이며, 만물을 포용하고 있기 때문이고, 갖추지 않은 덕이 없기 때문이며, 나타내지 않은 형상이 없기 때문이다. 그리하여 법성진여해法性眞如海라고 말하니, 이는 화엄경에 이르기를 '비유하면 깊은 대해大海에 진귀한 보배가 한이 없으며, 그 중에 중생의 형류상形類相을 모두 나타내는 것과 같이, 매우 깊은 인연 바다에 공덕의 보배가 한이 없으니, 청정한 법신 중에 어떤 형상이든 나타내지 않음이 없기 때문이다.' 아득하기만 한 바다다.

각설하고 만해스님이 바다와 같은 진리를 주창함에 따라 일제 하에 저항담론의 중심에 있던 불교사상이 세상 좌우변 양극단을 흔들었다. 그 중도의 도리로 근대화의 대립과 갈등을 극복해 가는 원리로 작동해왔던 것이라 하겠다.

> "〈화엄경〉에서 말 한바 대로 비유하자면
> 깊고 큰 바다에는 진귀한 보물이 다함이 없으며,
> 그 가운데 모든 것이 다 나타난 바와 같이
> 중생들의 형태와 여러 종류의 모습이 모두 나타나는 것과 같다.
> 깊고 깊은 인연의 바다에는 공덕의 보물이 다함이 없으며,
> 청정한 법신 안에 그 형상이 나타나지 않음이 없는 것이다."

라고 오늘날에 이르러 볼 때에도 그 유려하게 흐르는 담론의 중심에는 상생과 화해, 통섭의 원리가 자리하고 있다고 생각했음이다.

어느새 세상은 그의 이러한 불교사상에 기반하여 만해정신을 계승하고 그 원리를 세상에 현현하려는 노력을 계속 해 나가려는 어떤 시도도 있음을 엿보았다. '새 希望의 정수박이에 드러 부엇슴니다.'고 하는 바로 이 모습처럼…

아직도 많은 사람들이 즐겨 읽고 외우는 만해의 대표작 『님의 침묵』은 '과거 시의 답습된 전통을 넘어 새로운 경지를 열었다'는 데에 하등 이견이 없다. 오늘도 여지없이 '세상의 바다'를 만났다.

날카로운 첫 키스의 추억, 만해와의 첫 만남

외람되게 만해를 거명하게 된 까닭으로 오래된 나의 이야기 하나를 소개해 본다. 70년대 고등학교 3학년 시절 일이다. 국어교과서에 나온 '님의 침묵'에 대해 선생님은 열정을 다해 설명하셨다. '님만 님이 아니라 기른 것은 다 님이다.'

> "리별은 쯧밧긔 일이 되고 놀난 가슴은 새로은 슯음에 터짐니다.
> 그러나 리별을 쓸데 업는 눈물의 源泉을 만들고 마는 것은
> 스스로 사랑을 쎄치는 것인 줄 아는 까닭에
> 것 잡을 수 업는 슯음의 힘을 옴겨서
> 새 希望의 정수박이에 드러 부엇슴니다."
> ― 만해 한용운, 「님의 침묵」 중에서

『님의 沈默』 초판본 표지

이별이 사랑을 깨치는 것이며 새로운 만남을 예견하는 새 희망의 정수박이라고 노래하는 시인은 죽음보다 더 처참한 슬픔 앞에서도 다시 또 일어서고 있다. 즉 "영원한 것이 없는 시간 속에서 만남도 떠남도 같은 것이라는 생각, 죽음도

삶도 같은 것이라는 생각, 기다리며 사는 시간이나 그 아무 것도 없는 시간 또한 결국은 같은 것이라는 생각을 사유했던 것이다.

거기에 이르러 시인은 슬픔과 죽음 속에서 다시 동이 터 오는 새벽을 보고 있다. 다시 일어나고 있다. 설레임도 기다림도 없는 시간 속에 서서 생멸과 숱한 이별의 슬픔을 딛고 다시 새 희망의 정수리에 새로운 물동이를 들이부을 수 있는 사람이 바로 그 사람이다.

그래서 이 시는 오늘도 우리에게 슬프고 죽을 것만 같은 시간 속에서도 다시 일어설 수 있도록 힘을 주고 있지 아니한가? 이 경지야말로 반야심경 즉 '마하반야바라밀 다심경'의 색즉시공 공즉시색의 또 다른 해석이다."라고 선생님은 긴 설명을 이어갔다.

잠깐 시간이 흘렀고 나는 손을 들었다. "선생님, 말씀하신 '마하반야바라밀 다심경'은 '다심경'이 아니라 '마하 반야 바라밀다 심경'입니다. '마하'는 절대적으로 큰 것을 말하는데… " 하고는 나의 설명이 이어졌다. 교회 집사님이시던 인기 좋은 국어담당 김 선생님은 곧장 "다음에 내가 두 시간을 따로 내어줄 테니 준비해서 '반야심경'을 친구들에게 설명해 주면 좋겠다."고 약속했다.

'반야심경', 만해의 마음노래

선생님의 그 말씀은 오래지 않아 실행되었다. 만해의 '님의 침묵'은 마음의 노래라 생각한 끝에 마음의 경전인 반야심경을 동급생들에게 하나하나 설명해 나갔다.

'반야심경'은 전통적으로 내려오는 일곱 가지 번역본이 있다. 이중에서 제일 많이 봉독되는 것이 현장玄奘의 역본이다. 현장의 『반야심경般若心經』은 『반야바라밀다심경般若波羅蜜多心經』의 줄임말이다. 더 줄여 마음의 경전이란 뜻으로 『심경心經』이라고도 한다.

'마하반야바라밀다심경'으로 통용하는 것은 우리가 관습상 정착시켜 사용하고 있는 것일 뿐이다. '반야심경'은 흔히 인도의 유수한 학승들이 반야계 경전만이 아니라 팔만대장경의 8만4천 법문을 260자 안에 요약한 것으로, 전무후무한 8만대장경의 으뜸이요 경전중의 경전이라고 일컬어진다.

반야심경(Heart Sutra)의 정식 명칭은 '반야바라밀다심경'(Heart of the Prajna-paramita Sutra)이며 줄여서 '반야심경' 또는 '심경'이라고도 한다. 이 경전의 원명은 산스크리트어로 'Prajña-Pāramitā-Hṛdaya-Sūtra'이다. 이를 한자로 음역한 것이 '반야바라밀다심경'이다.

Prajna(프라즈냐. 般若)는 '큰 지혜'를, Paramita(波羅蜜多)는 '완성·궁극의 경지'를, Hṛdaya는 '심장·마음·진수'를 Sūtra는 '經'을 뜻한다.

반야심경은 대본大本과 소본小本으로 구분하는데, 그 내용은 비교적 대동소이하다. 대본이란 정통적인 불전을 구성하는 3대 부문인 '여시아문如是我聞 나는 이와 같이 들었다는 뜻', 경전의 첫머리에 쓰는 말'로 시작되는 서분序分과 경의 핵심내용이 담긴 부분 즉 본문인 정종분正宗分, 그리고 '신수봉행信受奉行 믿고 받아 지니고 받들어 실천한다는 뜻'으로 끝나는 유통분流通分의 형식을 모두 갖추고 있는 경전을 말한다.

반면에 소본은 서분과 유통분 등이 없는 것을 가리킨다. 현존하는 『한역漢譯 반야심경』은 소본을 번역한 당나라 현장의 『반야바라밀다심경般若波羅蜜多心經』이 가장 널리 유통되고 있고 우리나라도 이에 따르고 있다.

이 산스크리트어 원본 가운데 대본에서 많은 한역漢譯이 나왔다. 하지만 가장 널리 쓰이는 현장의 번역본은 소본을 번역한 것이다. 『대정신수대장경大正新修大藏經』에 수록된 반야심경 7종을 연대순으로 살펴보면 다음과 같다 라며 나의 반야심경에 대한 강의가 본격 시작되었다.

'반야심경의 현대적 이해'로 시작된 강의

반야심경 7종을 시대적으로 살피면 첫째, 요진 구마라집姚秦鳩摩羅什(344~413)이 『마하반야바라밀대명주경摩訶般若波羅蜜大明呪經』 1권을 5세기 초인 402년에서 413년 사이에 번역하였다. 본문에는 관세음보살로 표기되었으며 본문 글자 수 298자로 번역하였다. 『마하반야바라밀대명주경』은 처음으로 번역된 것이다. 범어 원전 가운데 소본인 관계로 서분과 유통분이 없으며, 설법 장소도 명기

되지 않고, 진언으로 끝맺음을 하고 있다.

둘째, 당 현장唐 玄奘(602~664) 법사가 『般若波羅蜜多心經』1권을 정관 23년(649) 5월 24일 종남산 취미궁終南山 翠微宮에서 번역하였다. 우리나라 신라의 유학승 지인智仁이 이를 받아 적었다. 이는 『摩訶般若波羅蜜大明呪經』과 동본으로 반야심경이 두 번째로 번역된 것이다. 본문에는 관자재보살로 표기되었으며 번역된 본문 글자 수가 262字이며, 여기에 '摩訶般若波羅蜜多心經'의 경의 제목 10字가 합해져 '272字로 된 般若心經'으로 알려졌다.

우리나라를 비롯한 중국, 일본을 통칭하는 한자문화권 공통의 소의경전으로 통용되어 왔다. 역시 원전이 소본인 관계로 서분과 유통분 부분이 없이 설법 장소도 명기되어있지 않고, 진언으로 끝맺음을 하고 있다.

셋째, 법월法月은 당대唐代 마가다국에서 온 승려로 산스크리트 문에 대응하여 738년 『보변지장반야바라밀다경(普遍智藏般若波羅蜜多經)』1권을 번역하였다. 원전 대본을 번역한 것으로 서분에 설법장소인 왕사성 영취산에서 관세음보살과 문수사리보살 미륵보살 등이 등장한다. '신수봉행(信受奉行)'으로 끝나는 유통분流通分을 모두 갖추고 있다.

넷째, 반야般若(748~810)와 리언[般若共利言]등이 790년에 역해한 반야바라밀다심경般若波羅蜜多心經인 최초의 한역 광본廣本이다. 서분에 설법장소가 왕사성 기사굴산王舍城耆闍崛山에서 관자재보살이 등장하며, '신수봉행信受奉行'으로 끝나는 유통분流通分을 모두 갖추고 있다.

다섯째, 당대唐代 지혜륜智慧輪이 번역한 『반야바라밀다심경般若波羅蜜多心經』1권을 859년에 번역하였다. 원전 대본으로 서론부분에 설법장소가 왕사성 취봉산에서 관세음자재보살이, '신수봉행信受奉行'으로 끝나는 유통분流通分을 모두 갖추고 있다.

여섯째, 당대唐代 법성法成은 돈황 석실본 『반야바라밀다심경般若波羅蜜多心經』1권을 번역하였다. 대본을 번역하여 서론부분에 설법장소가 왕사성 취봉산에서 관자재보살마하살이, '신수봉행信受奉行'으로 끝나는 유통분流通分을 모두 갖추고 있다.

일곱째, 宋나라 시호施護가 『성불모마하반야바라밀다경聖佛母摩訶般若波羅蜜多經』1권을 982년에 번역하였다. 대본을 번역한 것으로 서분에 설법장소가 왕사성 취봉산에서 관자재보살마하살이, '신수봉행信受奉行'으로 끝나는 유통분流通分을 모두 갖추고 있다.

한편 원본이 같은 소본이라 믿어지는 것을 한자로 음역音譯한 것이 돈황에서 발견되어 현재 대영박물관에 소장되어 있다. 경명經名은 『범본반야바라밀다심경梵本般若波羅蜜多心經』[燉煌出 S. 700]이다. 이 경전은 『대정신수장경』 No.256으로 수록되어 있다. 그 후 여러 사본이 발견되어 돈황 사본의 『반야심경』 음역본 사본은 5종이며, 목록에는 없는 사본도 근래에 새로 발견되어 전체 6종의 사본이 있다.

이 글은 2021년 계간 불교문학 여름호, 2023년 봄호에 각각 기고해 온 '한용운 평론《논 아득한 바다, 만해》'란 글을 소략한 것이다.

지난 70년대 고등학교 강의실에 '마하', '반야', '바라밀', '심경', '색즉시공', '공즉시색' 등 두서없이 문자반야가 터져 나왔고 시간은 오랜 역사 속으로 깊이 들어갔다.

공空과 색色의 만남

인간은 물질적 요소인 색色과 정신적 요소인 수受·상想·행行·식識으로 구성된다고 본다. 그리고 색의 요소인 몸은 물질을 구성하는 지地·수水·화火·풍風의 사대四大로 이루어져 있다. 즉 오온五蘊 중 색온色蘊은 지수화풍地水火風에 육근六根(안, 이, 비, 설, 신, 의)까지가 합해진 것을 말하는데, 물질의 최소 단위인 이 극미진極微塵을 성질, 성품性稟에 따라 나눈 것이 땅[地], 水[물], 火[불], 風[바람] 의 4종의 '극미진'이다.

이것이 서로 모여 물질인 신체를 구성하는 데 이것은 언젠가 흩어지게 되므로 거짓 사대四大라 한다. 지地의 극미極微는 견성堅性, 수水의 극미極微는 습성濕性 또는 습윤성濕潤性, 화火의 극미極微는 열성熱性 또는 온난성溫暖性, 풍風의 극미極微는 행동성行動性 또는 유동성流動性으로 이해된다.

그것은 무상하게 변화하고 있기 때문에 "나라고 주장할만한 것이 없다[無自性]"고 본다. 초기불교의 사상 가운데 가장 큰 특징은 무아無我를 표방하는 데 있다. 무아란 욕망이나 행위의 주체로서 '나'라고 내세울 만한 것이 실체적으로 없다는 말이다. '나'라고 하는 것은 관념일 뿐이고, 실체가 아니라는 것이다. 모든 사물은 자기가 아닌 다른 것에 의존해 성립한다. 즉, '나'는 '나' 아닌 것들[오온五蘊과 사대四大]로 이루어져 있다. 그런 의미에서 자성이 없다. 결국 오온설의 핵심은 바로 고정 불변하는 실체적 자아가 없다고 하는 것이다.

정신적 요소 역시 찰나지간에 인과 연에 의하여 끊임없이 변화하고 있기 때문에 "나라고 주장할만한 것이 없다[無自性]"고 본다. 그럼에도 사람들은 나[我]가 있고 나에 대한 무명과 애욕으로 불만족과 괴로움이 발생한다고 한다. 여기서 '공사상'을 잘못 받아들이면 허무주의, 염세주의, 악취공惡取空에 빠지게 된다.

'공空'은 산스크리트어 원어로 'sunya(순야)'인데 형용사로 '속이 텅 빈, 부풀어 오른, 공허한' 등의 뜻을 가졌고, 명사 'sunyata(순야타)'는 '공한 것, 공성空性, 영零'이라는 뜻이다. 그러나 공空은 '절대적 무존재'의 상태가 아니라, '존재는 있으되 그것이 결정되거나 특별한 형체가 존재하지 않는다'는 것을 의미한다.

이러한 말을 중국에서 한문으로 달리 표현할 길이 없자 당나라 현장玄奘(602~664) 법사가 처음으로 '空'이라 번역했다. 그래서 이 '공空'이라는 글자가 산스크리트 원어 'sunya, sunyata'의 참뜻과는 다소 의미가 다르다는 것을 알 수 있다.

따라서 '공空'이라는 글자에 너무 집착하면 본래 의미를 이해하기가 더 어려워질 수 있다. 예로부터 공空에 대한 오해를 지적한 대표적인 것들로 악취공惡取空·단멸공斷滅空·무기공無記空·완공頑空·편공偏空·석공析空이 그것이다. 그중 악취공惡取空이란 공空을 깨닫지 못하고 머리로만 이해하려다 '아무 것도 존재하지 않는다'는 의미로 잘못 해석하여 허무주의에 빠지는 것을 경계한 말이다. 불교에서 가장 금기시하고 가장 경계하는 것이 바로 이 '악취공'이다.

이같이 『반야심경』에서 말하는 "색즉시공, 공즉시색"은 모든 현상계의 무상함과, 그 무상함 속에서 드러나는 참된 실재의 성질을 가리킨다. 색은 곧 공이며, 공은 곧 색이다. 현상과 본질, 실체와 공허는 둘이 아니며, 분리된 실재가 아니다. 이러한 사유는 만해의 시와 그의 삶, 특히 그의 독립운동과 저항의 몸짓과 수행정신 속에 깊숙이 녹아들어 있다.

만해 한용운에게 독립이란 단지 정치적 자유의 쟁취를 넘어선, 내면적 자각과 해방의 과정이었다. 그는 현실 속에서 진리를 찾고,

속세 속에서 참됨을 실현하고자 했다. 이것이 곧 「공과 색의 만남」 이자 진속불이眞俗不二의 태도라 할 수 있다. 그는 시에서 '님'을 부르며 부재를 용인하지만, 현실에서는 일제 식민권력과 불의에 맞서 항거한다. 님의 부재를 사랑하고, 공허를 응시하면서도, 그것을 행동으로 옮긴다. 그에게 있어 공은 올곧음을 채워 나가는 곧 실천행이 되어갔다.

만해에게 있어서 '공'은 종교적 개념만이 아니라, 존재와 역사, 사랑과 저항을 꿰뚫는 존재론적 통찰이었다. 그는 님의 부재를 통해 존재를 체험했고, 침묵을 통해 가장 강하게 말했으며, 무언의 시로써 불온한 시대에 항거했다. 여전히 부재 속에서 존재를 갈망하고, 고요 속에서 진리를 찾고 있었기 때문이다. 그의 「공과 색의 만남」 즉 '색즉시공'은 체념이 아닌 사랑이요, '진속불이眞俗不二' 또한 진리에로의 도피가 아닌 그 실천이었던 것이다. 그의 노래는 아득한 바다를 떠도는 마음의 파도이며, 그 파도의 본래 모습은 바다다. 불구하고 파도는 오늘도 내일도 출렁인다. 지금 이곳, 21세기를 사는 우리에게 여전히 깊은 울림이 되고 있는 것이다.

삼세제불도 반야바라밀다 의지하는 까닭에

은사이신 금하당金河堂 광덕光德(1927~1999)스님은 1974년 11월 월간 '불광' 잡지를 창간하여 찬란한 생명의 빛, 곧 불광佛光을 밝혔다.

> 아침 해
> 바다를 솟아오른 찬란
> 억겁의 암흑이 찰나에 무너지고
> 광명 찬란
> 광명 찬란
> 광명만이 눈부시게 부셔지는
> 광명만의 세계

라며 세상을 광명천지로 노래했다. '문서포교의 기치'아래 대중 불교, 생활불교 주창자 만해 한용운의 잡지 '불교'를 이었다.

그 무렵 부산에서는 이를 축하하기 위해 탄허스님이 범어사를 거쳐 지금의 금정구 장전동 금정산 '회명사' 창건주가 사는 민가에 오셨는데 그때 저자가 그동안 노트에 사경해 온 '반야심경'을 보시고 호방하게 웃으셨다. 스님은

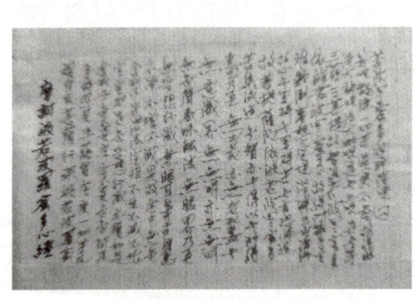
반야심경 사경(저자)

'삼세제불도 반야바라밀다 의지하는 까닭에 아뇩다라삼먁삼보리 얻나니'라며 나의 머리를 쓰다듬어 주시며 합장 하시던 기억이 오롯하다.

2021년 계간 불교문학 여름호, 2023년 봄호에 필자가 연재해 온 한용운 평론 '논 아득한 바다, 만해'란 글에도 소개된 바 있는 저자의 《반야심경의 현대적 이해》 강의는 이어진다.

그리하여 '아뇩다라삼먁삼보리' 얻나니

은사 광덕스님은 "반야사상으로 우리의 마음과 생활을 밝게 하고, 성공과 행복과 발전을 이루어 우리와 사회의 광명화를 추구한다"고 창간선언에 담긴 〈불광佛光〉의 정체성을 펼쳤다.

《반야심경강의》《한마음 헌장》《마하반야바라밀로 보리이루리》《'반야바라밀-구국구세 사상》을 『불광』창간 51주년을 맞는 2025년에도 변함없이 윤회의 바퀴처럼 문자반야의 윤전기를 돌리고 있다. 가히 만해 한용운의 후신과도 같은 광폭 행보, 간절한 행원을 본다.

그리하여 지고한 깨달음인 「아뇩다라삼먁삼보리」와 함께 하나니.

> 관자재보살 깊은 반야바라밀다 할 적 오온 공함 비춰봐 일체고액 건너라.
> 사리자여, 색이 공과 다르지 않고 공이 색과 다르지 않아 색 곧 공이요 공 곧 색이니, 수 상 행 식 역시 이럴러라.
> 사리자여, 이 모든 법 공한 상은 나지도 않고, 멸하지도 않고, 더럽지도 않고, 깨끗하지도 않고, 늘지도 않고, 줄지 않나니. 이 까닭에 공 가운데 색 없어,

수 상 행 식도 없고, 안 이 비 설 신 의도 없어, 색 성 향미 촉 법도 없되, 안 계 없고, 의식계까지 없다.
 무명 없되 무명 다 됨 역시 없으며, 노사까지도 없되 노사 다 됨 역시 없고, 고 집 멸 도 없으며, 슬기 없어 얻음 없나니. 얻을 바 없으므로 보리살타가 반야바라밀다 의지하는 까닭에 마음 걸림 없고, 걸림 없는 까닭에 두려움 없어, 휘둘린 생각 멀리 떠나 구경열반이며, 삼세제불도 반야바라밀다 의지하는 까닭에 아뇩다라삼먁삼보리 얻나니.
 이 까닭에 반야바라밀다는 이 큰 신기로운 주며, 이 큰 밝은 주며, 이 위없는 주며, 이 등에 등 없는 주임을 알라, 능히 일체고액을 없애고 진실하여 헛되지 않기에 짐짓 반야바라밀다주를 설하노니 이르되
 아제아제 바라아제 바라승 아제 모지 사바하

    - 금하당 광덕 역주, 한글 반야심경《불광법회 요전》

 당시 불광법회 법주이셨던 광덕스님은 지상, 지범, 지원 등의 선배스님들과 후배 지종스님과 같은 항렬로 지극한 경지에 이르러 대 자유를 향유하라'며 지국至局이라 법명을 내려주셨다.
 공직에 입문하게 되자 '나라[종국엔 佛國]를 위한 지혜의 등불이 되어라'며 지국智國이란 법호를 내려 주셨고, 필자는 '호국으로 보리 이루리! 마하반야바라밀'로 그 뜻을 받들었다.
 근래 들어 스님께서 일생을 바쳐 창건하신 잠실 불광사, 불광법회 승속들의 굳게 닫힌 마음의 문을 바라보며 어쩌면 불교의 미래를 보는 듯 깊은 소회에 빠져든다.
 부처님께서 『능엄경』에서 말씀하시기를, "어찌하여 도적이라

고 하느냐? 나의 의복을 빌려 입고 여래를 팔아 갖가지 업을 저지른다."고 하였다. 옴 살바못자모지 사다야 사바하(참회진언)

불구하고 대다수 불광인들은 오늘도 어려움 속에나마 마주보고 합장하는 '마하반야바라밀'로 서로 화답하며 '사바세계를 진리의 빛으로 밝히겠다'는 바라밀운동을 펼치고 있다. "반야사상으로 우리의 마음과 생활을 밝게 하고, 성공과 행복과 발전을 이루어, 우리와 사회의 광명화를 도모한다." 그 '반야바라밀결사' 원력의 원천이기도 한 '반야심경'의 본원으로 돌아가 서로 화합을 이루고 광명천지의 대동사회를 열어가길 소망한다.

이와 관련 박홍우 불광법회 법회장은 불광형제자매들의 화합과 단결을 위해 불광법회 창립 50주년을 기념하여 「진흙에 물들지 않는 연꽃처럼」 책자를 문집으로 만들어 그 결의를 다지고 있으니 반갑다.

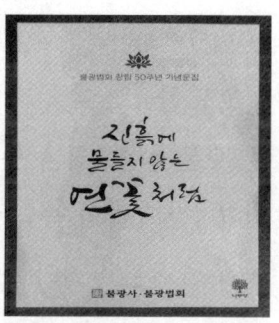

불광법회 창립 50주년 기념문집

무명無明과 애욕을 넘어

불교 대표적 경전인 반야심경(Heart Sutra)의 정식 명칭은 '반야바라밀다심경'(Heart of the Prajna-paramita Hrdaya Sutra)이며 줄여서 '심경'이라고도 한다. 산스크리트어「Prajña-Pāramitā-Hṛdaya-Sūtra」를 한자로 음역한 것이다. 즉 Prajña(프라즈냐. 般若)는 '큰 지혜'를, Pāramitā(波羅蜜多)는 '완성·궁극의 경지'를, Hṛdaya는 '심장·마음·진수'를 Sūtra는 '경經'을 뜻 한다. 이후에 관습상 마하를 붙여 『마하반야바라밀다심경』으로 정착, 널리 유통되어온 것이다.

반야심경은 인간을 5온五蘊으로 파악한다. 5온五蘊(팔리어: pañca khandha, 산스크리트어: pañca-skandha)은 불교에서 생멸·변화하는 모든 것, 즉 모든 유위법有爲法을 구성하고 있다고 보는 색色·수受·상想·행行·식識의 다섯 요소를 말한다. 이들을 각각 색온色蘊(육체, 물질)·수온受蘊(지각, 느낌)·상온想蘊(표상, 생각)·행온行蘊(욕구, 의지)·식온識蘊(마음, 의식)이라고도 부른다. 5온을 5음五陰, 5중五衆 또는 5취五聚라고도 한다.

오온의 가르침은 붓다가 심리 현상[心所]을 불변의 자아[我]로 착각하는 부류의 중생을 위해 설한 것이라는 『구사론』의 한 해석처럼, 오온은 우리의 자아의식을 부단히 변화하는 네 종류의 심리 현상으로 해체하는데 초점이 있다.(한국민족문화대백과사전, 한국학 중앙연구원)

진리를 바로보고 대중과 함께 정진하고 함께 나누면서 세상의 아픔을 외면하지 않는 대승선을 수행해 가자면 먼저 무명을 타파하고 애욕을 멀리하여 생사에서 벗어나고자 하는 불교 근본문제를 늘 중심에 두어야 할 것이다. 만해의 일갈에서 배우는 중심사상이다.

"붓다께서 이 땅에 오셔서 정각을 이루지 않았으면 미혹하여 무명 속에 들어 불교는 없다. 붓다가 가장 중요시 한 것은 바로살고 제대로 죽는 생사문제였다. 빈부나 사회적 차별 등 온갖 사회적 고苦도, 생사관점에서 보았다.

무명을 넘어 그 안에서 나의 고통을 해결하면 세계 인류의 고통도 마땅히 해결 된다는 것을 직설한 것이다. 더불어 함께하는 대동大同이자, 대승大乘을 지향하기 때문에 작은 일에도 손을 내밀어 생사해탈의 주인이 되어야 한다. 나의 문제가 중생의 문제이며, 중생의 모든 문제가 나의 문제라는 근본사상을 갖고 항상 정진 몰입해야 한다"는 것은 〈무명과 애욕〉즉 어리석음과 과욕을 넘는 길이다.

자칫 유식사상을 잘못 이해하여 "의식의 흐름" 즉 마음이 따로 있다는 집착에 빠져, 붓다의 무아공성사상에 어긋나게 되면 어둠의 길[무명]로 가는 것이다. 결론적으로 반야심경의 실천 수행을 평생 가르침 받아 시은을 입어온 나로선 〈무명과 애욕을 넘어〉위로는 지혜를 구하고 아래로는 중생을 위하는 '상구보리와 하화중생의 보살도를 완성하는 길, 바라밀 운동이다.'라고 깊이 되새긴다.

얼마 전 공직 경험을 바탕으로 은사 광덕의 '바라밀 운동', 만해의 '유신사상'을 원효의 '화쟁사상 실천'으로 바꾸어 국회에서 제안한 바 있다. 작금의 상황과 관련하여 당시 국가차원에서 사회통합의 새로운 패러다임을 크게 여섯 분야로 제시한 정책 제안을 여기에 소개한다.

첫째, 화쟁사상의 포괄적 정책화를 통한 사회통합으로 각 분야 갈등해소를 위한 정책수립에 화쟁 사상을 녹여 넣어 통합하는 정책을 마련하는 것

둘째, 화쟁 정신에 의한 역사적 대타협을 이루는 사회적 합의로 상호협약을 통한 사회통합 방안
셋째, 화쟁 이론을 소통방식으로 전환해 나가는 화쟁의 소통강화로 사회시스템에 의한 사회통합

넷째, 화쟁 가치로 자기성찰, 공동체 가치존중, 시민문화 형성 등 문화로서의 사회통합 방안
다섯째, 화쟁 교육에 의한 인성도야, 인류 보편적 가치 실현 등 대국민 교육을 통한 사회통합방안

그리고 여섯째, 화쟁 중도론에 의한 생명평화 공동체 건설, 사회적 공동실현 등 종교를 통한 사회통합 등 화쟁 사상에 기반한 '한국식 사회통합방안' 등이다.

관련하여, 우리는 얼마 전 헌법질서에 따라 사상 두 번째로 현직대통령을 탄핵하고 사저로 돌려세웠다. 오늘도 역사의 준엄함을 보며 계절의 순환마냥 아픈 역사와의 단절을 소망하게 된다. 하지만 진정한 '자기참회'와 절대사랑의 '집단성찰' 없는 어리석음과 욕심이 넘쳐나는 '무명과 애욕'으로는 반복되는 슬픈 역사의 굴레를 벗어날 수 없다는 생각에 무망無望하여 덧없다.

지금 우리사회는 국가안보만이 아니라 생태, 공동체, 교육, 윤리, 국민통합 등 거의 모든 분야에서 위기에 놓여 있다. 이러한 다층적

위기 속에서 지혜와 자비를 통해 세상을 바로 보는 힘을 기르는 일, 그리고 그것을 실천으로 옮기고 '무명과 애욕'을 넘어 '살아 작동하는 세상지혜'와 함께하는 관용이 절실하다. 특히 국민통합을 이뤄내는 리더십, 스스로를 성찰하고, 정법을 수호하며 낡은 관습을 타파하고 '지능정보화 시대'에 걸 맞는 새로운 질서를 마련해야 하는 등 만해가 주창한 유신維新이 시급한 상황이 아닐 수 없다.

이같이 국가차원에서 사회통합을 위한 새로운 패러다임을 실현하는 방안을 새롭게 제시하는 일은 〈무명과 애욕〉을 넘어 '맑고 밝고 아름다운사회'를 만들어가려는 한결같은 나의 원력이다. 역사상 사람들이 사는 세상 속으로 들어가 무애행无涯行을 완성한 원효는 물론 언행여일言行如一한 삶을 일평생 보여준 만해의 모습을 닮아가려는 작은 시도의 일환이기도 하다.

각설하고 '진여의 큰 바다'로 화엄경을 살핀 원효성사에 이어 만해스님이 바다와 같은 진리를 주창함에 따라 당시 식민시대 저항담론의 중심에 있던 불교사상이 세상 좌우변 양극단을 흔들었고 무명의 긴 장막을 걷어냈던 것이다. 그 중도의 도리로 근대화의 대립과 갈등을 극복해 가는 원리로 작동해왔다는 데 그 의미가 있을 뿐 아니라 오늘날 우리에게 시사하는 바 크다 하겠다.

고난의 칼날에 서라

이제 와서 반야심경에 대한 당시의 강의를 정리해보자면, 대략 이상의 요지이되 동급생이던 고교 동기들에게는 비교적 쉽게 풀어서 설명했을 것으로 생각된다. 더군다나 이를 장황하게 소개하는 것은 만해가 세상을 향해 스스로를 내 던져 '고난의 칼날에 서라'고 웅변한 것에 따른 것이다. 또한 당신이 보여준 삶이야말로 「반야심경」의 가르침을 실천해가는 평생의 일과라고 공감했기 때문이라 할 것이다.

> 세상 사람이 쉽고 성공할 일이면 하려하고 어렵고 성공할 가망이 적은 일이면 피하려는 경향이 있으니 그것은 불가한 일이다.
> 어떠한 일을 볼 때에 쉽고 어려운 것이나 성공하고 실패할 것을 먼저 본다느니 보다 그 일이 옳은 일인가 그런 일인가 볼 것이다.
> 아무리 성공할 일이라도 그 일이 근본적으로 옳지 못한 일이라 하면 일시 성공을 하였을지라도 그것은 결국 파탄이 생기고 마는 법이다.
> 그러므로 하늘과 땅에 돌아보아 조금도 부끄럽지 않을 옳은 일이라 하면 용감하게 그 일을 하여라. 그 길이 가시밭이라도 참고 가거라. 그 일이 칼날에 올라서는 일이라도 피하지 말어라.
> 가시밭을 걷고 칼날 위에 서는데서 정의를 위하여 자기가 싸운다는 통쾌한 느낌을 얻을 것이다.
> 그러므로 나는 지금 다난한 조선에 있어서 정의의 칼날을 밟고 서거라 하고 말하고 싶다. 무슨 일이든지 성공이나 실패보다 옳고 그런 것을 먼저 분별할 줄 알아야 한다.
>
> — 만해 한용운, 「고난의 칼날에 서라」, 실생활誌 3권 11호(1932.11)

이렇듯 운명처럼 필자와 만해와의 필연적 첫 만남은 정색을 하며 대승경전에 기반한 진리적 논거를 바탕으로 시작되었다. 본의 아니게 두 시간의 강의를 위해 그 열배 백배의 준비를 해야 했고 그 강의록은 '반야심경의 현대적 이해'라는 제목으로 불교문집 '한마음'에도 실렸다.

이 '한마음' 문집은 오래 전 고등부 한마음불교학생회 회장이던 70년대 당시 자체 발간한 문집으로 A4 약 100페이지 분량으로 교계의 반향을 불러일으키기도 했다. '한마음'은 은사 광덕스님의 《한마음 헌장》에 크게 영향을 받은 것이었지만 아쉽게도 입시경쟁과 유신헌법, 비상조치법에 따른 시대상황과 교육여건 변화 등으로 10년가량 매년 발간해 오다 폐간되고 말았다.

이 작은 일로 당시 범어사 주지 벽파스님은 염화실에서 다과를 베풀어 주셨다. 은사이신 광덕스님은 물론 탄허, 일타, 향곡, 경봉, 구산, ... 지유스님(전 금정총림 방장)으로부터도 참 기특하다는 귀한 말씀도 받았다. 운명처럼 해 오던 반야심경을 매일 빠짐없이 한문으로 사경하게 되었고 말미에 원력을 담아 '세계화평 국태민안 남북통일 법륜상전 여의원만'이란 발원을 스승님들의 가르침대로 적었던 기억이 오롯하다.

오직 '반야(般若)'의 칼날에 서라

이후 고등부 학생회에 이어 대학생불교연합회에서 불교신행활동을 이어간다. '하나, 우리는 진리의 빛 참다운 구도자가 되련다. 하나, 우리는 진리의 얼 참다운 생명가치를 구현하련다. 하나, 우리는 진리의 벗 참다운 복지사회를 구현하련다.' 당시 「한국대학생불교연합회(이하 대불련) 」 법회에서는 '불교의 대중화와 현대화를 위한 3대 강령'을 구호로 외쳤다.

그리고 조지훈 선생이 작시하신 '대불련가'를 목청껏 소리 내어 불렀던 기억이 새롭다.

"우리는 빛을 찾는 나 젊은 구도자다/ 불타의 혜명 받아 한마음 손을 잡고/ 시방의 가이 없는 중생들을 위하여/ 몸과 마음 바치기를 다 함께 맹세한/ 아아 우리는 진리의 벗 영원한 동지다"//

무명의 구름 속에 본래 밝은 저 달을/ 못 보아 중생들은 길을 잃고 헤맨다/ 번뇌가 곧 보리요 괴로움이 낙인 줄 깨달아/ 끝없는 정진으로 이룩하자/ 아아 찬란한 불국토가 땅위에 열리리라//

어둠에 빛이 되고 목마를 때 샘이 되는/ 불교를 절간과 경전에서 끌어내어/ 대중에게 갖다 주고 생활 속에 살리고/ 자비와 지혜가 서로 돕는 정성으로/ 아아 무량한 광명의 꽃비가 내리리라 //

조지훈 선생은 물론 소천· 청담· 광덕· 성철· 법정· 무진장 스님, 그리고 이기영· 고익진· 서경수· 서돈각 교수 등은 60년대 1기 대불련을 이끌어 주셨던 스승들이셨다.

1기 대불련 선배 박성배 교수는 "당시 대학생불고연합회의 지도법사이셨고, 봉은사의 주지이셨던 광덕스님은 대학생수도원에 특별한 배려와 애정을 베풀어 주셨다.", "광덕스님 하면 항상 떠오르는 생각이 있다. 그것은 나에게 보현행원 사상에 눈뜨게 해주신 분이 광덕스님이었다는 사실이다."(박성배, 『미국에서 강의한 화엄경보현행원품』)

이어, 같은 선배 영성領星거사 박세일(1948~2017) 전 한반도선진화재단 이사장을 그의 만년에 자주 교류하며 불교와 국가발전론에 대한 담론을 함께 했다. 2015년 저자의 '인왕반야경' 발간에 대한 발문에서 '자주독립의 주인정신'과 '애국애족의 마음이 없는 나라는 이미 혼을 잃고 정신을 빼앗긴 나라이다. 이 나라에 국혼을 바로 세워 나가야 한다. 이를 위해 일생동안 '백성의 마음으로 세상을 이롭게 하라'는 성현들의 말씀을 기반으로 살아왔다. 이제 그동안 내가 주창해 온 「시대불교」, 「중생불교」, 「실천불교」, 「세계불교」의 근간에 《호국불교》가 답이라는 것을 『인왕반야경 - 현명한 정치지도자가 나라를 보호하고 지키는 지혜의 완성』이 이를 증명하고 있다며 힘을 보태 격려해 주셨다.

만해는 말한다. '고난의 칼날에 서라.' "가던 길을 가라. 새 길이 나올 것이다. 길이라면 다 험한 길이요. 걸어 가다보면 다 고달플 것이다. 뒤로 돌아서는 길도 길인 까닭에 고달프고 고苦로운 것이니 이미 고달프고 고로운 것이라면 희미하나마 앞으로 가는 길을 걷고 가던 길을 가거라." 만해 연구자 김광식 교수의 『우리가 만난 한용운, 참글세상, (2010)』에서 '불교청년 민동선 증언'이라 알려진 만해의 일성이다.

한편 불교청년회지 『불청운동』 7.8합호(1932.10)에 실린 권두언에서 만해스님은 "청년은 인생의 최성기最盛期인 동시에 최난기最難期가 되지 않으면 아니 되는 것이다. 이중 삼중의 수난기에 임한 조선청년은 과연 그 각오가 여하如何? 스스로 힘쓰라."고 일갈하게 된다.

그의 사자후는 실행에 옮겨져 1920년 6월 항일구국투쟁을 위해 동국대학교 전신인 중앙학림中央學林의 학승學僧, 청년들을 모아 오늘날 '대한불교청년회'의 전신인 '조선불교청년회'를 조직하게 된다. 이들은 항일구국운동과 함께 「불교유신회佛敎維新會」를 조직, 한용운을 중심으로 불교유신운동도 겸하여 활발히 활동을 전

'사찰령'수록, 조선총독부 관보

개하였다. 이들은 30본산 주지 가운데 혁신·유신을 지지 찬성하는 세력으로 하여금 1923년 종수원宗數院을 설립하여 「조선사찰령朝鮮寺刹令」을 기화로 횡포하는 총독부측에 동조하는 교무원과 대결하게 된다.

총독부는 1911년 7월 1일 전문 7조와 부칙으로 된 '사찰령'을 제정·공포 한다. 이는 일제가 한국불교를 억압하고 민족정신을 말살하기 위한 것이다. 참고로 법령전문을 보면 다음과 같다.

제1조 사찰을 병합·이전 또는 폐지하고자 하는 때에는 조선총독의 허가를 받아야 하고, 그 터 또는 명칭을 변경하고자 하는 때에도 같다.
제2조 사찰의 터 및 가람은 지방장관의 허가를 받지 아니하면 전법·포교·법요집행 및 승니 거주의 목적 이외에 사용하거나 사용하게 할 수 없다.
제3조 사찰의 본말관계·승규·법식 기타 필요한 사법寺法은 각 본사本寺에서 정하여 조선총독의 인가를 받아야 한다.
제4조 ①사찰에는 주지를 두어야 한다. ②주지는 사찰에 속하는 일체의 재산을 관리하고 사무 및 법요집행의 책임을 지며 사찰을 대표한다.
제5조 ①사찰의 재산은 조선총독의 허가를 받지 아니하면 양도 또는 담보로 제공하거나 기타 처분을 할 수 없다. 사찰이 부채를 지는 것에 대하여도 같다. ②전항의 허가를 받지 아니하고 사찰의 재산을 양도 또는 담보로 제공하거나 기타 처분을 하거나 부채를 진때에는 이를 무효로 한다. ③사찰의 재산이라 함은 사찰에 속하는 부동산 기타 조선총독이 정하는 재산을 말한다.
제6조 사찰의 재산을 처분하는 경우에 그 사찰의 주지는 이를 취득할 수 없다. 다만, 특별한 사정에 의하여 조선총독의 허가를 받은 때에는 그러하지

아니하다.
제7조 이 영에 규정하는 것 외에 사찰에 관하여 필요한 사항은 조선총독이 정한다.(법제처, 국가법령정보센터)

이것은 한국불교가 호국불교로 국난기에 구국의 대열에서 공헌한 바가 컸던 역사적 사실에 근거하였다. 구 한말 의병 참전시에 승려들이 의병들과 긴밀한 관계 속에 활동이 전개되자, 위협을 느낀 일제는 한국불교를 억압하기 위해 이 법령을 서둘러 제정, 공포하였던 것이다.

좀 더 세분하여보면 1. 수 천 년의 역사를 지닌 우리의 사원을 자율적으로 관리할 수 없도록 하였다. 2. 사찰의 기지基址와 가람伽藍은 지방장관의 허가를 하여 사원 내의 집회자유를 억압하고, 나아가시는 사원이 민족의 독립정신을 고취하거나, 항일독립운동의 거점이 되지 못하도록 하였다. 3. 사찰의 자주권을 박탈함은 물론, 조선총독을 불교의 교조敎祖에 버금가는 위치에 놓아 한국불교를 말살하였다. 4. 조선총독이 주지임명권을 가지게 하여 실질적으로 그 권한을 유명무실하게 하였다. 5. 사찰의 재산권을 박탈하고 6. 승려에 대한 처벌규정을 두었다. 7. 조선총독은 필요에 따라 통제할 수 있는 근거를 마련하였다는 것이다.

이로써 한국불교는 일제의 식민지 통치기관인 조선총독부 감독

하에 예속되었으며, 한국불교 교단은 30본산(1924년 화엄사가 승격되어 31본산사로 됨)으로 나누어졌고, 사찰의 종교적 고유권한이라 할 수 있는 의식儀式·인사人事·재정財政 등의 모든 권한이 침해를 받게 되었다.

그러나 일제는 이 「사찰령」만으로 한국불교를 말살할 수는 없었으며, 만해를 비롯하여 송만공, 백용성, 백초월, 운암 김성숙, 김법린, 오성월 스님 등 개혁승려들의 노력으로 오히려 항일민족종교, 호국불교로서 그 기반이 더욱 확고히 굳혀져 갔다고 할 수 있다.

이때 한용운은 일본불교의 한국침투와 한국불교의 일본화를 억제하기 위한 임제종臨濟宗 운동에 주력하였는데, 이는 1911년 이래 지속된 그의 집념어린 행보였다. 정교분립, 사찰령 폐지, 교단혁신 등 산중불교에서 사회적 대중 불교를 건설하는 데 노력하면서도 불교청년운동을 본분으로 알아 이를 소홀히 할 수 없음을 경계하였다.

만해는 조선일보(1929.1.1.일자)에 '조선 청년에게' 제하 기고문을 통해 "금일 청년들은 나처럼 늙고 기력이 쇠진한 뒤에 또 나의 잘못을 되풀이 하지 말고 오늘날 이 당장에 일대 각오와 일대 용단을 내려서 전문지식을 연구하여 장래의 우리, 영구의 나를 좀 더 행복스럽게 광영한 사회생활을 하도록 노력하라고 충고하고 싶다."라고도 했다.

이렇듯 만해는 이 땅의 청
년들에게 하늘과 땅에 돌아보
아 조금도 부끄럽지 않을 일
이라 하면 「고난의 칼날에 서
야한다」고 일갈했다.

저자 또한 그 인연 덕에 고
등부, 대학생 불교연합회에 이
어 당시 대한불교청년회장 선
진규 선배와 더불어 대불청

조선일보 기사(1929.1.1.일자)

활동을 해왔다. 이후 공직에 입문하여 국가안전보장을 위한 국무를
담당했고, 정부 중앙부처 공무원 불자회장으로 나름 불교중흥과
발전을 위해 이를 홍포하는 기회도 얻었음이라.

이제 그 움켜쥐었던 두 손을 내려두고 진리의 칼날, 반야의 칼
날에 서기를 소망할 뿐, 오직 그리 할 뿐...

2장 님과 조우遭遇

- 깨어남의 시작

만해 한용운의
「님의 침묵」
그 중심 모티브인
'님'과의 조우를 통해
깨어남의 순간을 조명하며,
이를 오늘날
왜 다시 만해를 소환해야
하는가에 대한
철학·종교·문학·
시대적 의미로
확장해 본다.

우리는 누구나
한번쯤은
"그리움"이라는
상념을
가슴에 별처럼 품고
살아가는지도 모른다.

만해 한용운의
'님'은
모두의 가슴에 새긴
별이자,
마음의 가장
깊은 곳에
간직해 온
이상이자
깨어나는 진리와
만나는
그림자와도 같다.

이제,
그 '님'과의
첫 조우,
곧 깨어남의
시작을
이야기한다.

왜 지금 만해 한용운인가

우리는, 특히 젊은 세대들은 '지금 시대에 왜 만해 한용운인가?'라고 묻고 있다. 이 질문은 단순한 문학적·인문학적 해석을 넘어, 오늘날 언어의 위기와 침묵의 가치를 되묻는 철학적 근원적 문제를 포괄한다. 오늘날 우리는 '말이 너무 많은 시대'에 산다고 한다. 소셜미디어, 뉴스, 광고, 정치담론, 철학적 이론에까지 바야흐로 언어의 과잉시대이다.

언어가 넘쳐나니 말은 범람하고 진정한 의미는 희석되어 버리고 만다. 과잉 언어의 폐해는 종종 '의미'를 잃어버리고 그저 공허한 '소리'로 남기도 한다. "말이 많을수록 진실은 멀어 진다"는 역설이 현실화 된 시대를 살아가고 있는 것이다.

그런 면에서 『님의 침묵』은 언어의 절제를 통해 본래적 의미를 드러내는 시적 선언이며, 침묵이라는 고요적정 속에 스스로 깨어남은 물론 언어의 부활을 알리는 예언적 울림이 되어 우리 앞에 나타나고 있다고 할 수 있다. 침묵, 그 해방적 언어는 오늘날 언어의 위기와 침묵의 가치를 되묻는 철학적 인문학적 초월적 물음인지도 모른다. 만해 한용운 스님의 『님의 침묵』은 말하지 않음으로써 더 깊은 말을 하는 것이기도 하기 때문이다.

만해의 정신적 계승자로 설악산 신흥사 조실이던 설악당 오현

스님은 "좋은 말을 하려면 입이 없어야 하고 좋은 소리를 들으려면 귀가 없어야 한다."라고 '말없이 말하는 무설설無說說의 도리'로 화답했다.

"아 아, 사랑하는 나의 님은 갔습니다"라고 시작되는 님을 부르는 소리는, 나의 슬픔과 님의 아픔에 대한 표현조차 절제된 언어로 단도직입 속삭이듯 마음과 마음을 향해 언어문자로 서로에게 이어진다.

'침묵'은 간단하면서도 무미건조하게 님의 부재를 알리는 외마디 '전언통신문'표지 같은 선언을 담고 있지만 부존재[부재]와 존재의 다른 방식, 저항의 형식, 마음의 항변, 어쩌면 피 같은 절규보다도 간절함에 다름 아니었을 터…

엄혹했던 일제강점기 만해는 말하지 않음으로써 일제와 불의에 항거했고 사랑의 상실과 부재를 말하지 않는 침묵으로써 내면의 영원성에 묻고 또 마음속 깊이 묻었다. '침묵'은 오히려 어떤 절규, 외침보다 강한 윤리적 선언이요, 넘쳐나는 '말함'의 군더더기 속에서 말하지 않음으로써 말하는 방식, 즉 존재의 시학이자 정신의 기호학으로 되새김질 되었다.

예언적 시선으로 볼 때 침묵은 또 다른 질문의 언어이다. 『님의 침묵』은 언어의 마모와 과소비를 넘어서기 위한 시적 장치로 하는 질문이라 할 것이다. "말이 너무 많은 시대에, 우리는 정말 제대로 말을 하고 있기는 한가?" "너무 많이 외치는 이 시대에, 정말 들려오는 마음울림이 있는가?" "침묵은 포기나 패배가 아닌 가장 깊은 질문이 될 수 있는가?"

　이렇듯 만해의 시는 말로 통 치듯, 모든 것을 설명하려는 오늘날 우리들에게 되묻고 있는지도 모른다. 당신의 말은 침묵의 바탕 위에서 진정 울리고 있는가? 말은 감정에 머무르지 않고 성찰을 넘어 깨달음의 도구가 되고 있는가? 라고 우리를 향해 스스로에게 되묻고 있는 것이다.

　『님의 침묵』, 그 현재적 의미는 언어의 신뢰를 잃은 남용에 지친 세상을 향해 되살아나는 '시의 윤리'이다. 침묵을 통한 내면 탐색의 회복, 소통의 위기시대에서 침묵을 통한 진정한 공감의 가능성을 열어 준다. 사랑과 저항, 종교적 진리를 넘나드는 초월적 메시지라 할 것이다.

　만해의 『님의 침묵』은 단지 개인적 상실과 님의 부재의 노래가 아니고 그 침묵은 초월의 끝자락을 때리는 울림이다. 그것은 우리 시대 말의 위기, 진실의 위기, 사랑의 위기, 종교를 넘어서 비록 조용하지만 가장 강하게 말하는 예언자적 텍스트다.

　말의 홍수 속에서 진정 말을 하고 싶은 자, 반드시 침묵이란 관문을 통과해야 함을 일러주고 있다. 곧 만해의 침묵을 통해 스스로 깨어남의 시작을 이야기하게 된다. '왜 지금 만해인가?'에 대한 물음에 만해의 침묵이라는 언어는 오늘에라도 유효하기 때문이다.

님은 누구인가

다시 지금, 왜! 만해 한용운인가? 왜! 또 '님'인가? 우리가 오늘 그를 부르는 까닭은 단순히 과거를 기억, 상기하기 위함이 아니다. 그것은 오히려 우리가 지금 처한 이 세계의 전쟁과 분쟁, 불안과 혼돈, 존재의 공허와 방향 상실의 극심한 '카오스' 속에서 어쩌면 길을 찾기 위한 필연적인 소환이라 하겠다. 그렇다면 '님'은 누구인가? 만해 한용운이 말한 '님'은 결코 단순하지 않을 뿐 아니라 시대와 존재의 은유로 상징되는 다의적인 의미로 나타난다.

『님의 침묵』 속 침묵하는 '님은 누구인가?' '누구의 님인가?' 그것은 잃어버린 조국인가. 아니면 존재의 본래 면목인가. 혹은 사랑하는 사람인가, 혹은 궁극의 진리인가.

저자는 이를 '심인만해지곡心印萬海之曲, 아득한 바다, 휘감는 마음노래'라고 말한다. 지금 시대에 왜 만해 한용운인가? 님을 부르는 노래, 어쩌면 깨달음의 시작이 아닐까 한다.

알려진 대로 만해스님은 1924년 '님의 침묵' 집필에 앞서, 후에 상세히 소개할 당나라 동안상찰 스님이 지은 선화게송 『십현담』과 매월당 김시습, 즉 설잠스님의 『십현담요해』를 보고 이를 풀이하였다. 『님의 침묵』에 반년 가량 앞서 『십현담주해』를 펴내었다. 당시 백담사의 화재로 다타 없어진 전각들을 보며 황량한 마음, 더 무상해진 자신을 허허로움에 세워 더욱 단련하리라 다짐했을 터 ...

거처를 옮겨 오세암에서 선禪의 언어로 '마음'을 탐구했고, 『님의 침묵』을 통해 시인의 언어로 '님'을 불렀다. 이 두 언어는 사실 다르지 않다. 마음과 님, 진여와 사랑, 자각과 해방은 서로 다른 이름을 가진 것일 뿐 동일한 본질이라 할 것이다.

말하자면 금강경 14장에 paramapāramitā를 번역한 '제일바라밀第一波羅蜜'이라는 구절이 나온다. 이를 현장법사는 '최승바라밀다最勝波羅蜜多' '최고의 바라밀' 즉 '반야바라밀다를 말한다謂般若波羅蜜多'이라고 규정했다. 이어서 경전에 "여래가 말하는 제일바라밀은 곧 제일바라밀이 아니기에 이를 제일바라밀이라 부르는 것이다." "여래가 설한 온갖 모양이 곧 모양이 아니며, 또한 온갖 중생이 곧 중생이 아니라 하느니라."고 밝혀 '제일바라밀이 곧 궁극의 완성을 이룬다는 뜻이지만 궁극의 완성이란, 그 이름이 궁극의 완성일 뿐이다.' 라고 섭수된다. 이는 표현을 달리한 언어, 이름에 불과할 뿐 본질은 다르지 않다는 가르침을 일깨우는 가르침과 다르지 않다.

노자는 도덕경 제1장에서 '도가도 비상도, 명가명 비상도道可道 非常道, 名可名 非常名'라 했다. 도를 도라 할 수 있으나, 항상 도道가 아니다, 이름을 이름이라 할 수 있으나, 항상 이름이 아니다. 이를 풀자면 도라 부를 수 있는 도는 참된 도가 아니며, 이름 붙일 수 있는 이름은 참된 이름이 아니다. 즉 도를 말로 설명할 순 있지만 그 설명이 도 그 자체는 아니라는 것이니 일맥상통하는 바라 할 것이다.

'님'을 불러온 『님의 침묵』, 그 님에 대한 선학들의 견해를 소개해 본다. 최동호 교수는 님의 호칭을 "당신(39편), 님(36편), 너(2편), 그대(2편), 애인(1편), 무호칭(6편)으로 분석하고 만해에게 님은 민족·조국·민중·불타·중생 바로 그 모든 것이었다"는 견해를 밝힌다. (최동호, 『현대시의 정신사』, 1985)

"님은 중생이요. 또 한국이기 때문에 한국의 중생 곧 우리민족이 그 님"이었다.(조지훈, 『민족주의자 한용운』) "만해의 임은 이미 살핀 바 불타정신에 뿌리박은 조국을 의미한다."(장백일, 『한국현대문학론』) "그의 님은 곧 절대적인 '절대자유' 곧 '진아眞我'다."(조종현, 『卍海 한용운』) "님이란 애인이요. 불교의 진리 그 자체이며 한국사람(중생) 전체를 뜻한다." 사랑의 증도가라고도 했다.(송욱, 『시인 한용운의 세계』)

"수종의 '님'들을 다 인정하는 불교에서 말하는 '중생'을 그 대표적인 님으로 확정하겠다."(박노준·인권환, 『한용운 연구』) "일체 제법諸法으로부터 생명을 넘어 불러낸 진여眞如·진제眞諦로서의 님"(염무웅, 『님이 침묵한 시대』) "열반의 경지에 들게 하는 참다운 무아無我"(오세영, 『침묵하는 님의 역설』) "님은 완전한 모습으로 이 세계 안에 존재하지도 전혀 부재하지도 않고 그것을 갈구하는 자의 끊임없는 예기豫期와 모색의 실천 속에 불완전한 모습으로 나타난다."(김흥규, 『님의 존재와 진정한 역사』)

    이를 종합해 보면 백 년 전, 승려시인 만해가 외친 '님의 침묵'은 단순히 한 사람의 이별을 보여주지만, 만 사람의 별리를 넘어섰다는 데 이견이 없다. 식민과 억압, 부재와 상실, 존재와 진리의 문제로 까지 이어지는 마음을 꿰뚫는 선언이었다고 할 것이다. 그때의 '님'은 단지 연인의 부재가 아니었고, 단지 민족의 상실만도 아니었다. 그것은 존재 그 자체가 묻는 근원적인 물음이었고, 침묵 속에서 들려오는 절규였으며, 천백억 화신化身으로 나타나는 우리네 마음을 찾아가는 구도의 시작을 알리는 신호탄이었음을 알게 된다.

    여기에 비추어볼 때 그의 '님'은 불교적 언어로는 진여眞如이며, 민족운동가로서는 조국이며, 존재론적으로는 궁극적 자아自我이자 타자他者이고, 사랑의 언어로는 기리운 것, 그리움이자 그 대상이다. '님'은 한 존재가 끊임없이 갈구하고 동시에 끊임없이 놓치는 그 무엇이 아닐 까? 그리하여 오늘도 우리는 님을 부른다. 상대나 대상이 아닌 스스로 절대의 님을 부른다. 그리하여 내가 나를 너로 부르며 깨달음의 시작점에 다다른다.

만해와 두 번째 만남, 조우遭遇 2

오래된 이야기 두 번째, 70년대 초 고등부 불교 학생회장 시절 여름방학에 경주 토함산 불국사 경내 무설전無說殿 일대에서 5박6일간 '영남불교학생연합회' 하계수련대회가 열렸을 때의 일이다. 기간 중 철야 금강경 독송과 조석 108배, 새벽예불, 불국사 주지 월산스님을 필두로 동국대 이기영 교수님의 법문 등이 이어졌다. 가히 살인적인 더위와 싸우며 하던 용맹정진 일정이었다.

두 무릎을 땅에 디딘 채 꿇어 앉아 허벅지와 상체가 수직이 되게 곧게 일으켜 세우고 두 발끝은 세워서 발끝으로 땅을 지탱하며 손은 합장하는 호궤胡跪 자세로 『금강경』을 독송했다. 이를 때면 무설전이 자랑하는 기와로 된 바닥 전돌[방전方塼]이 고르지 못해 군데군데 멍석을 깔았으나 삐죽 나온 짚 풀이 무릎에 배겨 여간 고통스런 일이 아니었다. 잠이 부족하여 법문 시간은 졸기 일쑤였고 스님들과 선배들은 여기저기에서 나타나 장군 죽비로 내리치니 그야말로 정신이 하나도 없을 지경이었다.

기억나는 선배로는 재수생이던 청바지에 장발차림의 최석호 법사(법륜스님, 정토회), 도반으

도문스님, 법륜스님과 함께

로 청와대 불자회장이던 김조원(전 청와대 민정수석)박사 등이 있다.

    법상에 오르신 월산 스님은 주장자를 가로 누이다 말고 곧추 세워 법상에 세 번 내리치셨다. "이것이 무엇 인고, 대중은 일러라!" 비몽사몽간에 주장자 내리치는 소리에 문득 졸다가 깬 나는 갑자기 무릎을 꿇으며 고쳐 앉았다. 이 게 무슨 상황인가? 하다가 그만 앞으로 고꾸라졌다. 졸음을 주체하지 못한 것이다. 여기저기에서 "나무 막대기입니다", "주장자입니다", "아무것도 없습니다", "무無~" 하는 소리가 저 멀리서 들려왔다.

    '만월대'라는 전각에 앉았다. 마침 구월 보름이라 밤하늘도 휘영청 밝았다. 귀뚜라미 소리 잦아들고 어둠속에 모든 것이 묻히고 만해와 나는 식어버린 차를 나누고 또 나누었고 한동안 말이 없었다. 밤은 깊어가고 마침내 길을 떠난다.

    지는 해는
    성공한 영웅의 말로(末路) 같이
    아름답기도 하고 슬프기도 하다

    창창한 남은 빛이
    높은 산과 먼 강을 비치어서
    현란한 최후를 장식하더니

    홀연히 엷은 구름의 붉은 소매로

뚜렷한 얼굴을 슬쩍 가리며
결별의 미소를 띄운다
큰 강의 급한 물결은 만가挽歌를 부르고
뭇 산의 비낀 그림자는 임종의 역사를 쓴다

— 만해 한용운 유작시 「지는 해」, (1971, 외솔회)

"이보시게 만해! 만해! 어딜 가거나 청안하시게 … " 게워내듯 말을 뱉었으나 그는 긴 그림자만 남기고 말없이 사라져 갔다.

만해와 지낸 한 철 살이

헤어짐은 인간적 정리情理로 아쉬움이 남지만, 회자정리會者定離는 인간의 숙명이므로, 뜻을 세운 바대로 자신의 길을 가야한다는 건 인지상정이 아닌가. 양진암養眞庵은 나라와 민족이 암담했던 시절, 만해가 정처 없이 떠돌던 중 잠시 의탁했던 학명鶴鳴스님(1867~1929)의 암자다.

'세도고여차世道固如此'는 매사 어려움 투성이며 사람은 한 번 만나면 헤어지기 마련인 것이니, '남아임소지男兒任所之' 즉 남아라면 뜻대로 길을 가야한다며 손을 흔들며 떠나는 증별시贈別詩이다. 학명은 떠나려는 만해萬海에게 '좀 더 쉬어가라'고 만류도 했을 터이다.

일에 임하면 어려움은 많고 사람을 만나면 헤어져야 한다네.
세상의 도는 이와 같으니 남아라면 뜻대로 길을 가야하네.

臨事多艱劇 逢人足別離 (임사다난극 봉인족별리)
世道固如此 男兒任所之 (세도고여차 남아임소지)
― 만해,〈養眞庵臨發贈鶴鳴禪伯: 庵子를 떠나며 만해가 학명(鶴鳴)스님에게 준 한시二首〉其二

이 시는 양진암養眞庵을 떠나면서 학명선백鶴鳴禪伯에게 준 것이다. 근대 한국불교 선지식 학명선사는 "일하지 않는 중은 먹지도 말라." 선농일치禪農一致 사상의 주역으로 만해보다 12살이 많은 연장자이다. 만해는 눈앞의 자그마한 온정에 얽매이지 않고 남아라면 뜻대로 길을 간다는 '남아임소지男兒任所之'의 마음으로 자신의 신념대로 길을 걸어간 것에 다름 아니리라.

나는 만해! 만해! 하며 소리치다말고 문득 깨어 보니 무설전이다. 만해와 조우하여 한철을 살고 그렇게 헤어졌으니 황망한 마음이 밀려온다. 그 짧은 순간일망정 식은땀을 흘리며 꿈같은 세상살이로 돌아왔다. 붉은 황금색을 만면에 띤 법사 월산스님의 얼굴에 미소가 번진다. 아무도 알지 못하는 도리를 일러주려니 그런가? 하는 찰나 스님은 '이것은 막대기도, 주장자도 아니다'라며 주장자를 세 번 내리치며 '오늘 법문은 이걸로 다해 마친다.'하시고는 법좌를 내려 오셨다.

우리들은 철야정진을 앞두고 무설전을 나와 저녁 무렵 등불을 켜고 토함산 석굴암 포행 길에 나섰다. 법우들은 삼삼오오 모여 좌우로 늘어섰다. 동급생 종철, 용권, 만록, 병하, 재동, 자정, 동욱, 창도, 종영, 성배, 창엽, 학보, 현종, 동렬, 범만, 진영, 용순, (故)태한, (故)창현, (故)박일 등등이 따지듯 묻는다.

"아니 니는 왜 아까 큰 스님 법문하실 때 (그) 만해, (그) 만해 라고 소리 질렀노? 그 바람에 스님께서 법문을 하시다말고 내려가신 거 아니가? 니 때문이야!" 라고 이구동성 말을 하는 게 아닌가?

무슨 풍딴지같은 소리들을 해대나했지만 차마 만해스님을 말할 게제가 아니어서 "응 내가 그만 졸다보니 꿈을 꿨지, 잠꼬대야 잠꼬대!"라 하곤 말았다.

무설전無說殿에서 만해와의 만남, 그것은 님의 침묵과 무설설無說說의 조합과도 같은 것이었을까?. 그 일이후로 습관처럼 가없는 바다 같은 하늘을 아득히 쳐다보게 되었다.

다음날 새벽 예불을 위해 극락전을 걸어 나오며 칠흑 같은 하늘을 보았다. 하늘에는 흩뿌린 듯 촘촘히 박힌 별들이 마치 바다의 금모래 마냥 반짝이며 서서히 모습을 드러냈다. 아득한 바다를 유영하며 마음은 천길 물길 속으로 향했고 별은 내 가슴에 가까이 다가왔다. 잊을 수 없는 그날의 밤이 금강경 독송의 여운과 함께 또 다시 깊어갔다.

무설전無說殿을 가득채운 님의 침묵

　무설전 철야정진에서 '금강경독송회' 김재웅 선배님의 지도로 밤새워 '금강반야바라밀경'을 소리 내어 읽는다. 호궤합장한 채로 한번에 21회독을 하고 자세를 잠시 풀었다가 재차 21회독을 하며 독경소리로 차곡차곡 밤을 채워 나간다. 그 때의 그 느낌이 슬 관절에 스며들어 절간 계단을 오르는 내내 무릎이 시큰 거린다.

　양쪽 무릎을 땅에 대고 양쪽 정강이를 허공에 오르게 하며 양쪽 발의 지두指頭(발가락 끝)로 땅을 버티고 몸을 빼어 선 자세로 금강경을 펼치고 꼿꼿한 정자세로 흔들림 없이 금강경을 지송한다.

　『석문의범釋門儀範』에 부처님이 장부丈夫를 호궤하게 하고 비구니는 장궤長跪케 하였다는 대목이 있다. 호궤와 달리 장궤란 양쪽 무릎을 땅에 걸터앉아 양쪽 발만 세워 몸을 지탱하는 것이니, 신체 구조상 여성을 배려한 것이었지만 다들 힘들어 하긴 매양 이었다.

　須菩提 如恒河中所有沙數 如是沙等恒河 於意云何 是諸恒河沙 寧爲多不
　(수보리 여항하중소유사수 여시사등항하 어의운하 시제항하사 영위다부)

　"수보리야, 갠지스 강의 모래 알 만큼 많은 갠지스 강이 있다면,
　너는 그 모든 갠지스 강에 있는 모래알이 얼마나 많다고 하겠느냐?"

　須菩提言 甚多 世尊 但諸恒河 尙多無數 何況其沙 須菩提 我今實言 告汝
　(수보리언 심다 세존 단제항하 상다무수 하황기사 수보리 아금실언 고여)

수보리는 대답했다. "참으로 많습니다. 세존이시여, 갠지스 강도 헤아릴 수 없는데, 하물며 그 많은 갠지스 강의 모래알이겠습니까?" 수보리야, 이제 너에게 묻겠다.

若有 善男子 善女人 以七寶 滿爾所 恒河沙數三千大千世界 以用布施 得福 多不
(약유 선남자 선녀인 이칠보 만이소 항하사수삼천대천세계 이용보시 득복 다부)

"어떤 사람이 이 많은 갠지스 강의 헤아릴 수 없는 모래 알 만큼이나 많은 보석을 보시한다면, 그 사람은 이 공덕으로 큰 즐거움을 얻지 않겠느냐?"

須菩提言 甚多 世尊 佛告 須菩提 若善男子 善女人 於此經中 乃至 受持四句偈 等 爲他人說 而此福德 勝前福德
(수보리언 심다 세존 불고수보리 약선남자 선녀인 어차경중 내지 수지사구 게등 위타인설 이차복덕 승전복덕)

수보리가 대답했다. "매우 큰 공덕을 얻습니다. 세존이시여." 부처님께서 수보리에게 말씀하셨다.
"어떤 사람이 이 경전에 의지하여 수행하고, 단지 네 구절만이라도 다른 사람에게 설명해 준다면 이러한 공덕으로 얻는 즐거움은 그것보다 훨씬 더 클 것이다."

붓다께서 『능엄경』에서 이르시기를, "어찌하여 도적이라고 하느냐? 나의 의복을 빌려 입고 여래를 팔아 갖가지 업을 저지른다."고 하셨다. 부처님은 이러한 불문佛門의 옷을 걸치고 수행을 하지 않으면서 도리어 불법을 이용하여 장사하는 이들을 '도적'이라고 비유하였으니, 그 죄의 막대함을 상상할 수 있을 것이다.

만해는 도적이 되기 싫어 길을 떠나고 만 것인가? 아니라면 진정 불법을 훔치는 큰 도둑이 되기 위해 길을 재촉했던가? 천년 국찰 불국사 무설전에서 비몽사몽간이긴 했으되 금강경 철야 장엄염불이 새벽예불 때까지 이어졌다.

침묵 속에 숨은 목소리

만해 한용운의 『님의 침묵』은 한국 현대시에서 가장 상징성이 높고 깊이 있는 작품 중 하나로 평가받는다. 제목에서부터 드러나듯 '침묵'은 단순한 무언의 상태를 넘어 시적 메시지의 핵심적 장치로 기능하는 특징이 있다.

사람들은 종종 침묵을 말이 없다고 생각한다. 그러나 만해에게 침묵은 결코 공허가 아니다. 침묵은 오히려 가장 분명한 언어이고, 가장 강력한 저항의 언어였다. 무엇보다, 그 침묵 속에는 사랑과 절규와 깨달음이 응축되어 있다. 이 시에서 침묵은 말할 수 없는 고통과 그리움, 그리고 저항의 언어로 자리매김하며, 그 속에 숨겨진 '목소리'는 읽고 듣는 이에게는 물론 독자와 시대를 관통하여 울림을 만들어 긴 여운을 남긴다.

첫째, 『님의 침묵』에서 '침묵'은 방관하거나 체념적이라기보다 적극적 표현 수단이다. 겉으로 보이는 소리 없는 무언의 몸짓은 사실 내면의 감정과 의지를 담는 공간이다. 만해는 일제강점기라는 극한의 억압 상황 속에서, 말로 직접 항거할 수 없었던 현실적 한계를 침묵이라는 형식으로 극복해 나갔다. 이 침묵은 절망적 무기력이 아니라 내면의 정중동靜中動, 불꽃이 타오르는 정적인 혁명과도 같이 때로는 말보다 강한 몸짓으로 민초들의 아픔을 증언하고 불의에 항거하는 메시지를 던지는 데에 유용했던 것이다.

둘째, 침묵 속에 내포된 목소리는 바로 '님'에 대한 절절한 그리움이자 존재론적 탐구다. '님'은 단순히 사랑하는 대상뿐 아니라, 온전한 자기 자신과 이상 세계와도 만나는 접점이다. 침묵은 그 '님'을 향한 마음의 고통과 갈망이 응축된 표현의 한 방식이다. 시는 그리움과 결핍을 통해 인간 존재의 본질과 삶의 의미를 생각케 한다. 즉, '침묵 속에 숨은 목소리'는 존재의 근원에 대한 질문이자, '님'을 향한 영원한 여정의 기록을 마음속에 남긴 서사敍事로 남았다.

셋째, '님의 침묵'은 오늘날에도 여전히 유효한 시학·철학적·다면적 의미를 지닌다. 현대 사회의 넘쳐나는 소음과 분주분방함 속에서 '침묵'으로 일시 정지하게 함으로써 숨은 의미를 드러내어 새로움을 준다. 만해의 침묵이 내면의 깊은 성찰과 거부하는 몸짓의 출발점임을 보여주는 것이다. 침묵은 단순한 무언의 상태가 아니라, 변화와 혁명을 예고하는 울림으로 길게 이어진다. 때론 불교유신론, 불교대전, 조선독립이유서, 채근담, 십현담주해, 유심 등으로 모습을 바꿔가며 나타났다.

오늘을 사는 우리는 이 침묵의 목소리에 귀 기울이며, '님'을 찾아가는 스스로 삶의 태도를 새롭게 가다듬게 하는 우선멈춤 신호로 받아 들여야 할 것이다.

결론적으로 『님의 침묵』은 침묵이라는 언어·비언어적 행위를 통해 세상사 고통과 숱한 그리움을 담아내고, 그 속에 숨겨진 목소리를 통해 시대적 저항과 존재론적 사유를 결합시킨 '침묵 속에 숨겨진 님의 목소리'라 할 것이다. 만해 한용운의 침묵은 단절과 상실의 시대를 넘어 오늘날에도 우리 내면 깊숙이 울려 퍼지는, 빛처럼 강렬하면서도 끊어질 듯 이어지는 섬세한 목소리로 남았다.

그 침묵의 무게와 울림을 받아들이는 것은, 우리가 스스로의 '님'을 찾아가는 여정에 있어 필수적인 자기성찰의 나침반이다. 궁극에는 『님의 침묵』을 통해 '침묵의 님' 침묵 속에 숨은 목소리를 찾는 일이 아닐까?

동서양 '님'으로 만나다 - 'Ideale(이상)' vs '님의 침묵'

'이상⟨Ideale⟩'은 이탈리아 민족시인 카르멜로 에리코(Carmelo Errico, 1848~1892)의 서정 시詩다. 근대 가곡의 아버지라 불리는 이탈리아 작곡가 프란체스코 파올로 토스티(Francesco Paolo Tosti, 1846~1916)가 1882년에 이 시에 곡을 붙여 세계적으로 유명해 진가곡이다.

이태리 가곡으로 탄생한 이상 〈Ideale〉은 140여 년 전, '님'을 그리워하며 서양인들이 불러왔던 것을 100년 전의 만해 한용운 (1879~1944)「님의 침묵」의 의미로 되새겨 보면 서로 다른 듯 닮아있음을 알게 된다. 동양과 서양이란 서로 다른 공간에서 토스티

이데알레, '님의 침묵'으로 부르다
가곡과 아리아의 밤(2025.6.10.)

와 같은 시대를 살다간 만해 한용운의 '님의 침묵'으로 그 의미를 되새겨 본다.

> 저 하늘 길게 뻗은 길로 평화의 무지개처럼 그대를 따라갔지.
> 장막 속의 깜깜한 밤에 본 친근한 얼굴처럼 그대를 따라갔지.
> 밝은 빛과 공기 속에서, 꽃의 향기 속에서 그대를 느낀 후,
> 외로움으로 가득 찬 내 방은 그대의 찬란함으로 채워졌네.
> 아름다운 그대 목소리에 사로잡혀서 나는 한참을 꿈꾸었지.
> 이 세상의 모든 아픔과 고난이 그 순간 내게 모두 사라졌네.
> 돌아오라 나의 이상이여.
> 한 순간만이라도 내게 다시 그대의 미소를 보여주오.
> 그러면 그대의 모습에서 새로운 서광이, 새로운 서광이
> 나를 다시 비추리니.
> 돌아오라 나의 이상이여. 돌아오라. 돌아오라.

Io ti seguii come'iride di pace Lungo le vie del cielo
Io ti seguii come un'amica face De la notte nel velo
E ti senitii ne la luce ne l'aria Nel profumo dei fiori
E fu piena la stanza solitaria Di te dei tuoi splendori
In te rapito al suon de la tua voce Lungamente sognai
E de la terra ogni affanno ogni croce In quel giorno scordai
Torna caro ideal torna un istante A sorridermi ancora
E a me risplenderà nel tuo sembiante Una novell'aurora
Una novell'aurora Torna caro ideal torna ~ torna ~

    이 시의 핵심 정서는 이데알레(이상理想, 혹은 님)를 좇아가며 평화를 찾으려는 여정, 그리고 그것의 부재로 인한 슬픔과 회귀를 바라는 간절함이다. 현실이 아닌 꿈꾸는 이상을 마치 떠나간 연인이 돌아오기를 간절히 바라는 마음으로 빗대어 노래한 것이다.

    마치 만해 한용운이 노래한 '제 곡조를 못 이기는 사랑의 노래는 님의 침묵을 휩싸고 돕니다.'라는 「님의 침묵」과 그 의미가 교차된다. 여기서 '님'은 단순한 '연인'을 넘어선 존재로, 사랑과 진리, 평화와 자유의 상징이다. 즉, 「님의 침묵」은 님의 부재와 존재의 역설을 동시에 내포한다.

    토스티의 〈Ideale〉가 서양의 천상의 평화, 유토피아를 추구하는 기독교적 '이상향'이라면, 만해의 〈님의 침묵〉은 불교적 '무아의 사랑', 무상無常, 무아無我, 침묵의 언어로 표현하여 노래한 것이라는 공통점을 가진다. 하지만 토스티의 〈Ideale〉와 만해의 〈님의 침묵〉은 모두 존재의 그리움에서 출발하지만, 한 편은 감정의 회귀를, 다른 한 편은 존재의 초월을 선택한다.

다시 말해 토스티의 〈Ideale〉가 그 '님'이 마음속에서 떠나간 데 대해, 다시 오기를 바라는 이상향理想鄉을 노래하고 있다면 만해의 '님'은 '언어 이전의 진리'인 침묵 속에서 이미 존재하는 진리, 더 이상 되돌릴 필요 없는 내면의 절대성을 그리고 있다고 할 것이다.

우리에게 왜 이상[님]이 필요할까? 그것은 현실의 깜깜하고 어두운 방을 환하게 비쳐주고 그 이상이 우리를 비추어 줄때 세상의 모든 아픔과 고난이 사라지기 때문이다. 나의 이상[님]이 돌아오기를 바라는 간절함, 그 절절함이 크면 클수록 현실의 아픔과 고통이 얼마나 클까? 상상하면 할수록 가슴이 먹먹해진다.

'저 하늘의 길게 뻗은 화려한 무지개를 본 것처럼, 깜깜한 밤하늘에 그리운 얼굴을 본 것처럼, 우리들도 그 이상을 따라가 보면 어떨까? 우리들의 아픔을 위로해 주고 고난 앞에 따사로운 서광이 비추지 않을까?

'증오와 혐오 그리고 극단의 갈등을 넘어 서로 사랑하라, 위로가 되라'며 이 세상 모든 이들에게 들려주는 노래, '내 마음 그 깊은 곳에, 「님의 침묵」 속에 「이데알레」, 나의 '님'이 있었네 …'

님을 향한 '마음의 노래'

삶의 갈림길에서 '님을 향한 마음의 노래'인 한 권의 시집과 조우하는 순간은 얼핏 우연일 지라도 그 만남이 우리 내면에 새기는 흔적은 운명적 필연성을 품고 있는지도 모른다. 나에게 『님의 침묵』과의 첫 만남은 그러한 운명적 만남이었다. 만해 한용운의 침묵은, 단순한 무언의 고요적정이 아니라 존재의 근원에 닿으려는 언어였다.

"사랑을 사랑이라고 하면, 벌써 사랑이 아닙니다.
사랑을 이름 지을 만한 말이나 글이 어디 있습니까. (중략)

그림자 없는 구름을 거쳐서, 메아리 없는 절벽을 거쳐서,
마음이 갈 수 없는 바다를 거쳐서 존재, 존재입니다. (하략)"

— 만해 한용운, 「님의 침묵」, '사랑의 존재' 중에서

침묵의 다층적 의미를 압축하고 있는 님을 향한 마음의 노래는 '사랑을 사랑이라 말하지 않는' 깊은 침묵이다. 이는 소리나 글로 표현할 수 없고 이름 짓지 못하니 '빛'으로서 만남의 순간을 비추고, '그림자 없는 구름'으로 고요한 움직임을 만든다. '마음이 찾아갈 수 없는 아득한 바다' 저 너머를 넘고 넘어 존재와 존재가 만났다.

이 뜻밖의 만남은 내 존재의 기반을 송두리째 흔들었고, '님'을 향한 여정은 곧 자기성찰과 시대인식을 동시에 일깨우는 길이 되었다. 만해의 침묵은 시대의 균열과 파열음에 맞서는 강렬한 '언어

행위'였으며, 오늘날 우리에게도 자기 내면과 사회 현실을 직시하는 힘을 주고 있는 것이다.

『님의 침묵』은 오늘도 내면 깊은 바다에서 잔잔한 물결처럼 울려 퍼진다. 만해의 침묵이 전하는 그리움과 혁명의 노래는, 오늘을 살아가는 우리 모두가 마주해야 할 '존재의 질문'이다.

> 당신의 소리는 〈침묵〉인가요
> 당신의 노래를 부르지 아니하는 때에 당신의 노래가락은
> 역력이 들립니다. 그려,
> 당신의 소리는 침묵이어요.
>
> 당신의 얼굴은 〈黑闇흑암〉인가요.
> 내가 눈을 감은 때에 당신의 얼굴은 분명히 보입니다. 그려,
> 당신의 얼굴은 흑암이어요
>
> 당신의 그림자는 〈光明광명〉인가요
> 당신의 그림자는 달이 넘어간 뒤에 어두운 창에
> 비칩니다. 그려,
> 당신의 그림자는 광명이어요.
>
> ― 만해 한용운, 「님의 침묵」, '반비례'

그 침묵에 귀 기울일 때, 우리는 비로소 참된 '님'을 향한 길을 찾을 수 있을 것이다. 지금이야말로 마음의 노래 부르며 어느 깊은 곳, 님을 향할 때가 아닐까?

3장 뜻밖의 만남, 기우奇遇

– 만해와 나, 시작된 대화

만해와 만났던
'님의 침묵'
– 반야심경의
현대적 이해'라는
나의 강의는
만해로
비롯되었다.

만해는
오세암 장경각에서
오백년 전
매월당 김시습金時習
(1435년~1493년),
즉 설잠雪岑스님의
'십현담 요해'를 통해
서로
만났던 것이다.

곧바로
주해를 달고
진리의 모습을
'님의 침묵'으로
현현해 냈다.

만해와 나,
님의 침묵으로
시작된 대화는
시대를 거슬러
이어지고
있기노 하다.

우연처럼 온
귀한 만남,
필연처럼
이어지는 건
아름다운
인연인
까닭인가?

우연처럼 온 만남, 필연처럼 이어지는 인연

삶의 여정에서 어떤 영혼과 마주하는 순간은 우연처럼 다가오지만, 그 만남이 우리 존재의 심층부에 닿을 때, 필연의 흐름으로 이어진다. 만해 한용운과의 만남도 그러했다. 나는 우연히 마주한 『님의 침묵』을 통해 존재의 심연을 관통하는 침묵의 음률을 전율처럼 느꼈다.

"님은 갔습니다.
아아, 사랑하는 나의 님은 갔습니다."

— 만해 한용운, 「님의 침묵」중에서

이 간결한 고백은 상실의 언어를 넘어 존재론적 결핍과 그리움의 심연을 여는 통로가 되었다. 여기서 침묵은 단순히 말하지 않음 '무언無言'이 결코 아니다.

독일 관념철학의 기반을 확립한 프로이센의 철학자 칸트(Immanuel Kant, 1724~1804)가 『순수이성비판』에서 언급한 '선험적 조건'과도 같다. '선험적 조건'이란 인간의 인식능력이 경험에 앞서 갖추고 있는, 경험적 인식을 가능하게 하는 선천적인 인식의 틀이나 원리를 의미한다. 이는 경험으로부터 얻어지는 것이 아니라, 경험 이전에 이미 우리 안에 갖추어져 있다고 주장하는 것이다. 선험철학 덕에

"서양 철학은 그 이전과는 다른 철학의 개념", 즉 "특정 대상의 성질을 밝히는 학문이 아니라, 오히려 그 근거를 묻는 학문, 즉 메타 학문 또는 2차 담론"으로서 철학이 되었다는 평가를 받는다. 말하자면 침묵은 우리가 인식의 테두리를 넘어 궁극적 진리에 닿는 비가시적 조건이며, 만해의 시는 그 침묵 속에서 비로소 분명한 자기 실체의 모습을 드러낸다는 것이다.

 독일의 철학자 헤겔(Georg Wilhelm Friedrich Hegel, 1770~1831)의 변증법적 사유(thesis 정正, antithesis 반反, synthesis 합合)를 빌리자면 '님의 침묵'은 '님의 부재'(테제: 정)와 그리움(안티테제: 반)은 '님의 현존'(신테제: 합)을 향해 나아가는 움직임이다. 만해가 '님'을 향해 내어던지는 절절한 고토苦吐야말로 단순한 자기 상실을 넘어서, 민족과 인류가 겪는 세상의 고통과 그 속에서 움트는 희망의 역사적 변증법을 담고 있다. 이 과정은 한 편의 시시시기 되어 우리 시대와 끊임없이 대화한다.

> "사랑도 사람의 일이라
> 만날 때에 미리 떠날 것을 염려하고
> 경계하지 아니한 것은 아니지만,
> 이별은 뜻밖의 일이 되고
> 놀란 가슴은 새로운 슬픔에 터집니다."
>
>   ― 만해 한용운, 「님의 침묵」

이 구절은 이별은 물론 죽음을 넘어선 사랑과 윤리적 의무를 선언하는 동시에, 칸트의 '도덕법칙' 내지 '정언명령'을 떠올리게 한다. 보태자면 칸트의 철학에서 인간의 도덕적 의무를 이해하는 데 핵심적인 개념인 '도덕법칙' 또는 '정언명령'(Categorical Imperative)이란 도덕성이 인간의 이성에서 비롯된다고 보았으며, 어떤 것에서도 좌우되지 않는 보편적이고 필연적인 도덕 법칙이 존재한다고 주장한다.

이와 같이 칸트 윤리학의 근간을 이루는 원리인 정언명령은 '가언명령'(Hypothetical Imperative)과 대비되는 개념으로 "어떠한 조건에서도 따라야 하는 명령"을 의미하는 데 두 가지 형식이 대표적이다.

하나는 "네 의지의 준칙이 항상 동시에 보편적 원칙의 원리가 될 수 있도록 행위하라"는 「보편화 가능성의 원리」이며 둘째는 "너 자신과 다른 모든 사람의 인격 안의 인간성을 언제나 동시에 목적으로 대하고, 결코 단순히 수단으로 대하지 않도록 행위하라."는 「인간 존엄성의 원리」이다.

모든 인간은 그 자체로 존엄한 존재이며, 다른 목적을 위한 수단으로 이용해서는 안 된다는 것을 강조한다. 인간의 이성과 자율성을 존중해야 하며, 타인을 도구나 수단으로 취급하는 것은 부도덕하다고 보았다. 이는 인간의 존엄성과 보편적 도덕성의 근거가 된다.

만해의 언어가 때론 그의 침묵이 인류 보편의 가치와 호흡하며 사람중심에 항상恒常하고 있음을 보여주는 단초가 아닐까한다.

또한 만해의 시는 주체가 '님의 부재' 앞에서 감성적 애절함을 표출함과 동시에, 주체로서 도덕적 책임과 자유를 자각하는 철학적 종교적 선언을 하기에 이른다고 할 것이다.

프랑스의 철학자로 현상학과 지각철학의 선구자 모리스 장 자크 메를로퐁티(Maurice Jean Jacques Merleau-Ponty, 1908~1961)가 신체를 사유의 주체로 재정립한 『지각의 현상학(Phenomenology of Perception), 1945』에서 의식과 세계의 관계가 몸을 매개로 실현된다고 말했다.
이렇듯 시어는 단순한 언어가 아니라 '몸과 세계가 맞닿는 접점'이라는 7의 말처럼 '님의 침묵'은 보이지 않는 그리움을 오감으로 체험하는 몸짓의 언어이며, 그 육화肉化된 경험을 통해 독자는 화자가 말하는 '님의 부재'를 존재론적 '타자他者'로 만나게 된다.

독일의 철학자 가다머(Hans-Georg Gadamer, 1900~2002)의 해석학과 관련된 유명한 저술인 『진리와 방법(Wahrheit und Methode, 1960)』에서 해석학적 원리에 따라, 언어를 인간의 의사소통을 위한 자의적 도구 이상의 무엇으로 생각한다고 밝혔다.
이에 의하면 만해의 시와 시어는 시간과 공간을 넘나들며 언어의 의미를 넘어 '과거'와 '현재'와의 대화와 성찰의 축을 이룬다고 할 것이다. 만해의 침묵은 역사적 민족적 절망은 물론 오늘 우리 삶의 질문과 부조리를 넘어, 거기서 새로운 의미와 울림을 창조한다. '님'을 향한 그리움은 곧 자유와 해방의 열망이며, 자기혁명의 원동력이다.

이처럼 만해 한용운과의 만남은 우연히 시작되었지만, 내 삶과 사유의 깊은 층위에서 머무르는 필연이 되어갔다. 침묵은 오늘도 내 마음의 바다를 휘감는 물결처럼, 존재와 사랑, 자유와 책임에 관한 끝없는 사유의 노래로 울려 퍼지고 있는 것이다. 그의 시적 몸짓이 나를 만나 세계의 석학들과의 인연으로 이어가는 필연의 모습이라 하겠다.

다시, 역사의 격랑에 서다

만해 한용운은 일제강점기라는 역사적 격랑 속에서 한 인간으로, 한 시대의 영혼으로서 온몸으로 시대와 맞섰다. 그의 삶은 단순한 개인의 서사를 넘어, 민족의 고통과 희망, 그리고 불굴의 의지를 응축한 시간의 거울을 비추었다. 그는 침묵 속에 시대의 외침을 담아, 고요적정 가운데 스스로의 혁신과 시대적 혁명의 불꽃을 밝히고자했다.

그가 마주한 시대는 칸트가 말한 '계몽의 시대'와도 닮아있다.

이성의 빛이 어둠을 걷어내고 자유와 평등을 외쳤지만, 현실은 여전히 억압과 착취와 차별로 얼룩져 있었다. 만해는 바로 이 격변의 시기를 맞아 '님의 침묵'을 노래하고 존재와 자유, 사랑과 저항의 시학을 창조, 새 희망을 일깨웠다.

독일의 철학자 게오르그 빌헬름 프리드리히 헤겔(Georg Wilhelm Friedrich Hegel, 1770~1831)의 대학 강의록을 엮은 역작인《역사철학강의歷史哲學講義: Vorlesungen über die Philosophie der Weltgeschichte, VPW)》를 보면, 헤겔이 '역사철학'은 역사가 절대정신의 자기 전개과정이라 했지만, 만해는 이를 넘어 그 거대한 역사 속에서 한 개인, 수행자이자 시인으로서 자기만의 정체성을 잃지 않았다. 그의 시는 민족의 고난을 담아내는 동시에, 시대를 넘어 인간 존재의 근원적 질문을 던지고 있다.

"님은 갔습니다 / 아아 사랑하는 나의 님은 갔습니다."라는 이 간결한 구절 속에 담긴 그리움과 절망적 단절은 개인과 민족, 그리고 시대가 공명하는 울림으로 역사를 이어가고 있는 것이다. 만해의 침묵은 단순한 침묵이 아니다. 그것은 자유를 향한 무언의 저항이며, 존재의 진리를 탐구하는 깊은 사유의 공간이다.

'메를로퐁티'가 지적한 것처럼, 우리의 지각과 경험은 몸과 세계의 긴밀한 만남이다. 만해의 시어들은 육체적 감각과 정서, 그리고 역사적 현실이 만나 만들어낸 살아있는 언어로 조각되어졌다. 언어는 독자를 시대와 존재의 현장으로 불러들여 함께 그리움과 저항의 시간을 체험하게 한다.

'가다머'가 해석학에서 말하듯, '님의 침묵'은 과거와 현재, 개인과 공동체가 만나 새로운 의미를 창조하는 해석의 장이되고 있다. 오늘을 살아가는 우리에게 만해 한용운은 단지 과거의 인물이 아니라, 자유와 사랑, 존재의 진실을 끝없이 묻고있는 살아있는 사유의 동반자다.

그리하여 만해 한용운은 시대의 격랑 속에서 한 사람으로 마주한 존재이면서, 동시에 우리 모두의 내면에 감도는 깊은 울림으로 다가온다. 그의 시와 사상은 오늘도 우리에게 말한다. '진정한 자유는 침묵 속에서, 그리움 속에서, 그리고 님을 향한 실천 속에서 피어난다.'라고 …

그의 생애와 사상은 개인적 자기고백을 넘어 민족적 고통, 시대적 아픔과 희망을 아우르는 '역사적 존재론'의 실현에 기반 했다. 님의 침묵을 발표하기 이전에 그가 주창한 '불교유신론'은 기존 가치질서나 도덕 종교적 신앙을 넘어선 새로운 가치를 천명하는 고유문告由文이었다.

한편 님의 부재를 선언하는 '님은 갔습니다'란 외마디는 임마누

엘 칸트가 『순수이성비판』에서 밝힌 '선험적 조건'처럼, 우리의 인식과 존재를 근본에서 흔드는 실존적 물음을 품고 있어 '님'은 단순한 개인을 넘어서 초월적 존재이자 절대적 이상으로 자리하는 것이다. 근원적인 가치는 단지 일제강점기에 처한 우리만의 문제를 넘어 초월한 인류 보편적 가치를 품고 있기에 더욱 숭고하다.

만해는 침묵을 '무언의 침묵'이 아닌 염염상속念念相續처럼, 생각과 생각을 잇는 '전언傳言의 침묵'으로 해석하게끔 언어적 장치를 통해 우리를 이끈다. 그리하여 침묵 속에서 부재의 '님'은 역설적으로 가장 선명하고도 역사 속에 현존하게 한다. 이는 그가 3·1운동 옥살이를 마치고 백담사 오세암으로 돌아가 1924년에 비로소 치열한 선수행 과정에서 만난 선화게송禪話偈頌 '십현담十玄談'과 '십현담요해'를 보고 이를 주해註解하면서 체득한 침묵 속에서 스스로 만난 님을 노래한 것인 동시에 견처見處인 그의 수행경지라 보아 마땅하다.

부재의 '님'은 역설적으로 가장 선명하게 현존한다는 현묘한 도리를 시대를 거슬러 표현해 낸 것으로 이해된다. 마치 프리드리히 니체의 철학소설《짜라투스트라는 이렇게 말했다》에서 말하는 '신은 죽었다'는 선언과 닮아있다. 니체가 이 말을 통해 절대적 진리나 가치, 특히 기독교적 신의 권위와 도덕 체계가 더 이상 유효하지 않다는 것, 전통적인 가치관의 붕괴와 그로 인한 허무주의의 도래를 경고하는 것, 그리하여 기존의 가치 체계에 대한 비판과 새로운 가치 창조의 필요성을 강조하는 선언에 화답하듯 만해는 새로운 언어로 오랫동안 전승되어온 선화禪話 게송을 『님의 침묵』이란 순 우리말로 창조해 냈던 것이다.

당시 시대상황은 봄이 거듭될수록 일제의 탄압이 집요해 졌으되 '님의 침묵' 또한 그의 결기는 역설적이게도 침묵이라는 언어의 부재를 통해 존재와 자유, 사랑과 불의항거, 저항의 다층적 의미를 표출하면서도 결코 시대와 불화하지 않고 당당했다. '떠날 때에 다시 만나는' 해방공간이라는 미래의 비전을 제시하는 위대한 시학의 산물로 우리 앞에 다시 나타났다. 지금도 만해를 시대마다 그를 소환하는 이유다.

> 천지는 보금자리요, 만유萬有는 같은 소조小鳥입니다.
> 나는 자연의 거울에 인생을 비춰 보았습니다.
> 고통의 가시덤불 뒤에 환희의 낙원을 건설하기 위하여
> 님을 떠난 나는 아아 행복입니다.
>
> — 만해 한용운, 「님의 침묵」, '낙원은 가시덤불에서' 마지막 연

만해 한용운의 시와 사상은 오늘날에도 우리에게 깊은 울림과 실천적 방향을 제시한다. 4차 산업혁명시대, 초연결 사회에서 인간의 '고독'과 '소외'는 심화되어 간다. 그때마다 '님의 침묵'은 개인의 내

면적 고독과 사회적 연대를 동시에 사유하게 하는 힘이 되고 있다.

현대사회가 겪고 있는 코로나 팬데믹 그 이후, 기후위기, 불평등, 차별, 갈등심화의 엄혹한 현실 속에서 '님의 침묵'은 침묵의 저항, 말해지지 않은 소리 없는 소리의 힘을 상기시켜주고 있다. 이는 삭막한 디지털 소통과 정보과잉의 시대에 '진정한 소통'과 '깊은 공감'의 중요성을 일깨우고 있는 것이다.

또한, 인권과 자유, 평화의 가치가 위협받는 세계에서 만해의 윤리적 실천은 우리 모두의 '책임윤리'와 '연대'라는 책무, 그 전범典範이 되고 있는 것이다. 그의 생애와 사상은 그 자체로 개인과 공동체가 함께 짊어져야 할 '역사의 무게'를 성찰하게 한다. 다시 역사의 격랑에 동승하여, 진정한 자유는 단순한 권리 선언이 아니라 '내면의 깨달음'과 '실천'에서 비롯됨을 다시금 일깨워 주고 있는지도 모를 일이다.

만해와 세 번째 만남 - 기우奇遇 3

십년도 더 지난 세 번째 이야기다. 그 무렵 하늘 가운데를 가로지른 '천중선원天中禪院'에 방부를 들여 입재전날 망월사에 올랐다. 도봉산 자락에 위치한 의정부 망월사는 639년 신라시대 해호海浩 스님이 창건한 유서 깊은 천년고찰로 1066년 고려 혜거국사가 중창했다. 여러 차례 전란을 겪었고 조선시대 1827년 사찰 전체가 중수됐다. 일제강점기인 1905년에는 용성스님이 선원을 개설해 한국불교 수행전통을 일신하는 사찰로 역할을 했다. 6·25전쟁의 화마 속에서도 만해의 제자 춘성春城스님은 가람을 수호했으며, 이후 능엄스님이 주석하며 사찰을 중창해 사격寺格에 맞게 면모를 일신하여 오늘에 이른다. 당시 망월사 주지 허담스님과의 인연과 배려로 하안거 기간 중 승속이 함께 망월사 '천중선원'에서 열흘가량 실참 수행을 하는 기회를 얻게 되었다.

보태자면 망월사는 창건주 신라 고승 해호海浩가 머물렀다. 도봉산 자락 동대東臺의 옛 산성 이름이 망월성望月城이었기 때문에 사람들이 산성 이름을 따서 지었다고 한다. 망월望月이란 절 동쪽에 토끼 모양의 바위가 있고, 남쪽에는 달 모양의 월봉月峰이 있어 마치 토끼가 달을 바라보는 모습을 하고 있다는 데서 유래하였다고 알려진다. 신라 선덕여왕은 해호스님을 존경하여 서라벌에 머물도록 배려하였으나, 해호는 이를 사양하고 홀로 이 산중에 암자를 지어 남향하여 나라를 위해 기도하는 것을 일과로 삼았다고 한다. 신라가 멸망하자 경순왕의 태자가 이곳에 은거했다는 이야기도 전해지고 있는 오래된 터이나 숱한 우리네 사찰들이 그러하듯 그 뒤의 역사기록이 전하지 않아 자세한 사적은 알 길이 막막하다.

절 위편으로 마멸을 피한 중창주 혜거국사 부도탑은 있으나 누구인지 알 수 없는 부도 탑이 산 너머에 여럿 산재하니 더욱 그렇다. 그 망월성望月城을 오가던 근대 고승 만공滿空·한암漢巖·성월惺月

등이 선방을 복원하여 후학들에게 선禪을 가르쳤으며, 많은 선객禪客들이 드나들던 유서 깊은 곳이다.

입재전날 이른 아침 산을 올라 해탈문·천중선원·호랑이 굴이란 문수굴, 영산전·칠성각·낙가암·범종루를 돌아 당시 도봉산 망월사 주지 허담스님이 내어 주신 과거 선실禪室이던 큰 방에 홀로 여장을 풀고 '설설당說禪堂'이란 당호를 정하고 방 가운데에 앉았다. 선방은 1906년 친일승려 회광晦光이 선실禪室을 중수하였으나 1969년 만해의 유일무이한 제자 춘성春城이 주지로 있으며 퇴락한 선실을 철거하고 2층의 석조건물을 지었다. 이 방은 바로 그 석조전각안에 제일 큰 방으로 그 터는 수많은 운수납자들이 머물던 곳이었다.

주지 스님이 내어주신 차삼을 물리고 혼자 큰 방 가운데에 앉았다. 이런 저런 생각 끝에 평생 전국을 유랑하던 반승반속의 설잠스님으로 살았던, 스스로 지극히 작고 어리석다고 자문하는 매월당 김시습의 자화상을 떠올렸다.

  附視李賀 優於海東(부시이하 우어해동)
    이하(李賀)를 내려다볼 만큼 조선 최고라 했지.
  騰名瞞譽 於爾孰逢(등명만예 어이숙봉)
    드높은 명성 헛된 기림이 어찌 네게 걸맞을 걸까?
  爾形至眇 爾言大侗(이형지묘 이언대동)

네 몸은 지극히 작고 네 말은 지극히 어리석네.
宜爾置之 丘壑之中(의이치지 구학지중)
깊은 저 골짜기 속에 마땅히 너를 가둬두어야 하리

— 설잠 김시습, 나는 누구인가? 자화상에 부쳐(自寫眞贊)

여기서 이하李賀(791~817)는 중국 당나라의 시인이다. 자는 장길長吉. 허난성 복창福昌 사람이며, 당나라 황실의 후예로 두보杜甫의 먼 친척이기도 하다. 평소 말을 타고 가면서 시구詩句를 지어 1줄씩 적어 수놓은 자루에 넣었다가, 밤에 이것들로 불멸의 명시를 지은 귀재로 전해진다. 일곱의 어린 나이에 처음 시를 지었던 그는 과거 시험에 쉬 급제할 것으로 기대되었으나 사소한 문제로 응시자격을 박탈당했다. 이로 인해 실의에 빠져 병을 얻게 되었으며, 몇 년 뒤 27세로 요절했다. 그 좌절은 일생동안 영향을 끼쳐, 그의 사상적 경향은 염세적 색채가 짙다. 이하의 시는 생생한 표현, 이상한 어투, 두드러진 병렬, 짙은 염세주의 등이 특징을 이루고 설잠과 비교되기도 한다.(정길수 편역, 김시습 선집, 『길 위의 노래』 2006)

수덕사 만공스님

열 댓 명의 스님들이 모인 큰 방에 행장을 풀고 옆 다각실로 들어갔다. "만해! 만해! 용성, 진종!! 학명 사! 학명 사!"하며 오랜만에 만난 도반들을 반겼다. 내가 '텅텅'이라 놀려대던 만공滿空을 만나 합장을 하고도 허전하여 서로 부둥켜 안아본다. 행색은 그렇다 쳐도 안색들은 밝고 맑다.

"어허, 화상들 잘 들 지냈는가?"

소리치다말고 보니 도봉산 망월사 주지 스님이 선원조실 학명화상和尙 일행을 모시려 찻상을 내어온다.

달을 낚는다는 월조문月釣門 계단을 넘어, 달을 바라보는 망월사 품에 앉아 그윽이 달을 낚으려는 운수납자들이 모였다. 때는 찬바람이 불어 하늘에 걸린 것 하나 없는 동안거 입제 전날 밤이었다. 만해와 조우하여 한철을 살고 그렇게 헤어졌다. 황망한 마음이 밀려온다.

수 십년 전 망월사 천중선원天中禪院에서 열흘가량 실참 수행 입재 전날 밤의 일이다. 선실에 혼자 앉았다가 비몽사몽간에 마주했던 시퍼런 선객들을 만난 기연으로 감개무량하던 그날 새벽의 감회가 새롭다. 그 짧은 꿈, 순간일망정 식은땀을 흘리며 여지없이 꿈같은 세상살이로 돌아왔다.

> 푸른 산 맑은 물에 고기 낚는 저 늙은이
> 갈삿갓 숙여 쓰고 무슨 꿈을 꾸었던가.
> 우습다 새소리에 놀라 낚싯대를 드는 고녀

세상일 잊은 양하고 낚시 드리운 저 어옹아.
그대에게도 무슨 근심 있어 턱을 괴고 한숨 짓노
창파滄波에 백발白髮이 비치기로 그를 슬퍼하노라

— 만해 한용운, 계어溪漁

"어허, 화상들 잘 들 지냈는가?"

열 댓 명의 스님들이 모인 큰 방에 행장을 풀고 옆 다각실로 들어갔다. 만해! 만해! 용성, 진종!! 학명 사! 학명 사! 텅텅! 아니 만공당 만공당!! 하며 오랜만에 만난 도반들을 반겨 안아 밤새워 달을 낚았다.

두발 정리에 게으른 만공을 만나 합장을 하고도 허전하여 서로 부둥켜 안아본다. 검은 돋보기를 걸친 범어사 주지 오성월 선객, 행색은 그렇다 쳐도 안색들은 밝고 맑다.

색 바랜 갈삿갓 풀어두고 죽비를 집어 들던 모습, 꾸다만 꿈일망정 더욱 오롯해진다. 세상일 잊듯 잊으려하나 속진에 절여진 속살이 다 드러나누나. 어허!

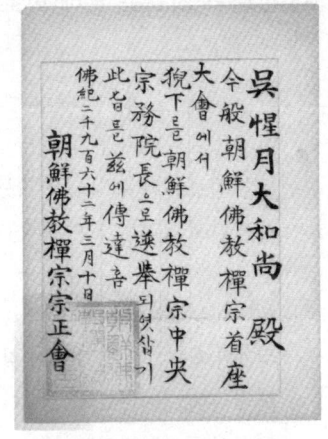

오성월스님 위촉장(조선불교선종 종무원장)

만해와 나, 시작된 대화

우연처럼 시작된 만남은 때로 운명보다 더 깊고도 깊은 시간을 열어주기도 한다. 만해 한용운과의 세 번째 만남은 바로 그런 기적과도 같은 뜻밖의 만남, '기우奇遇'였다. 그가 던진 침묵의 언어는 바람처럼 내 안에서 떠돌다가 마침내 나의 영혼 깊은 곳에 살며시 다가왔다.

만남은 그저 지나가는 바람이 아니라, 내 존재에 머무르고 나를 바라다보면서 말이 없었다. 말없이 서로 주고받는 침묵의 언어로 나에게 다가왔다.

"님의 침묵"은 고요적막만이 아니다. 그것은 가만히 귀 기울여 보면 들리는 '언어 없는 언어', 존재의 '무한한 부름'이다. 긴 침묵 끝, 또 다른 침묵을 통해 비로소 만해는 묻는다.

> 산골 물아
> 어디서 나서 어디를 가는가.
> 무슨 일로 그리 쉬지 않고 가는가.
> 가면 다시 오려는가, 아니 오려는가.
>
> 물은 아무 말이 없이
> 수없이 엉클어진 등 댕댕이 칡넝쿨 속으로
> 작은 돌은 넘어가고
> 큰 돌은 돌아가면서
> 쫄쫄 꼴꼴 쇄 소리가
> 양안 청산에 반향한다.

그러면
산에서 나서 바다에 이르는 성공의 비결이
이렇다는 말인가.
물이야 무슨 마음이 있으랴마는
세간의 열패자인 나는
이렇게 설법을 듣노라.

― 만해 한용운 유작시, 「산골 물아」전문

만해의 시어는 내 몸과 마음을 관통하는 '생생한 현상', 시퍼런 멍울로 나타나니 시작된 대화는 지속적인 울림이 되어, 어느새 그에 의해 단련된 내 존재를 나날이 새롭게 해왔다.

만해와 나의 대화는 나와 세계 사이에 새로운 의미의 다리를 놓았고 '님'이라는 상징은 더 이상 과거에 머무르지 않고, '침묵'은 정적이 아닌 저항과 사랑, 자유와 존재의 가능성을 품은 '살아 있는 언어'가 되어 아득한 바다를 자맥질하고 있었다.

오늘의 나는 묻는다. "너의 침묵은 무엇인가? 그 침묵 속에서 어떤 목소리를 듣고 있는가?" 이 질문은 마치 니체가 『짜라투스트라는 이렇게 말했다』에서 설파한 '초인'의 자기극복과 같은 것. 침묵과 부재 앞에서 스스로를 넘어서는 '주체적 창조'의 불꽃을 지피는 것이리라.

만해가 보여준 삶과 시는 나에게 "고통을 통과하여 자유로 나아가라"는 희망을 향한 '기리움'을 토해낸다. 그 '님의 침묵'이 내 안에서 다시 울릴 때, 그 침묵은 더 이상 침묵이 아니다. 그것은 역설적 자유의 노래, 내면 혁명의 시작을 알리고 있었는지도 모를 일이다. 하지만 만해는 여전히 침묵했고 나는 마음의 노래로 그렇게 들었을 뿐이다.

마음의 바다와 나의 침묵

소용돌이치는 역사, 흔들리는 마음, 격동의 순간순간, 식민의 어둠속에서 자유의 빛을 바다에 드리운 당신은 그 빛을 '회광반조 回光返照'하여 세상에 드리웠다. 3·1 독립만세 운동 주도로 갇힌 감옥에서 신체는 구금되고 마음만 해탈하여 마음의 바다를 항해하는 존재로서 철창너머의 더욱 밝은 세상을 비추었다.

3·1 독립운동이후 이후 더해진 탄압과 감시에도, 세상의 파도[세파]에 부딪힐 때, 많은 동지들이 고해의 바다에 빠져 허둥시둥 될 때에도, 흔들리는 마음을 조타操舵하여 결코 방향을 잃지 않고 세상의 바다를 향해 나아갔다. 그리곤 '불신지옥'의 팻말을 연상시키듯 '나는 지옥에서 천당을 보았다.'며 거리로 나왔다.

거리의 수행자로, 색즉시공 공즉시색, 나의 독립 해방운동은 곧 공의 실천이요. 공의 실천은 다시 색으로 해방의 빛으로 돌아온다는 믿음과 같이 거대한 파도 속에 침묵을 돛대 삼았다. 수행이 혁명이요, 자기혁신이 수행이니 수행과 혁명의 동행자로 거리로 산으로, 그리하여 내면의 깊은 바다로 자맥질하여 들어갔다.

그럴 때 마다 툭 터져 나온 침묵의 파편들은 마치 항거하는 몸짓이 되고 갈기갈기 부서져 내린 언어가 되어 마침내 나에게 다가왔다.

말할 수 없는 것을 말하는 방식으로 홀로 앉아 홀로 읊으며, 독좌獨坐, 독음獨唫 끝에 침묵했으니 '나는 결코 말하지 않으리라. 다만 침묵할 뿐이다.'란 만해의 속 마음을 나는 나의 침묵, 이를 나침반 삼아 역사의 격랑을 넘기로 했다. 만해스님은 나의 지침으로 마음의 노래를 불러줬다. 그리하여 나의 지침을 돌려놓았다.

부처님의 나심은
온 누리의 빛이요
뭇 삶의 목숨이라.

빛이 있어서 밖이 없고
목숨은 때를 넘나니

이곳과 저 땅에
밝고 어둠이 없고
너와 나에 살고
죽음이 없어라

거룩한 부처님
나신 날이 왔도다.
향을 태워 받들고

만해 한용운 스님의 부처님 같은 미소

기旗를 들어 외치세.
꽃 머리와 풀 위에
부처님 계셔라.
공경하여 공양하니
산 높고 물 푸르더라.

— 만해 한용운, '성탄'(1931)

만해와 네 번째 만남

　10년쯤 된 이야기다. 공직퇴임을 앞두고 오대산 월정사 산내암자 '북대北臺'에 잠시 머물렀을 때이다. 당시 오랜 인법당因法堂 규모의 작은 법당에서 108배를 마치고 과거 산신각이던 다각실로 숙소를 정하고 짐을 옮겼다. 저녁 공양을 마치고 주지스님과 차담을 한 뒤 숙소로 내어주신 다각실로 가려하니 어둠이 내린 지 이미 오래여서 주변은 적막고요하나. 작은 전등불을 비추며 층계를 올라 홀로 전각에 앉았다.

　북대 미륵암은 강원도 평창군 진부면 오대산에 있는 월정사의 산내 암자이다. 신라 신문왕의 아들인 보천태자와 효명태자는 속세에 대한 집착을 버리고 오대산으로 들어와 중대와 북대 아래 푸른 연꽃이 피어 있는 것을 보고 그 자리에 초가집을 짓고 불법을 닦았다. 석가모니불과 오백나한이 머무는 곳으로 알려진 북대에 나한당羅漢堂을 짓고 절 이름을 백련사白蓮社라 하였다. 보천태자 보질도寶叱徒가 임종하면서 1만의 미륵보살이 상주하는 북대 밑에 백련사白蓮社를 짓도록 유언하여 창건된 뒤 수백 년 동안 나한도량으로 명맥을 유지하였다. 현존하는 당우는 인법당因法堂뿐이지만, 고려왕사 나옹스님의 일화가 남아있는 등 오대산신앙의 실증을 알려주는 중요한 암자로 자리매김 된다.

현재는 나한상 대신 미륵보살좌상이 봉안되어 있고, 암자 이름도 나한당이 아닌 미륵암으로 바뀌었다. 그런데 이렇게 북대의 성격이 변하게 된 내력은 전하지 않는다. 거기에 '북대선원'이 있었다고 하나 상세기록은 전해지지 않아 망연하다. 스스로를 구름처럼 떠돌고 물처럼 흘러가는 운수납자雲水衲子라고 부르는 선객들은 구름과 물에 글을 써서 흘러 보내기 때문이런가.

다각실에 앉아 있은 지 몇 시간이나 지났을까? 석가래 마저 기운 오래된 다각실로 스님들이 순차로 들어왔다. 용성진종·만공월면·방한암·혜월·혜암 등 7~8인이 모여 다회를 열었다. 그 중 근래 경허·만공스님의 선풍禪風을 계승하고 덕숭총림 수덕사 초대 방장을 역임한 혜암현문惠菴玄門(1886~1985)스님이 만공스님 시봉차 따라와 다각실 한 편에 다소곳한 모습으로 앉았던 모습도 생생하다.

맨 마지막으로 만해 스님이 바랑을 지고 시근벌떡 들어오며 "어허 부지런들 하시네. 일찍들도 왔소이다. 오랜만에 반가운 얼굴들을 보니 두 손아귀에 힘이 부쩍 들어가네 그려" 하며 만공스님

옆으로 가 앉았다.

　그 무렵 만해스님은 "대낮이나 맑은 밤에 모여 앉아 찢어진 북을 치고 굳은 쇳조각을 두들겨 가며 의미 없는 소리도 대답도 없는 이름을 졸음 오는 속에서 부르고 있으니, 이는 과연 무슨 짓일까"라면서 '아미타불'을 부르며 극락왕생을 비는 …" 그러면서 "내가 말하는 것은 중생들의 거짓 염불을 폐지하고 참다운 염불을 닦게 하겠다"며 조선불교 유신과 중흥, 총독부의 왜색불교 타파를 위해 영일이 없었던 터라 다들 두손 모아 그의 수고로움을 격려했을 뿐이다.

　한참을 법거량法擧揚하며 서너 순배 차를 나누며 모처럼 많이들 법담 끝에 웃었다. 다회가 무르익을 무렵 먼저 자리를 정리해 마친 만해스님이 일어서서 헤어질 찰나, 법당 아래쪽에서 범종소리가 났다. 길게 이어지는 종소리에 눈을 뜨니 아직은 칠흑 같은 새벽녘이다. 다각실 의자에 기대어 금방이라도 남아있는 듯 온기를 더듬으며 찬찬히 주변을 살폈다. 비로소 내가 홀로 북대에 와 있음을 알아차렸다.

　하지만 문을 열고 나와 지금이라도 되돌아 올 듯, 도반들의 흔적을 찾아 계단을 오리내리다 하던 차에 계단어귀에 걸터앉았다. 한나절 많고 많은 법담들은 허공에 흩어져 아물거리고 … 영문도 모른 채 멍하게 한 참을 그곳에 있었다.

고개를 들어 허공을 향했다. '아금 청정수 변위 감로다 봉헌 삼보전 원수 애납수 ... 지심귀명례 삼계대도사 사생자부 시아본사 석가모니불 ...' 인법당에서는 새벽예불이 시작되고 있었다.

또 다른 만남

2004년 7월 「정부중앙부처 공무원 불자회」 회장으로 있을 때 국정관 강당에서 일평생 만해사상을 연구하고 이를 선양하고 있는 남한산성 만해기념관 관장 전보삼 교수(신구대 명예교수, 전 경기도 박물관장)를 법사로 초청하여 정기법회를 열었다. 전 교수는 한양대 불교학생회장을 역임한 대불련 선배 인연으로 모신 것이다. 평소 만해 한용운 관련 자료를 사비로 사들여 콘텐츠화 하고 이를 통해 일반 대중에게 만해 사상을 알리는 데 힘써 오고 있다.

1981년 서울 성북동 심우장에 만해박물관을 개관했으며, 이후 만해기념관 이전을 추진하여 1998년 남한산성에 만해기념관을 개관하는 데 기여했던 인물이다. 신구대학교 미디어콘텐츠학과 교수를 퇴임하고 사단법인 한국박물관 협회회장으로도 활동해 왔다.

그날 법회는 "남한산성에 새긴 민초들의 호국 이야기"를 제목으로 '만해 한용운의 나라사랑의 길'을 부제로 만해 스님 이야기를 함께 나누었다.

그리고 이별뒤의 만남

　한편 2015년 퇴임을 앞두고는 대한불교청년회 선배인 선진규 법사님을 자주 뵙는 기회를 가졌다. 한국불교문인협회(이하 불문협) 회장 겸 민주당 노인위원장, 대한노인회 등지 각종 직함으로 활동을 왕성히 이어가던 선 법사님을 불문협 정기·월례총회에서 자주 뵈었다. 퇴임 후에는 더 자주 뵈었다. 불문협 행사장인 서울역 그릴에서 커피숍으로 자리를 옮겨 부산가는 선생의 열차시간을 늦춰가며 서너 시간 불교문학 현안에 관한 말씀을 촌음으로 나누었다.

　선진규 법사가 운영하시던 김해 봉화산 정토원을 방문하여 '호미든 관세음보살'을 참배했고, '통일대탑 기원대법회'에도 참석하여 성심을 보태기도 했다.
　2020년 6월8일 향년 86세로 세상인연을 마칠 때 까지 부르나 존자의 삶을 산 법사님과 '심우장 만해 통일축전행사', '만해사상실천연합', '만해백일장' 등의 행사를 함께 고민하는 시간을 보내며 만해스님과의 또 다른 만남을 이어갔다.

　　"선근은 자라나고 번뇌는 없어 무명은 깨어져서 원각 묘한 마음 뚜렷이 열
　　리니 적광의 참 세계가 늘 앞에 나타나다. 육군 화락, 한 생각 분명하여 이
　　몸을 버리기 선정에 들 듯 하니. 그때에 아미타불, 관음. 대세지 두 보살과
　　청정 성중 거느리시고 광명 놓아 맞으시어 대자대비로 이끄시니.
　　높고 넓은 누각들과 아름다운 깃발들과 맑은 향기 고운 음악 가득하니. 거

룩한 극락세계 인도하여 주시니. 보는 이 듣는 모두 기쁘고 감격하여 위없는 보리심, 모다 발 하올 제 이내몸 연화보좌 금강대 올라앉아 부처님 뒤를 따라 극락정토로다.
칠보 연못 상품상생 불보살이시여! 위없는 미묘한 법문, 무생법인 깨쳐 부처님 섬기옵고 친히 수기 받아 삼신, 사지, 오안, 육통, 백 천 다라니와 온갖 공덕을 원만하게 이루오니." 오호! 연지대사 원력 빌어 삼가 향사루나니. 마침내 두 손 모아 기원하노니!
오늘, 5월 보름 무렵 달은 휘영하니 극락문 열리어 승천하도다. 喝!

당시 불교, 불교문학 발전론과 만해사상 실천방안에 대한 나의 의견을 충분히 공감하시고 '모처럼 좋은 의견을 듣고 서울 온 보람을 찾아 간다'며 기뻐하시던 모습이 오롯하다.

이제 법사님이 창립하신 '만해사상실천연합' 창립 10주년을 맞아 평소 약속했던 '만해 한용운론'을 상재한다. 그간 '論 아득한 성자'를 발간하고 이어서 '아득한 바다, 휘감는 마음노래'를 자맥질 중인 나로선 우뚝 선 또 한 사람과의 아득함과 마주했다.

부엉이 울음만 남기고 둥지떠난 여기
그토록 푸른꿈 지난날이 아쉬워
오늘 따라 이곳 짙은 상념想念에
불을 지핀다.

과거는 단절된 망각에 가리어지고
현재와 미래가 혼돈의 시간속에

머물러 있는 곳
바라만 보고 넋을 잃은 사람들
바라만 보고 눈물짓는 사람들
바라만 보고 합장하는 사람들
이들에게 절망과 좌절은
죽음과도 같은 것
어쩌다가 이렇게 되었는지 안타까울 뿐...

(중략)

멀리 아득한 곳으로 떠난 모두가
되돌아 옴을 알리는 서운瑞運이
한없이 꼬리를 물고 나타나고 있는데...
사람아 세상 사람들아
이제는 깨어나야 한다
우리 스스로 새롭게 깨어나야 한다.

― 선진규, 「봉화산의 소리」, '봉하사 부엉이 바위'중에서
(2010년 노무현 대통령서거 1주년 추도시)

선진규 법사 시집

이제, 또 다른 만해와의 만남을 위해 두 손 모으나니...

제2부

만해를 부르다
— 심우尋牛, '님'을 찾아가는 여정

'마음의 바다를 향한 여정'의 주인
만해 한용운 스님,
그는 그저 한 시대의 시인이자
독립운동가, 사상가, 사회계몽가,
수행자로만 머물러 있지 않았다.

그의 삶은 끝임 없는 파도와도 같이
'마음의 바다' 위에 찍힌 한 점,
마음의 징표 '심인心印'으로 파도 끝
자락에 끝없이 일렁였는지 모른다.

'심우尋牛'란 마음에 찍힌 흔적,
그 심인의 도장 속에 깃든 진리의
씨알을 찾아가는 일이다. 소를 찾아
떠나는 그의 마음 찾기 프로젝트는
심우尋牛에서 비롯되어 또 다른 심우
로 거듭났다는 데에 의의가 있다.

2부는 그의 시와 침묵, 불교 수행,
민족과 자유, 사랑과 해방의 여정을
통해 우리는 '마음의 바다'를 항해하는

한 인간의 깊은 고뇌와
깨달음의 몸짓을 마주하게 된다.

현대사회의 무수한 파찰음,
혼란과 번잡함 속에서
우리는 어느새 마음의 근본을 잃고
살아가기 십상이다.
만해의 '심우'는 그 잃어버린 마음을
되찾는 길잡이가 되어줄 것이라 생
각하니 반갑다.

만해가 남긴 '심우'의 자취를 따라
자신만의 바다를 항해하는 길에
조그마한 등불 하나를 얻게 되기를,
만해와 함께 '님'을 찾아가는
여정에 함께 하기를...

그리하여 우리 모두가
무념무상의 바다 위에서
자유롭게 나아가기를 소망하여
만해를 부른다.

1장 마음을 찾아가는 여정

– 아득한 바다로 향하는 첫 발걸음

선가禪家에서는
마음을 찾아가는 여정을
심우도尋牛圖 또는 십우도十牛圖
그림으로 형상화했다.
잃어버린 소를 찾듯
잃어버린 마음을 찾아
떠나는 길이
심우尋牛의 행로다.

어쩌면 자신을 찾고자
끊임없이 살피지만
오히려 바깥경계에 휘둘려
스스로를 잃어가게 됨을 경계한다.

직지인심直指人心
'마음을 곧바로 가리킨다.'는 뜻으로
이는 외부의 것에 의존하지 않고
자신의 본래 마음을 직접적으로
깨달아야 함을 의미한다.
즉 그대가 찾으려는 마음은
이미 그 안에 있으니
'그대로의 마음'을
바로 보라는 가르침을 이름이다.

있는 그대로의 나, 내면의 자유를
찾는 일
바로 견성見性이다.

만해는 세계를 한 몸 삼아
세계만유를 꿈꾸고
무전여행을 시도했다.
블라디보스톡과 일본 마안,
동경에서
그의 행로는 멈추었지만

일찍이 오직 마음이 만드는 것,
즉 마음이 주체가 되어
세상만물들을 구성해간다는 뜻,
일체유심조一切唯心造의
화엄경華嚴經 도리를 간파하고
경전연구와 수행에 진력하게 된다.
스스로의 길을 찾아 나서게 된다.

만해는 '심우장'에서 소를 부르고
나는 나의 토굴 설선당說禪堂에서
만해를 부르는가!

심우, 아득한 바다를 향하는 마음의 행로行路

만해의 생애와 사상을 '심우도心牛圖' 또는 '십우도十牛圖' 열 개의 장면에 비유하면 흥미롭게도 그의 일생이 한눈에 다 드러난다. 참고로 심우도를 만해의 삶과 연결하여 단계별로 펼쳐 그 구성요소에 따라 대강의 얼개그림을 펼쳐 먼저 마음의 바다를 향한 그의 여정을 가늠해 보면 어떨까?

그 1단계 '심우尋牛는 마음을 찾는 첫 걸음'으로 출가 전의 고뇌, 애욕과 사회적 갈등 속에 청년시절을 보낸 그의 슬픈 역사, 시대적 혼란상과 마주하게 된다.

2단계 '견적見跡, 흔적을 보다'는 동학을 기반으로 진리를 찾아 나서 마침내 불교를 만나 귀의하는 인연을 보게 된다.

3단계 '견우見牛 처음 소를 보다'는 깨달음의 단초인 참 나[진아(眞我)]를 인식하고 이는《조선불교유신론》집필 동기가 된다.

4단계 '득우得牛 마음을 붙잡다'는 수행과 불교사상을 정립하여《불교대전》,《십현담주해》,《님의 침묵》등 저술 활동을 펼치기로 한 행보다.

5단계 '목우牧牛 마음을 기르다'는 현실을 직시하고 독립운동 결심, 윤리 실천을 위해 3·1만세운동에 참여하고, 옥중 시편과《조선독립의 서》등 평화사상과 그의 포부를 대내외에 펼친 것이다.

6단계 '기우귀가騎牛歸家 소와 함께 돌아오다'는 그의 내면과 현실의 조화를 이뤄 승려이자 시인, 민족혁명가, 사상가로서 천의 얼굴로 변모하며 다양한 활동을 이어가는 모습이다.

7단계 '망우존인忘牛存人 소는 잊고 사람만 남다'란 애욕, 사랑, 종교, 민족을 넘어선 자각을 통해 '님'의 초월적 의미, 무애의 사랑, 승속불이僧俗不二의 모습으로 반승반속半僧半俗으로 살아가는 불이不二의 모습 그대로다.

8단계 '인우구망人牛俱忘'은 자아도, 대상도 사라져 일상이 해탈의식 속 열반적정 고요에 이르러 《침묵》의 시적 철학과 수행의 완성으로 나아가는 형국이다.

9단계 '반본환원返本還源 본래 자리로 돌아가다.'란 마음의 본래 면목을 회복하여 선불교의 본지풍광, 무심의 깨달음을 본래로 되돌리는 행보를 보인다.

10단계 '입전수수入鄽垂手 세속으로 들어가 손을 내밀다'는 것은 고요히 남을 돕는 삶, 나와 너, 님과 남이 없는 자타불이自他不二로서 중생구제의 행보를 만년까지 쉼 없이 실천 마무리한다.

후생들에게 정신적 사

만해스님 묘소(망우리 공동묘지)

상적 철학적 인문적 문화적 다양한 유산을 남기고 모든 근심걱정을 잊는다는 망우리 공동묘지에 이름 없는 민초들 틈새로 돌아갔다. 묘지번호 '204411번'만을 남기고 평생, 승속불이僧俗不二, 생사일여生死一如의 새모습 그대로 아득한 바다를 향했다.

마음을 찾아서, 님의 부재를 넘어

1879년(고종16) 8월29일 만해 한용운은 충절의 본향인 충청도 결성현 현내면 박철리(지금의 충청남도 홍성군 결성면 성곡리 491번지 박철마을)에서 유생이던 아버지 한응준韓應俊과 어머니 창성 방씨昌成方氏 사이의 두 아들 중 둘째로 태어났다. 만해 스님의 할아버지 영우永祐는 훈율원 첨사, 증조부 광후光厚는 지중추부사를 역임했으며, 아버지 역시 충훈부 도사를 지낸 양반 계층이었지만 가세는 기울어 매우 곤궁했다고 전해진다. 아버지와 증조부 모두 관직에 올라 양반이었으며, 스님의 유년 시절 동리 사람들이 그의 집을 '한초시댁'으로 불렀지만 경제적인 부분은 중인신분을 벗어나지 못했다.

낡은 조선왕조의 긴 그림자와 제국주의의 먹구름이 서서히 하늘을 뒤덮어가던 암울한 시절이었다. 어릴 때 이름은 유천裕天, 훗날 세상을 향해 번져갈 그 '넉넉한 하늘, 유천', 그 전조를 이름에 서부터 의미심장 품고 있었는지 모른다. 본명은 정옥貞玉, 법명은 용운龍雲, 법호는 만해萬海이다.

소년기의 한용운은 책을 가까이했다. 여섯 살부터 고향 서당에서 한학을 배웠으며, 사서삼경四書三經을 공부했다. 그 무렵 남달리 기억력과 이해력이 뛰어나 가끔 주변을 놀라게 한 일화가 많다. 아홉이 되자 문리가 트여 마을사람들은 신동이라 했고 그의 집을 '신동집'으로 불렀다고 한다. 그 무렵 원나라 당시의 잡극雜劇:元曲의 명작인 〈서상기西廂記〉를 읽었으며 역사서 〈자치통감資治通鑑〉, 유교 5대 경전 중 하나인 〈서경書經〉에 능통했다고 한다.

그러나 배움의 기쁨보다 유년기의 외로움이 컸다. 세상은 그의 존재를 알아주고 이끌어 줄 어느 누구도 없었고 세상은 암울하기만 했다. 18세가 되던 1896년 홍주(지금의 홍성)에서 의병운동이 일어났고, 스님도 이 운동에 동참한다. 의병군은 홍주 호방을 습격해 1000냥의 군자금을 탈취했다는데 이때부터 항일운동의 정신이 스님 안에서 싹트고 있었다고 보여 진다.

자신이 옳다고 생각하는 일을 행하는 '의義'의 기개는 선친의 교육에서 비롯된다. 이는 만해 스님이 잡지 〈삼천리〉 1933년 9월호에 기고한 '시베리아 거쳐 서울로'에서 밝히고 있다.

> 나는 선친에게서 조석으로 좋은 말씀을 들었다. 선친은 서책을 읽다가 가끔 어린 나를 불러 놓고 역사상 빛나는 의인·걸사(스님)의 언행을 가르쳐 주시며 세상 형편, 국내외 정세를 알아듣도록 타일러 주셨다. 이런 말씀을 한 번 두 번 듣는 사이에 내 가슴에는 뜨거운 불길이 타오르고, "나도 의인·걸사와 같은 훌륭한 사람이 되었으면…"하는 생각이 떠오르곤 했다.

훗날 그가 노래한 '제 곡조를 못 이기는 사랑의 노래는 님의 침묵을 휩싸고 돕니다.'라는 「님의 침묵」과 그 상황의 의미가 교차되니 헛헛하다. 주린 배를 움켜쥔 농민들이 넘쳐났고, 가난은 물질의 결핍만이 아니었다. 그것은 마음의 빈곤이 컸다. 허물어져 가던 시대의 마음을, 한용운은 온몸으로 감당해야 했다. 세상은 메말라 가고 있었고, 그는 일찍이 희망과 미래 없는 세계를 살아야 하는 법을 배워야 했다. 그가 의지할 것은 오직 가슴 깊은 곳 어디에선가 올라오고 있었다. 끊임없이 밀려오는 바다와 같은 공허함, 멀어져 가는 이상理想, 그리고 저 너머, 보이지 않는 어떤 '님'의 부재를 느끼게 된다.

아이러니하게도 만인이 아우르는 '연인'이란 '님'의 존재 너머에 사랑과 진리, 평화와 자유의 상징을 존재화하며 이를 넘어선 존재를 향해 「님의 침묵」을 일평생 노래했다. 그가 부르는 님이야말로 님의 부재와 존재의 역설을 동시에 내포한다. 그의 출생 상징과정, 시대적 배경, 유년기의 외로움과 청소년기의 방황 등은 스스로를 찾아가는 마음의 이정표가 되어갔다.

님의 부재와 존재의 역설

만해의 출생과 어린 시절(1879~1890) 몰락한 양반가 출신으로 이미 나라의 혼란과 민중의 고통을 목격했다. 유소년기에 부쩍 "외로움", "바라봄", "경계"가 삶 전체를 가르는 심층적 동력을 형성한 때문일까. 청소년 만해의 마음 속 님은 조국이었고, 진리였고, 때로는 구원을 의미했다.

하지만 그리움은 아득하기만 했다. 무엇보다도, '아직 오지 않은 것', '이상과도 같은 것'이었다. 만해 한용운에게 '님'은 단지 개인적인 그리움의 대상이 아니었음을 일찍이 알아버린 것인지도 모를 일이다.

허물어져가는 세상에서 진정으로 살아내야 할 이유는 '잃어버린 것', '기리운 것'을 찾기 위한 것임을 자각하는 순간 '님'이 사무치게 그리웠다. 그리하여 소년은 아득한 바다를 그린다. 본 적 없는 바다 어디선가 밀려오는 숨결처럼 마음속 깊이 휘감는 바다였다. 하지만 바다는 아득하기만 했다.

그것은 존재의 근본을 감싸는 아득함, 무한성, 존재 너머에 있는 것. 그렇듯 어렴풋한 마음으로만 그릴 뿐 손에 잡히지 않았다. 자신의 삶은 이 바다를 향해 걸어가는 여정이 될 것임을 눈치 챈 소년 만해는 스스로에게 묻고 또 물었다.

'나는 누구인가?' '나는 왜 이 황량한 세상에 태어났는가?' 그리고 대답 없는 질문들을 품은 채, 하루하루를 보냈으리라. 아직은 이름 없는 님의 노래를 마음속에서만 조용히 부르기 시작했을 뿐이다. 어린 시절 이미 나라의 혼란과 민중의 고통을 목격했을 뿐 아니라 서당에서 한학을 수학한 뒤, 향리에서 훈장으로 학동을 가르치기도 했고, 한편 부친으로부터 때때로 의인들의 기개와 사상을 전해 듣고 큰 감명을 받았지만 좌절한다. 몰락해 가는 반가 출신의 아버지로부터 위인의 삶을 따르라는 절절한 가르침을 때때로 받았으나 현실과의 괴리로 힘들었다.

그 마음속 '님을 그리워하는 심연, 님은 누구였을까?' 그 깊은 성찰은 아득한 바다를 향한, 휘감는 마음의 노래가 되어 일렁이기 시작했다.

> 소 찾기 몇 해던가 풀길이 어지럽구야
> 北岳山 기슭 안고 해와 달로 감돈다네
> 이 마음 가시잖으매 정녕코 만나오리.
>
> — 만해시조, 제심우장題尋牛莊, 《불교》제16집(1938년 10월)

비로소 '님의 부재와 존재의 역설'을 넘어서게 된 것이다. 심우尋牛, 마음을 찾아서 만해, 아득한 바다로 향하는 첫 걸음을 내딛게 된다.

출가 – 세속을 떠나 진리를 향하여

만해 스님은 뛰어난 한학 실력으로 14세의 어린 나이에도 불구하고 스승의 제안으로 서당에서 아이들을 가르쳤고 당시 천안 전씨全氏 정숙과 결혼해 평범한 삶을 이어가고 있었다. 기록에 의하면 1896년 열여덟 살 되던 해 만해는 관고에서 군자금 1,000냥을 탈취하는 등 동학에 가담하였으나 동학혁명은 좌절되고 청군과 왜군이 우리 국토를 참절하던 시국을 바라보며 회의감과 나라걱정으로 무작정 집을 나왔다.

"산속에 파묻힐 때가 아니라는 생각으로 하루는 담뱃대 하나만 들고 그야말로 폐포파립弊袍破笠으로 표연히 집을 나와 서울이 있다는 서북 방면을 향하여 도보하기 시작하였으니, 부모에게 알린 바도 아니요, 노자도 일 푼 지닌 것이 없는 몸이며, 한양을 가고나 말는지 심히 당황한 걸음이었으나 그때는 어쩐지 태연하였다. 그래서 좌우간 길 떠난 몸이매 해지기 전까지 자꾸 남들이 가르쳐 주는 서울 길을 향하여 걸음을 재촉하였다. 그러나 날은 이미 기울고 오장의 주림이 대단하게 되자 어떤 술막집에 들어 팔베개 베고 그 하룻밤 자느라니 그제야 무모한 걸음에 대한 여러 가지 의구가 일어났다."

"전정을 위하여 실력을 양성하겠다는 것과 또, 인생 그것에 대한 무엇을 좀 해결하여 보겠다는 불같은 마음으로 한양 가던 길을 구부리고 사찰을 찾아갔다." 만해의 술회다.(삼천리三千里, 1930.5.1.)
"나는 원래 충남 홍성사람으로 구식 조혼시대에 일찍이 장가를 들고 19세에 어떤 사정으로 출가를 하여 중이 되었었는데, 한번 집을 떠난 뒤로는 그야말로 승속僧俗이 격원하여 집의 소식까지도 자세히 알지 못하고 다만 전편傳便으로 내가 출가할 때에 회임 중이던 아내가 생남生男하였다는 말만 전해 들었다."만해의 회고담이다.('남모르는 나의 아들'〈별건곤〉 5권 6호,1930.7)

"그러다가 기미己未시대(1919년)에 나의 이름이 세상에서 많이 알게 되니까 시골에 있던 아들(한보국)도 내가 저의 친부인 것을 알게 되어 서울로 찾아와 소위 부자가 초면 상봉하게 되었다"고 하였다.(김광식, 『만해 한용운 연구』, 동국대출판부, 2011, 340쪽)

이후 만해 한용운은 많은 번뇌와 갈등, 방랑을 겪은 뒤 다시 홍성으로 돌아왔지만 다시 그의 나이 25세(1903년)때 재 출가를 결심한다. 1903년 다시 집을 나서서 속리산과 강원도 오대산을 거친 후 설악산 백담사에서 1904년 주지 연곡延谷 스님에게 귀의, 을사늑약이 있던 해인 1905년 1월 26일 그를 은사로 영제스님을 계사로 당시 27세에 수계하여 법명 용운龍雲이란 승려가 되었다.

만해스님 출가당시 승려모습

만해 한용운의 무작정 가출, 1차 출가, 그리고 2차 출가과정을 통해 그의 생애를 살펴보면, 고뇌와 결단을 엿볼 수 있는 여러 중요한 전환점들로 가득 차 있다. 그 중에서도 그의 첫 번째 출가와 두 번째 출가는 그가 선택한 길의 의미와 깊이를 상징적으로 보여주는 중요한 사건들로 만년에 이에 대한 소회를 밝힌 바도 있다.

만해 한용운이 33세인 1910년 항일불교 차원의 임제종臨濟宗 운동 당시부터 각 사찰의 불교청년을 조직화하여 민족불교 지향의 임제종운동을 주도했다. 이후 '조선불교회', '불교동맹회'를 조직하여 불교 대중화에 나서게 된다. 특히 1910년에 집필하고 1913년에 간행한 『조선불교유신론朝鮮佛教維新論』(이하 『불교유신론』)은 총

17개장으로 구성된 그의 불교개혁 정신을 대표하는 저술일 뿐만 아니라 한국 근대불서를 대표하는 기념비적인 저술로 알려진다.

또한 불교 대중화를 위해 1914년 4월 30일 『불교대전佛敎大全』을 발간했다. 『불교대전』의 편찬목적은 그가 밝힌 바와 같이 대중교화, 포교, 역경譯經에 대한 사상과 실천의식 쓰인 것이다. 재가在家(출가하지 않은) 신도를 위한 사상 지침서이자 신앙 안내서인 이 책은 통도사 장경각 소장 대장경을 토대로 재구성한 것으로 체계의 독창성을 갖고 있다.

1918년 불교잡지 '유심唯心' 창간으로 많은 논설과 시, 수필을 발표하여 불교의 홍보와 포교, 대중 계몽과 민족정신 고양에 진력했다. 1919년 1월 하순경 일본 유학시절 알게 되어 10여 년을 친하게 교제해 오던 최린과 함께 독립운동을 제의하여 3·1운동을 성공적으로 이끌었고 특히 독립선언서 '공약 3장'을 추가하기도 했다.

1921년 12월 22일 출옥 이후 백담사에 은거하던 중 세상으로 돌아와 불교개혁운동, 조선물산장려운동 등 다양한 민족운동에 참여하며 민중계몽에 노력했다. 1920년대는 불교 자주화, 불교 대중화 노선을 견지하면서 불교개혁을 추동했고, 많은 불교청년들이 만해를 1924년 조선불교청년회朝鮮佛敎靑年會 총재로 추대하여 불교청년운동의 선구자, 지도자로 거듭나게 된다.

오세암으로 돌아와 1925년 당나라 동안상찰 스님의 선화게송으로 알려진 『십현담』과 설잠 김시습의 『십현담요해』를 공부하여

『십현담주해十玄談註解』를 집필, 발간하여 선禪 수행에 대한 자신의 독자적인 해석을 시도한 것으로 평가되고 있다.

1927년 2월 출범한 신간회新幹會에 적극 참여했다. 이후 불교계의 항일 독립운동에도 주도적 역할을 했다. 특히 1930년 5월 불교계 독립운동 비밀조직이었던 '만당卍黨' 총재로 조직을 이끌었던 것이다.

불법의 체득 – 마음의 본래면목, 본지풍광本地風光

설악산에서의 수행은 "마음의 본래면목을 향해 나아가는 여정의 시작"이었다. 『화엄경』, 『금강경』, 『능엄경』을 생명처럼 받아들여 체화해 나갔다. 힘난한 세상에 모든 존재를 끌어안고 사랑하는 길, 세상고통을 통째 껴안을 때 비로소 진정한 해탈임을 일깨워 나갔다. 파도 끝자락에 빛나는 본지풍광本地風光이 일렁였다.

    바다海란 말은 비유에 의거해서 법을 설한 것이니
        所言海者 寄喩顯法 (소언해자 기유현법)
    간추려 말한다면 바다란 네 가지의 뜻이 있다.
        略而說之 海有四義 (약이설지 해유사의)

    첫째는 깊고 깊다는 뜻이 있으며,   一者甚深 (일자심심)
    둘째는 넓고 크다는 뜻이 있으며,   二者廣大 (이자광대)
    셋째는 온갖 보배로운 것들이 무궁하게 있다는 뜻이며,
        三者百寶無窮 (삼자백보무궁)

넷째는 온갖 형상의 그림자를 나타낸다는 뜻이 있다.
　　　四者萬像影現 (사자만상영현)

진여의 큰 바다도 마땅히 또한 그러하다는 것을 알아야 한다.
　　　眞如大海 當知亦爾 (진여대해 당지역이)
온갖 그릇된 것을 영원히 단절하고, 만물을 포용하며
　　　永絶百非故 苞容萬物故 (영절백비고 포용만물고)
모든 덕성을 구비하지 않음이 없으며,
　　　無德不備故 (무덕불비고)
모든 형상이 나타나지 않음이 없기 때문에 법성진여해라고 말한 것이다.
　　　無像不現故 故言法性眞如海也 (무상불현고 고언법성진여해야)

〈화엄경〉에서 말 한바 대로 비유하자면
깊고 큰 바다에는 진귀한 보물이 다함이 없으며,
　　　如華嚴經言 譬如深大海(여화엄경언 비여심대해)
　　　珍寶不可盡 歎法寶竟(진보불가진 탄법보경)

그 가운데 모든 것이 다 나타난 바와 같이
　　　於中悉顯現(어중실현현)
중생들의 형태와 여러 종류의 모습이 모두 나타나는 것과 같다.
　　　衆生形類像(중생형류상)
깊고 깊은 인연의 바다에는 공덕의 보물이 다함이 없으며,
　　　甚深因緣海 功德寶無盡(심심인연해 공덕보무진)
청정한 법신 안에 그 형상이 나타나지 않음이 없는 것이다.
　　　清淨法身中 無像而不現故(청정법신중 무상이불현고)

　　　　　　— 원효성사, '대승기신론소' 중에서

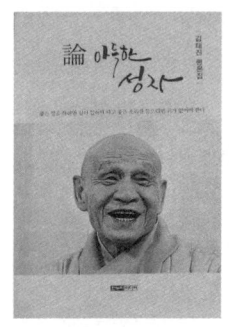

김태진 평론집,
『論, 아득한 성자』

몇 해 전 승려시인 설악 조오현의 시세계를 담은 평론집 '論, 아득한 성자'를 펴냈다. 설악무산으로 불리는 오현 스님의 열반게송으로 시작된 이 작은 시도는 다행히 불교문학이란 생명존중의 문학이라는 논의의 새로운 계기가 되었다. 그 의미는 문학전반으로 이어지기를 소망했음이다.

힘든 세상살이에 생명존중에 기반한 자비실천과 대동大同인식 확산 그 중심에 (불교)문학이 오롯이 서야 한다는 주장을 다시금 펼치기도 했다. 그 논의가 의미심장, 확장되어 나가면 나갈수록 그 언설에 책임, 이를 뒷받침하기 위해서는 어떻게든 함께해야만 했다. 그동안 해오던 작업이 지속가능 이어져야 했다. 현실 참여적 불교사상과 오늘날 문학이 공유한 정신사적 궤적, 그 깊이를 헤아렸다.

'論, 아득한 성자'로 시작된 오현스님 글을 마치고 나니 끝맺음은 또 다른 시작이런가? 설악무산, 오현의 선시 배경에 '세상의 바다'라 할 만한 만해 스님이 일렁이고 있다는 생각을 했다. 바다는 바람을 만나 춤을 추고 어떤 때는 태풍에 성난 파도가 되어 세상을 때렸다. 바다는 오늘도 일렁이고 있다.

저자가 아득한 바다라고 부르는 만해는 모든 사람에게 본래부터 갖추어져 있는 원만하고 진실한 면모를 가리키는 불교용어로 본분사·본분전지·본래면목의 모습(한국학 중앙연구원, 한국민족문화대백과사전)을 보인다. 파도끝자락에 빛나는 본지풍광本地風光에 다름 아니리라.

　오현스님은 깊은 침묵 끝에 정신적 스승 만해萬海 한용운의 민족자주정신, 불교의 현실참여 정신 및 문학사적 업적을 오늘에 되살리기로 마음먹었던 것이다. 마침내 2002년 7월 29일 '만해사상실천선양회'를 결성함으로서 그 기치를 들게 된다. 그동안 오현 스님이 추앙해 온 만해, 가장 영향을 많이 받은 것으로 알려진 만해사상의 전승자가 된다. 그리하여 오현 스님은 만해 한용운을 시인, 선사, 민족지도자로 오늘에 그를 되살렸음은 물론이다. 교과서에 갇힌 역사속 형해화 된 만해는 물론이요 '님의 침묵', '알 수 없어요'란 정녕 알 수 없는 화두조차 세상 밖 활구로 이끌어 낸 장본인이기도하다. 비로소 만해의 진면목이 드러나게 된 것이다.

　나아가 '그 정신을 연구하고 기림으로써 민족문화창달을 도모하고자 한다.'는 것을 이 단체의 취지로 세상에 천명했다.

　참고로 대한민국 헌법 제9조 '국가는 전통문화의 계승·발전과 민족문화의 창달에 노력하여야한다'는 규정에 따라 명실상부 만해사상을 기반으로 문화국가 원리를 충실하게 이행해나가는 미래지향적 단체로 자리매김 되고 있다.(김태진 공저, 『헌법스케치』, 세종출판사, 1997)

　나아가 강원도 인제군 북면 용대리 일대에는 '만해 마을'을 조성하여 만해를 정주시켰다. 그리하여 아득한 바다, 만해가 비로소 세상에 일렁이게 된 것이리라.

문학, 수행의 길 – 언어적 선禪

　마음 찾아가는 심우尋牛는 잃어버린 '님을 찾아가는 여정'으로도 이해된다. '님'은 곧 자신임을 깨닫는 내면의 순례기라 할 수 있다. 대상과 자아의 해체와 다시 찾기, 즉 불교적 깨달음의 구조가 숨어있는 수행기다. 문학이 수행이 될 때, 심우의 언어적 선禪은 툭 터져 나온다.

　　잃은 소 없건마는
　　찾을 손 우습도다.
　　만일 잃을시 분명하다면
　　찾은들 지닐소냐.
　　차라리 찾지 말면
　　또 잃지나 않으리라.

　　　－ 만해 한용운 시조, 심우장尋牛莊,《불교》제9집12호(1937년 12월)

　만해는 침묵으로 '님'을 부른다. 님은 결코 나타나지 않고 애당초 등장하지도 않았다. 시인은 점점 더 고요 속으로 들어가고, 적막 속, 님의 부재는 오히려 시인의 존재론적 각성을 일깨우니 시인은 아아! 하는 외마디로 없는 님을 형상화 한다. '님'을 찾아 부르며 '님'을 닮아가고, 결국

심우도, 소를 찾아 귀가하는 동자

자신이 '님'이었음을 깨닫는 순환 구조를 밟는다. 문학의 장치 그 구조가 상관관계를 이룬다. 문학이 수행의 길을 여는 단초가 된다.

이 같은 구조는 불교의 공空 사상, 무아無我에 대한 사유, 그리고 선의 직관적 깨달음의 방식과 궤를 같이하는 것이다. 즉 『심우』는 선문답을 대신한 문학적 화두이며, 독자는 이 시를 읽으며 스스로 성찰을 넘어 함께 참구參究하는 존재가 된다.

님을 '찾는 소리'의 행로와 '깨달음'의 침묵이 혼재되어 만해의 『님의 침묵』 시편들은 님을 향한 절절한 호소로 가득한 것으로 보인다. 하지만 만해의 언어는 간결한 터치감으로 와 닿을 뿐 결코 절규하듯 치닫지 않는 특징을 보인다. 툭 내뱉듯 더욱 절제되고, 깊이 침묵하며, 보다 내면화된 언어로 자신의 생각과 정서를 시어에 담아 숨을 가다듬지 않으니 숨 가쁘게 들릴 뿐이다. 침묵 속에서 문학은 신선미를 더해 새로워지고 더 깊은 의미를 지니게 되었다.

"우리는 만날 때에 떠날 것을 염려하는 것과 같이 떠날 때에 다시 만날 것을 믿습니다."라고 하여 오고 감이 없는 님, 즉 여래如來와 진여眞如의 모습에 대해 깊은 믿음으로 다짐하고 있는 것이다. 이어 "아아, 님은 갔지만은 나는 님을 보내지 아니 하였습니다."라며 '나의 안에 님이 있고 이제 님 안에 나가 있기 때문임을 선언'함으로써 그동안 뒤바뀐 헛된 생각인 전도몽상顚倒夢想으로부터 벗어나 '님'을 기다리지 않는 의연한 모습을 보여준다.

이 과정은 문학이 단순한 감정의 토로가 아니라, 정신적·사상적·종교적 변형의 도구로 작용함을 보여준다고 이해된다. 문학을 통한 선 수행, 선수행의 문학적 발로는 '언어 문자라는 방편으로 마음을 비워가는 수행의 하나'라고 할 수 있다.

만해는 『조선불교유신론』에서는 논리와 철학으로 불교의 재해석을 시도했고, 『님의 침묵』과 『십현담주해』에서는 한글과 한문이라는 문자의 형식을 빌려 불교의 체험적 진리를 전달하려 했다. 특히 『심우』는 논리의 언어로는 담아낼 수 없는 직관적 깨달음, 말 이전의 감응을 지향한다.

문학은 불교 수행의 언어화를 이끌어 세상과 소통하게 하고 독자는 시인의 수행 정서를 따라가며 자신의 내면을 성찰하게 되고, 그것이 곧 수행의 한 방식으로 전환되는 과정을 체험하게 된다. 불교적 존재론과 문학적 지각이 통합을 이뤄내 만해의 문학저술은 단순한 시집이나 문집을 넘어 문학적 선문답의 경전으로 자리매김 된다.

문학이 비추는 마음

문학은 어떻게 마음을 비추는가? 문학이 험난한 역사를 살아가는 예지와 용기를 가르쳐주며, 현실적인 생의 어려움을 극복할 수 있는 신념과 희망을 불러일으켜 준다는 점에서 의미를 가진다. 또한 만해 문학이 한국 문학에서 부족한 요소인 종교적 명상의 진지함과 형이상학적 깊이를 추구하고 있다는 점도 간과할 수 없다. 역사와 현실상황에 치열하게 부딪히면서도 물러나 정관하고 통찰하는 구도자적 삶 속에서 그의 시가 견지한 미적 거리와 형이상적 주제의 진지함은 한국 문학의 발전과 원숙을 위한 값진 교훈이 되고 있다.

오늘날 우리는 외부 세계의 각종 이슈에 파묻혀 자신의 정체와 마음을 잃어버린 시대를 살아가고 있다. 이럴 때 님은 조용히 묻는다. "당신은 당신의 본래 면목을 알고 있는가?"라는 선문답을 퍼즐처럼 펼쳐 보이고 있는 것이다.

일찍이 만해가 보여준 선구자적 시적 수행의 길은, 문학이 단순한 감상의 대상을 넘어, 내면의 거울이자 수행의 장이 될 수 있음을 일깨우고 있다. 지금 여기에서 다시 『님』을 찾아 읽는다는 것은, 우리 또한 자신의 마음을 향한 여정을 다시 시작한다는 의미이다. 문학이 우리의 마음을 비추는 것임을 비로소 알게 된다.

마음을 찾아가는 『심우』는 시인의 사랑과 기다림이라는 서정적 외피를 두르고 있지만, 내면에는 불교적 자각과 존재론적 탐색, 문학적 선禪의 실천이 깊이 새겨져 있다.

'마음의 본래 면목을 향한 여정'은 곧 자기 자신을 회복하고, 존재의 진실을 관조하는 문학적 길을 열어 준 때문이다. 만해에게 문학은 단지 문화의 한 장르의 표출이 아닌, 구도이며 마음을 비추는 수행, 회광반조回光返照였다.

오늘날 우리에게 '마음의 본래면목을 향한 여정'은 어떤 의미를 지닐까? 무한경쟁과 효용성, 속도를 중시하는 현대사회에서 '마음'은 종종 하부구조에 종속되고 도구화된다. 하지만 진정한 변화와 자유는 내면의 자각에서 시작되며, 그 자각은 곧 고요한 성찰을 통해 이루어질 수 있음을 만해는 일러주고 있는 것이다.

어제의 "나"라는 존재가 현실의 모순과 내면의 불안을 안고서도 여전히 마음을 찾고자 하는 모습에서, 오늘을 사는 우리 자신의 모습을 발견하게 된다면 문학이 비추는 거울 앞에 서는 일이다. 사회통념 속 불교 수행이란 '세속을 떠난 고요'나 '개인의 해탈'에 국한되는 소승적 모습을 하고 있는 것과 달리, 만해는 그것을 역사와 민중, 고통과 연대의 자리로 끌어 들였다. 문학이 세상에 끼치는 영향은 불교의 선禪을 단순한 내면적 체험만이 아니라, 깨어 있는 마음으로 세상을 꿰뚫는 실천의 에너지로 전환시킨다는 데 있다.

만해의 시와 선의 세계는 침묵과 명상의 공간이면서도 동시에 저항과 사랑, 고통의 현장을 공유하고 있기도 하다. 이는 '행동하는 마음行心'의 구현이며, 수행이 곧 삶이고, 삶이 곧 불의에 대한 항거인 파사현정破邪顯正, 저항이자 문학의 불꽃과도 같은 순간을 보여주는 지점이 아닐까? 고요한 산사에서 세상을 등지지 않고, 대승의 불교적 자각에서 비롯되어 민족 현실로 눈을 돌렸다. 세상의 부조리를 꿰뚫어 이를 타파하기 위해 스스로를 경책하는 죽비와도 같은 문학의 펜을 들었던 것이다.

『님의 침묵』과 『조선불교유신론』, 『조선독립의 서』 등 저술을 통해 만해는 일관되게 주장했다. 진정한 해탈은 민족의 해방과 함께 이루어져야 하며, 깨달음은 현실을 떠난 상상의 세계가 아니라, 억압받는 사람들의 삶 속에서 완성되어야 한다고 역설했다. 만해는 불교의 핵심 개념들을 현실 정치와 민족 해방 운동의 맥락에 끌어들여 사회운동의 원리로 작동케 했다.

문학이 비로소 고준한 진리 탐구를 넘어, 현실의 고통 속에서 마음의 본질을 체험하고 실현하는 여정임을 보여준 것이다. 만해에게 마음은 고요한 허공이 아니라 '불타는 집'[화택火宅]과도 같은 현실 안에 살아 있는 실천의 주체란 것을 문학으로 마음을 비추며 비로소 세상을 향해 나아간 모습으로 스스로 증명한 것 아닌가?

2장 수행과 사회적 실천

– 만해 '평화의 길', 간디 '진리의 힘'

만해 한용운의 삶과 사상,
그의 정신은 비폭력이라는
단어만으로는
온전히 설명되지 않는다.
그것은 단순한 저항이나
불의의 항거를 넘어
존재와 관계에 대한
깊은 윤리적 종교적 통찰인
수행에 기반하고 있기 때문이다.

그는 일본 제국주의에 맞서며
증오와 복수의 감정이 아닌,
내면의 평정을 바탕으로 한
절대적 비폭력의 길을 걸었다.
간디가 말한
사티아그라하(Satyagraha)
'진리의 힘'은
오히려 만해의 삶과도 닮아있다.

비폭력적 저항과
내면의 평화인
'부드러움이 강함을 이긴다'는 평범
그 평범의 지속이니 비범

마음의 혁명은
박해나 곤욕스러운 일을
참고 견디는 것을 넘어
'견딜 수 없는 것을 견디는 것'
금강경의 인욕바라밀忍辱波羅密
수행의
또 다른 말이라 할 것이다.

'무저항'이 아닌 '비폭력',
싸우되 해치지 않는 길을
걸어간 만해는
수행을 통한 내면의 평화를
지렛대 삼아
외부의 억압과 폭력에
무너지지 않았던 것이다.

수행과 사회적 실천을 통해 때론
선방, 거리, 감옥에서 조차
외부경계에 휘둘리지 아니하고

일평생 평화의 길로
사랑과 자비의 실천 행을 이어갔다

흐르는 물, 떠도는 구름처럼

새벽이 걷히고 하늘이 열리니 비로소 세상은 이른 아침을 맞이하고 있다. 어느 것 하나 소홀한 것은 없다. 나의 눈길이 가는 곳마다 자기의 본 모습을 보여준다. 이렇듯 세상은 열린 눈으로 바라보면 신세계요, 닫힌 마음으로 바라보면 그저 일상일 뿐이다.

오늘 내가 맞이한 일상은 어제의 그 모습과 다름없이 그 본 모습을 내어주고 있건만 …

몇 해 전 코비드 19로 세상이 험해지지 않은 때에 많은 사람들처럼 해외와 지방을 다니며 분주했던 일상을 폰을 통해 기록으로 남긴 글이다. 당시 갈 길 바쁜 나그네의 단상치고는 제법 묵직한 화두일 법한 생각들을 다시 반추해보니, 세상은 헤어지고 만나고 또 만나는 것이다. 그러니 필시 헤어지는 것이리라.

> 왔던 길을 가고 다시 돌아와선 떠난다.
> 떠나는 길에서 생각한다.
> 떠나는 길은 떠나는 자의 몫인가 아니면 남겨진 자의 것인가?
> 길 위에서 다시금 길이란
> 떠나는 자와 남은 자의 것이 아니라면
> 단지 길을 위한 길일 따름인가? 라고 되묻는다.
>
> — 김태진 교수의 '떠나는 길에서 생각하다' 중에서

만해는 영호映湖·유운乳雲 선사禪師가 보고 싶으면 밤길을 마다하지 않고 달려갔다. 불도가 높아 마치 등불과도 같은 두 선사를 찾아가거나 기다리던 만해의 마음은 늘 간절했다. 서로가 만나면 말이 없이도 뜻이 맞았고, 서로가 맑은 물처럼 마음을 두루두루 비춰주는 사이였다.

석전, 유운, 만해의 상즉상통相卽相通

범어사의 사중에서 전해 내려오는 역사기록인《범어사지梵魚寺誌》에 수록되어 있는 〈선원연기록禪院緣起錄〉에 따르면 유운주연乳雲周演선사는 1899년 겨울날 새로 개설된 범어사 선원인 금강암 금강선사金剛禪社 동안거에 동참한 이력이 있다. 그해 범어사 주지로 만해와 임제종 운동을 일으킨 성월 스님이 그해 11월에 산내암자 금강암에서 임시 선회를 하고 선원 개설일정을 논의한 후 12월에 선원을 열었던 때문이다.

선사방함록

전국 선방을 구름처럼 유유하던 유운선사는 범어사 금강선원 방부를 들어 용성방에 이름을 올려 한철을 난다. 유운화상을 비롯 주지 오성월, 수옹혜윤睡翁惠允·월송금홍月松錦洪·휴진休眞·법능法能·봉성奉性 스님 등 7인이 안거 기한을 9순旬

(90일)으로 정하고 참선을 시작했으며 이듬해인 1900년 2월 15일에 해제했다고 한다.

당시는 만해가 21세로 출가를 앞두고 내설악 백담사를 전전하며 운수행각을 하던 시기이다.

1910년에 유운선사는 이회광 스님을 중심으로 결성된 원종圓宗이 일본불교와 굴욕적인 맹약盟約을 맺은 것에 반대하여 만해 한용운 스님 등과 함께 임제종臨濟宗 설립운동을 전개하기도 하였다. 스님은 임제종이 1914년 범어사로 옮겨 왔을 때는 김경산金擎山(1917~1979), 김상호金尙昊(1889~1965), 김법린金法麟(1899~1964) 등 범어사 스님들과 함께 왜색 불교인 원종에 적극적으로 대항하였다.

그 무렵 석전화상 박한영 스님은 27세(1896년)로 설유의 법통을 이어받아 잠시 구암사에서 강사 생활을 하였는데, 당시 만암종헌曼庵宗憲(1876~1956)스님이 수학하였다. 만암스님은 석전스님 문하에서 경학을 공부했다. 백양사 운문암과 청류암에서 경을 가르치다가 1907년 해인사 강백으로 추대됐다. 당시 교학에 통달한 대강백으로 명성이 높았던 스님은 학명스님과 함께 참선 수행, '이 뭣꼬'를 참구한지 7년 만에 깨달음을 얻고 오도송을 읊었다. 초대 조계종 종정을 지냈고 평소 승풍진작을 위한 선농일여禪農一如 사상을 몸소 실천했고, 불교중흥과 국운융창을 위해 학교를 설립해 근대한국불교의 사표가 되었다.

구암사에서 강의를 펴던 석전스님은 유운화상이 범어사 선원에 있을 무렵 1899년부터는 산청 대원사에서 법석을 열자 서응동호 瑞應東濠를 비롯하여 전국에서 많은 학인들이 모여 들었다. 이후 장성 백양사, 해남 대흥사, 합천 해인사, 보은 법주사, 구례 화엄사, 안변 석왕사, 동래 범어사 등에서 대법회를 열어 법설 하였다.

남겨진 한시와 어록에 따르면 영호석전, 유운주연, 만해용운 세 사람은 서로 상즉상통相卽相通하는 모습을 보이며 불교개혁을 위해 교류를 이어간 것으로 알려진다. 아쉽게도 많은 운수납자와 마찬가지로 흐르는 물과 떠도는 구름처럼 유운주연 선사의 행장이나 기록을 섭렵하지 못했다. 그 외에도 구름처럼 물처럼 흘려버린 세월에 머물지 않은 운수납자雲水衲子이듯 많은 스님들의 행장이 담긴 기록이 별로 없다. 안타까운 마음으로 후속연구를 기대한다.

이 산승, 중놈들아

때는 1910년 8월 29일 경술국치일 그날 한용운은 금강산 표훈사에 있었다. 당시 만해는 국망의 격분을 이기지 못하고 저녁 공양 자리에서 발우를 내던져 버리고, "이 산승 중놈들아, 나라를 빼앗겼는데 밥 숟 가락이 주둥이로 들어간단 말이냐"는 일갈을 하고는 나왔다.

그 절을 떠나 석왕사에 도착한 만해는 운명처럼 그곳에서 수행하고 있던 석전 박한영 스님을 만났던 것이다. 불같은 만해는 석전의 인품, 푸근함을 통하여 격정을 추슬러 갔다. 만해가 남긴 수많은 한시에는 석전을 향한 한 시가 10여 편이나 되는 것으로 보아 당시 답답하던 심사를 시로 다 토해 내었으리라. 이는 만해가 불교 내에서는 석전 박한영을 믿을 만한 선지식으로 평생 믿고 따르며 또한 도반으로 의기투합해온 것을 보여주는 단서이기도하다.

만해는 만주에서 독립지도자와의 만남 등 세상과 소통해오던 천하 주유周遊의 행보마저 정리하고 귀국하여 백담사에 승적을 두었고 서울에 있는 불교강학에서 후학들을 가르쳤다. 당시 모순과 부패가 만연하던 한국불교의 상황을 개탄하면서 1910년 백담사에서 개혁 방안을 제시한 실천적 지침서인『조선불교유신론』을 탈고하고 비로소 1913년에 불교서관에서 이를 간행하였다.

"석가상 하나만 남기고 염불당, 나한전, 시왕전, 칠성당 등을 모두 폐지하고 의식을 간소화하여 하루 한 차례의 예불만 하도록 하며 승려의 결혼을 허용하여 인간을 위한 불교를 만들자"는 것이 그 요지였다.

한용운은 교리와 경전과 제도와 재산을 모두 민중화하자고 주장하였다. 사진과 영화와 매스컴을 활용하고 승려의 인도 유학을 추진하자는 당시로서는 파격 혁신적 의견도 제시하였다. 《불교유신론》 주요 내용을 살펴 소개한다.

① 수행 : 불교 수행문제의 해결방안으로 제기한 것은 참선과 염불당의 폐

지이다. 올바른 참선의 활성화를 위해 공동으로 선학관을 설립하고 각처 선방 운영의 다각화를 주장했다. 염불당의 폐지는 『유신론』 주장 중에서도 가장 파격적인 것인데, 중생들이 거짓 염불을 멀리하고 참다운 염불을 닦게 하자는 것이지 염불당을 완전히 무조건적으로 없애자는 것은 아니라고 해석된다.

이와 함께 불교 의식儀式에 대해서도 많은 다라니陀羅尼를 중심으로 한 의식보다는 오히려 간략한 법식法式이 중요하다고 보았다.

② 교육 : 승려의 교육문제를 강력히 주장했다. 문명에 도달하기 위해서는 필히 교육을 받아야 하는 것으로 승려라도 예외일 수 없다. 배움에 있어서는 지혜, 사상의 자유, 진리의 세 요소가 절대 필요하다고 주장한다. 이 중에서도 당시 승려들은 사상의 자유(비판정신)가 가장 부족하다고 보았다.

승려교육의 급선무를 보통학, 사범학, 외국유학으로 구분하였다.

③ 포교 : 종교의 세력은 포교로 이루어지고 불교의 가르침도 포교에서 실현된다. 포교인의 자질은 열성과 인내와 자애의 겸비에 있고, 포교 방법은 연설, 신문, 잡지, 역경譯經, 자선사업 등을 통해 다양하게 이루어져야 한다고 했다.

④ 사원의 위치 : 산속의 사원은 사상적인 진보와 모험 및 구세, 경쟁을 자극하지 못해 퇴영적이기 쉽고, 사업적으로는 교육, 포교, 교섭, 체신, 단체, 재정 등에 모두 불리하므로 사원은 도시로 옮겨야 한다고 주장했다.

⑤ 종단 운영 : 『유신론』에서 종단 운영과 관련된 문제로 거론한 것은 사원의 통합, 승려 단체, 사원의 주지 선거법이다. 사찰들은 지휘와 통합을 통해 운영해야 하는데 구체적으로 혼합통할과 구분통할로 나누었다. 각기 장단점이 있으나 원칙적으로 혼합통할이 바람직하다.

그러나 경험, 인식, 자격자, 공덕심이 없어 실시하기 어려운 점이 있고, 구분통할을 하면 분열의 위험이 있다는 입장으로 이에 대해서는 뚜렷한 방책을 제시하지는 못하였다. 다음으로 한 사원의 흥망성쇠는 주지住持(절을 주관하는 승려)에 달려 있는 만큼 능력 있고 훌륭한 사람이 주지의 직책을 맡기 위해서는 제도를 개혁하여 선거로 선출하고 월급제를 실시할 것을 주장했다.

또한 조선의 승려들은 외형적으로 단결된 것 같으나 정신적인 단결이 없음을 지적했고, 이 중에서 승려들의 방관자적 태도가 가장 문제라는 것이다. 승려들이 단결하여 국리민복國利民福을 도모한다면 부처님의 중생제도 정신을 배반치 않을 것이며 지금까지 지은 죄도 조금이나마 갚을 수 있을 것이라 했다.

⑥ 승려의 인권과 결혼 : 『유신론』에서 승려 인권의 회복 방안으로 제기한 것은 승려 자신의 생산 활동 참여로서, 스스로의 생산이 없으면 자신의 생존에 대한 결정권을 남에게 의존하게 된다는 것이다.

불교계가 가진 산림의 조건을 이용하여 조림에 힘쓰고 승려들의 공동생활의 경험을 살려 공동경영 방안을 모색해 보는 것 등을 대안으로 제시했다.

그중에 승려의 결혼문제는 『유신론』을 대변할 정도로 가장 첨예하고 논란이 심한 문제였다. 한용운은 결혼의 금지는 윤리와 국가, 포교와 풍화風化(교육이나 정치의 힘으로 풍습을 잘 교화하는 일)에 모두 해롭기 때문에 승려의 결혼을 금지한 계율은 불교의 목적이 아니라 방편일 뿐이다. 부작용만 많은 결혼금지 문제는 승려 자신의 자유로운 뜻에 맡겨야 한다고 주장함으로써 승단의 강한 반발에 직면한다.

용성 스님은 만해 스님의 대처에 대한 생각이 달랐다. 만해는 일제에 승려 결혼을 허용해 달라고 건의했고, 용성은 대처 금지를 유지해 달라는 탄원을 냈다. "용성은 대처를 파계로 여기고, 조선불교에 있어서는 안 될 악으로 인식한 반면 만해는 일본 대처식 모델로 조선불교 부활을 꿈꿨다." 대처에 대한 둘의 견해는 상반됐지만, 조선불교 중흥이라는 원력에는 변함없이 동지적 모습을 보인다.

출가자이면서 혼인을 하거나 자녀를 두고 재가의 삶을 사는 반승반속半僧半俗은 부처님 재세시에도 존재했다. 인도의 그 유명한 '유마경'의 유마 힐 거사가 있다. 통일신라시기 부설거사浮雪居士(생몰미상)는 '이 몸은 병이고 마음은 물이다'. 마음 부처를 바로보라는 가르침을 널리 편 거사로 유명하다. 아들 등운登雲과 딸 월명月明을 낳고 통일 신라 692년에 딸의 이름을 딴 월명암月明庵을 창건, 일평생 수행정진 했다. 신라시대 원효스님 역시 승려였지만 요석 공주와 결혼해 아들 설총도 낳고 스스로 '소성거사'라 했지만 평생 걸림없는 수행자의 길을 걸었다. 중국에도 '없는 것 채우지 말고 있는 것을 비우라'는 무소유를 실천한 당나라 형양衡陽 출신 방거사龐居士(?~808)가 있다. 이미 만해가 승려취처를 주장하는 현실론은 재찰 출가자(승려)와 재가 출가자(거사)가 둘이 아니라는 것이다. 가끔혼계율이라는 경계를 넘어 걸림이 없는 대자유인 만이 누릴 수 있는 수승한 경지의 모습이 아닐 수 없다 하겠다.

석전스님, 용운 수좌가 갑자기 미쳤나?

그 무렵 조선총독부에 의해 식민정책이 본격화되어 1911년 6월 '조선사찰령'이 반포되고 그 시행규칙이 각 사찰 본 말사에서 실시됨에 따라 불교계는 수행처 조차 관권을 배경으로 한 주지들의 전횡과 부패가 자행되는 폐단이 일었다.

석전 박한영 스님은 '각 본사와 탈첩빈번奪牒頻煩에 대하여'라는 글을 통해 주지들의 재정 전횡과 독단을 비판하였다. 한편, '불교 전체와 비구일중比丘一衆'이라는 논설에서 "비구의 근본 정신은 계행을 준수하고 청정함에 그 생명이 있다"고 비구대중의 분발을 촉구하고 나섰다. 그러던 중 일찍이 임제종 운동을 같이 하고 불교유신에 뜻을 함께해온 한용운이 1910년 3월, 9월 두 차례에 걸쳐 '승려취처'를 중추원 의장 김윤식에게 건의하였다. 이후 이를 통감부에 거론하고 거듭 "대개 승니僧尼의 결혼을 금하는 것은 인구의 증식을 막는다. 승니가 혼인하여 순산을 하게 된다면 불교의 교세를 발전시키는 데 크게 유효할 것이다"라는 내용의 건의서를 조선총독부에 냈던 것이다. 만해는 1913년 펴낸 《조선불교유신론》에서도 거듭 이 같은 주장을 하였다.

당시는 세계적으로 '인구는 국력'이라는 사조가 확산 고취되던 때여서 만해도 나라의 힘을 키우기 위해서는 인구의 증식이 중요하다고 보았던 것이란 주장이다. 이때 석전은 "한용운 수좌가 갑자기 미쳤나?"라고 힐난 하였다. 그리고 만해의 이 같은 혁신적 주장에 정통 수행승들은 크게 반발했다. 만해와 가까웠고, 훗날 동국대 전신인 중앙불교전문학교 교장을 지낸 석전石顚 박한영 스님은 이 문제로 만해와 소원해지기도 했던 것으로 알려져 있다.

당시 조선불교 전통에서는 승려가 여자를 취해 파계破戒를 하면 산문출송山門黜送으로 승려 자격을 박탈하게 되어 있었다. 대처帶妻, 즉 승려의 결혼, 취처娶妻 문제제기는 일제강점기에 불교계를 가장 곤혹스럽게 하는 불문율이자 뇌관과도 같은 것이었다. 이토록 민감한 사안을 본격적으로 주장한 이가 만해萬海 한용운韓龍雲 스님이었기에 계율이 청정한 율사인 석전스님으로서는 당혹해 하였고 당연히 비판적 입장을 보일 수밖에 없었던 것이다.

내가 없으면 너도 없다?

앞서 말한바와 같이 만해는 불교개혁의 일환으로 1910년 5월, 그리고 그해 9월 구한말 정부와 일제의 통감부에 승려 취처 허용을 두 차례나 건의한 일이 있다. 이 일로 만해는 엄청난 구설에 휩싸였다. '민족의식이 있는지 의문이다'는 주장과 '불교현실에 대한 혜안, 누구도 따를 수 없는 과단성 있는 용기, 소신 있는 주장'이란 엇갈린 평가 등이 이어졌다.

하지만 취처 주장에 대해서는 한때 같은 길을 갔던 비구 백용성도 비판하였으며, 석전 박한영도 같은 입장에 서 있었다고 한다.

석전은 급진적 개혁보다는 점진적 개선을, 제도 개혁보다는 정신 개혁을, 전통과 계율을 지키는 개혁을 온건하게 주장하는 행보를 보였던 것이다.

1911년 친일승려 이회광 일파가 한국의 원종圓宗과 일본 조동종曹洞宗과의 합병을 발표하자, 이를 정치적 상황에 편승한 친일매불親日賣佛 행위로 단정하였다. 이들을 종문난적으로 규정하는 한편, 박한영, 진진응, 김종래 등 스님들과 함께 송광사에서 승려궐기대회를 개최하였다. 이들의 원종에 대응하는 임제종臨濟宗을 창립하여 송광사에 종무원을 두고, 전국에 격문을 돌려 큰 호응을 받았다. 1911~12년의 임제종 운동이후, 석전과 잠시 헤어진 만해는 만주 등지 만행을 마치고, 서른셋이 되던 1913년 귀국하여 범어사에서 불출하며 대장경 독본 봉독과 함께 문자반야 수행의 일환으로 저술활동을 이어가게 된다.

승려의 취처[혼인] 허용만이 아니라 불교개혁, 민족불교 지향을 담은《조선불교유신론》을 출간하자 당시 불교계 안팎의 비판은 더욱 드세어졌다. 한편 당시 해동불보, 6호 90면에는 이 같은 현상을 「불교유신론」은 "불교개혁의 대중화를 위해 승려 취적 등을 담은 일면一面으로

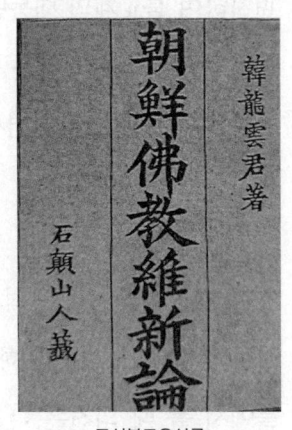

조선불교유신론

막대莫大한 찬상讚賞을 득得하고 일면으로 무한한 타격打擊을 수受"한 걸작이라며 세간의 관심이 높아갔다고 밝히고 있다.

특기할 점은 1913년에 발간된 『조선불교유신론』의 겉표지에는 "한용운군저 조선불교유신론 석전산인 잠韓龍雲君著 朝鮮佛敎有新論 石顚山人 箴"이라고 석전 박한영의 이름이 명기 되었다. '잠箴'이란 의미해석을 두고 여러 의견이 있지만 필자로서는 다수의견대로 그 책의 출간을 환영, 동의한다는 뜻으로 받아들였다.

그 무렵 조선총독부는 조선사찰령을 공포하고 우리나라 불교를 일본 불교에 예속시키는 동시에 사찰에 대한 권리를 장악하려 함을 따라 이를 막기 위해 전국의 사찰을 돌며 순회강연을 갖는다. 그는 새로이 석전 박한영 등과 손잡고 적극적인 반대운동을 벌이는 한편 불교의 유신론을 제창하고, 『불교대전』을 국한문 혼용으로 편찬하여 불교계의 대동단결을 호소하면서 불교총본산을 창설하고 중앙집권제를 확립하는 동시에 사찰 내에 있는 산신각과 칠성각 등의 철폐운동을 펼치면서 대처승제도를 주장하여 불교의 일대 개혁운동을 전개한다.

요즘처럼 서로 간에 의견을 달리한다고 편을 갈라 매도하거나 호불호에 따라 인신공격까지 서슴지 않는 풍토에 비추어 보면 두 사람의 행보가 선뜻 이해가 가지 않는 대목일 수 있다. 하지만 큰 틀에서 볼 때 의견은 다를 수 있다며 서로의 다름을 관용寬容하는 똘레랑스(tolerance)라고나 할까? 불교적으로는 상생과 화쟁 그리고 통섭 또는 총섭으로 표현되는 중도의 도리라 할 것이다.

수행 길에서 외롭게 떠돎

만해는 1910년 『조선불교유신론』을 탈고하고 1911년 임제종 불교자주화 운동을 전개했지만 끝내 임제종은 해산되고 만다. 1911년 가을 무렵 석전스님과 주도해 온 임제종 종무원 현판을 철거당하고 만해는 실의에 빠졌다. 만해가 1912년 만주로 떠난 그 해 여름 무렵 만주에서의 일이다. 그곳에서 만해 한용운은 생사의 기로에서 관세음보살이 현시하는 특이한 종교체험을 하게 된다.

만주에서 일본군 첩자로 오인, 독립군의 총을 맞아 사경을 헤매던 만해는 만주 독립군 양성 신흥학교 일송 김동삼의 도움으로 마취 없이 수술을 마치고 회복 중 비몽사몽간에 관음보살을 만나게 영험을 체험하게 된 것이다.

"관세음보살이 나타났다. 눈앞에 눈이 부시게 환하여지며 절세의 미인, 이 세상에서는 얻어 볼 수 없는 어여쁜 여자, 섬섬옥수에 꽃을 쥐고 드러누운 나에게 미소를 던진다. 그는 내게로 꽃을 던진다. 그러면서 '네 생명이 경각에 있는데 어찌 이대로 가만히 있느냐?' 하였다."며 십년도 더 지난 오랜 세월이 흐른 후에야 이 사실을 조심스레 밝힌 바 있다. 그 해 12월 귀국한 만해 스님은 범어사로 돌아와 함께 임제종 운동을 해왔던 화엄사 혜찬 진응慧燦 震應(1873~

1941) 스님에게 보낸 엽서를 통해서 이 일이 외부에 알려진다.

만주에서 육혈포 세 방을 맞아 죽을 고비를 넘겼다는 일화와 함께 "오랫동안 소식이 끊겼으니 그 아쉬움 어찌 한량이 있겠습니까? … 그립고 그립습니다." 라며 삶의 무상함에 대한 소회, 진진응陳震應 스님(1873~1942)에 대한 그리움을 적고 있다.

하지만 이일은 2019년 12월말 근현대 고승과 문인의 편지 20점 그리고 만해의 엽서 서간문이 경매에 나옴으로써 후일에야 일반에 공개된다. 재단법인 선학원측은 2019년 12월말 이를 경매로 입수 보관중이라고 언론을 통해 발표함으로써 세상에 알려지게 된 것이다.

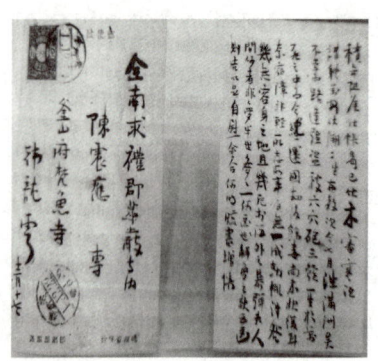
만해스님이 보낸 엽서 서간문

이와 관련 "관세음보살 친견은 만해의 종교적 삶에 강렬히 각인되어 이후 자신만의 불교적 신념체계와 실천론을 정립해 인간의 자유와 구원, 해방, 해탈을 지향한 한용운의 독특한 종교문화 전통을 수립하는 원천이 됐다."며 만해야 말로 "성속을 넘나들며 실천수행한 치열한 종교인"이라는 주장이 발표되기도 했다.(2015.6.15. 재단법인 선학원 주최 만해 스님 열반 71주년기념 '만해와 민족 독립운동' 학술문화제 서울대 강은애 등 만해연구자 4인)

달 밝은 가을 날, 나라 잃은 슬픔과 깊은 회한

만해는 일생동안 생각보다 많은 사람들과 교류하지는 않았다. 그의 한시 속에 등장하는 인물들을 보면 더욱 그렇다. 그런 연유 탓인지는 모르지만 뜻이 맞는 사람이라 여기면 국내외, 경향京鄕이나 승속이나 밤길조차 마다하지 않았다. 의기투합하고 함께 세상을 향하여 내어 달렸다.

조선불교 수호와 후학 양성을 위해 헌신했던 금봉병연錦峰秉演 (1869~1916)스님 또한 살갑게 만해의 도반이라 불리우는 한분이다. 1910년 이른바 원종圓宗의 왜색화를 위해 일본 조동종과 연계하려는 친일승려 이회광을 중심으로 일어나려는 불순한 움직임을 차단하기 위해, 만해는 박한영, 진진응, 금봉스님 등과 함께 조선불교 지키기에 앞장섰다.

금봉선사는 비록 48세라는 젊은 나이에 세연世緣을 다했지만, 35년간 대강백들의 강맥을 계승하며 도제를 양성하고, 포교당을 개설하는 등 불법홍포의 전면에서 만해와 함께했다. 순천 선암사 경내에 있는 스님 비문에는 "유불儒佛의 철리哲理와 한유구소韓柳歐蘇의 문장비체文章祕諦를 연수硏修한 바 발로發露가 애요에 맞으니 제노諸老가 망년외교忘年外交로 즐겨 창화昌和한 시편詩篇이 원근遠近에 전파되었다"고 기리고 있다. '한유구소'라는 구절은 중국 역사상 가장 문장력이 뛰어났던 한유韓愈(768~824), 유종원柳宗元(773~819), 구양수歐陽脩(1007~1072), 소동파蘇東坡(1036~1101)를 가리키는 데

금봉스님의 문장이 탁월했음을 나타낸다.

　어느, 달 밝은 가을날 밤 나라 잃은 슬픔과 깊은 회한은 혼자 마주하기 쉽지 않은 화두였다. 이러한 상념에 가린 활구를 진리의 보리도로 성숙시키는 스승 같은 도반을 만나 풀어내어야만 했으리라. 때론 아픔을 토설하고 긴 시간 내내 깊은 침묵을 지켰다. 세상 나이 십년을 뛰어넘은 연상도반 금봉錦峰스님은 '비단 봉우리' 같은 품새를 내어 주었다. 손을 내밀어 심사 가득한 만해의 등조차 쓸어내리듯 토닥이니 어느새 밤은 깊어 가는가? 만해의 상념이 잘 드러나는 '밤에 금봉선사와 함께 읊다'라는 칠언절구의 한시이다.

　어쩌다보니 가을날 밤 오래된 옛 절에서 금봉스님과 만났다. 국화꽃 이래에 애틋한 심사를 토로한다. 스러져가는 대궐집 주인은 바뀌었고 산에 사는 객승들조차 마음 둘 곳 없어 서로의 황량함을 보태어 기나긴 밤을 지켜낸다.

　　　詩酒相逢天一方 시주상봉천일방
　　　蕭蕭夜色思何長 소소야색사하장
　　　黃花明月若無夢 황화명월약무몽
　　　古寺荒秋亦故鄕 고사황추역고향

　　　황량한 가을 옛 절이기로 이 또한 고향 그 아니리
　　　서로 만나 시와 곡차로 보내건만 하늘이 아득 하네

소슬해도 색 고운 이 한밤이러니 생각은 끝도 없어라
달 밝고 국화 피어나 애틋하니 꿈 또한 없는 듯하여

― 만해 한시, '與錦峯伯夜唫(여금봉백야금)', 밤에 금봉 스님하고 함께 읊다

   가을날 밤 오래된 옛 절에서 금봉스님과 만났다. 그간 격조했던 심사를 곡차로 달랜다. 세상은 온통 국화가 피어나 달 밝은 가을날 마치 황량하게 쓰러진 황성 옛터 같은 절간에서 건넬 거라곤 시문詩文뿐이다.

   나라는 가을바람에 쓰러지고 민초들은 등촉마냥 흔들리는데 시절 인연을 탓해 보건만 하늘은 저리도 아득하다. 황량한 마음을 다잡으나 어느 새 달빛에 젖고 만다. 밤새 잠을 청하지 않으니 찬란한 꿈조차 꿀 수 없건마는 생각은 성성하여 중생제도를 위한 자비심 '반야바라밀'에 머문다.

만해스님 시집

   반야바라밀을 염념상속하고(止, śamatha) 그 애틋한 소리를 들으니(觀, vipassanā), 서로간의 성품을 돌이켜 비로소 선나(禪那, dhyāna)를 이루었다. 어느 가을밤에 금봉 스님과 만해는 이같이 읊고, 나는 이와 같이 듣는다.

녹수청산으로 걸음 돌리다

그럼에도 불구하고, 만해가 1913년 《조선불교유신론》을 발간했을 때 석전 박한영스님은 책자 표제를 붓으로 직접 써주어 불교유신이라는 큰 틀에서 서로의 뜻을 살폈다. 이후 만해는 취처하여 결혼하고 석전은 독신 비구로 살았다. 서로의 소신을 실천한 것이긴 했으나 같은 듯 서로 다른 행로를 보이니 서글픔마저 보인다.

또한 석전스님은 교류를 이어가며 1917년 만해가 출간한 《정선 강의 채근담》이란 책의 서문을 달아 서로의 신뢰를 확인하기도 했다. 추천 글에서 "다시 이 세계에 분주히 바쁘게 왔다 갔다 하여 더운 데로 달리고 끓는 것을 밟는 사람들로 하여금 능히 녹수綠水 청산靑山의 사이로 걸음을 돌려서 바람 앞에서 한번 읽고, 소나무를 어루만지면서 한번 읽고, 돌을 쓸고 앉아서 한번 읽게 한다면 전일에 부귀의 호화로움을 구하던 생각이 깨끗이 소멸될 것이며, 육미肉味를 잊고 허근虛根으로 돌아감이 여기에 있을 뿐이로다. 여기에 있을 뿐이로다."라고 했다.

어쩌면 만해를 향한 절절하기도한 말씀 속에 서로의 다름을 포용하는 석전 박한영의 남모를 안목과 지견을 슬며시 드러내는 고고한 면모를 본다.

顧吾幻身　　　　(고오환신)
何者非夢而是眞　(하자비몽이시진)
更倩墨以展圖別人 (갱천흑이전도별인)
堪笑　　　　　　(감소)
夢中夢而身外身　(몽중몽이신외신)
然寔不知　　　　(연식부지)
別人者吾身　　　(별인자오신)
吾身者是別人　　(오신자시별인)
月到湖心　　　　(월도호심)
西峯嶙峋　　　　(서봉인순)

서쪽 산봉우리 치솟아 골이 더욱 깊어 보이네.
돌아보건대 내 헛된 이 몸
어느 것이 꿈이 아닌 참모습일까 마는
괜히 먹으로 별도의 사람 모습을 그리다니
우습기도 해라.
꿈속의 꿈이요 몸 밖의 몸 아니런가?
그런데도 알 수가 없나니
그려진 것이 내 몸인가?
내 몸이 그려진 것인가?
달이 호수 복판에 이르자

　　　— 석전 박한영 스님의 시, '石顚沙門 自讚'(1938년 늦가을)

　　만해와 석전선사는 어느 달 밝은 가을 날 국화꽃 아래로라도 잠시 만났던 시절인연이었다. 이후로 만해는 혼자 떠돌았다. 만날 때에 미리 헤어짐을 염려해 온 탓이던가? 하지만 그 짧디짧은 향연은 만고에 이어지는 듯 만겁이나 되는 꿈속에 아득히 피어올라 시대를 관통하는 말과 글이 되었으니 오늘에라도 그의 법향法香 천지간에 아득하다.

설악 깊은 밤 오세암에서

1914년 4월 만해는 범어사에서 《불교대전》을 간행하고 조선불교회 회장에 취임하였다. 《불교대전》은 일반인들이 불교경전을 알기 쉽게 풀어 쓴 해설서로 불교 대중화를 위해 쓴 것이다. 이듬해부터 동지들을 규합하기 위해 영호남의 주요 사찰들을 돌면서 강연회를 열었다. 그해 10월 조선 선종禪宗 중앙포교당 포교사에 취임했다. 만해스님은 1914년에 고려대장경을 열독하고 마음과 물질, 부처님과 믿음, 업과 인연, 무상과 번뇌, 윤회와 열반 등의 기본 교리를 담은 『불교대전』(범어사)을 편찬하는 등 세상일을 잠시 접어두고 수행일변도의 생활을 해나갔다. 1917년 4월 서른아홉에 《채근담 주해菜根譚 註解》를 완성하고, 동양서원에서 이를 출간한다.

그해 집필과 수행을 이어가던 만해 스님은 12월 3일 밤 열시경, 오세암에서 좌선하던 중에 갑자기 바람이 불어 무엇인가를 떨 구며 지나가는 소리를 듣고 의정이

범어사에서 '불교대전' 작업시 사용한 염주
(만해스님 유품)

풀리면서 한 소식을 일렀다.

丁巳년 一二월 三일 밤 열시 경 좌선坐禪 중에 갑자기 바람이 불어 무슨 물건인가를 떨구는 소리를 듣고 의심하던 마음이 씻은 듯 풀렸다. 그래서 詩 한 수를 지었다(丁巳十二月三日夜十時頃坐禪中忽聞風打墜物聲疑情頓釋仍一詩)고 韓龍雲全集 1권에 그의 오도송이 전한다.

男兒到處是故鄕 (남아도처시고향)
幾人長在客愁中 (기인장재객수중)
一聲喝破三千界 (일성갈파삼천계)
雪裏桃花片片紅 (설리도화편편홍)

사나이 이르는 곳 어디나 고향인데
몇 사람이나 나그네 시름 속에 오래 머물리
한 소리 크게 질러 온 우주를 뒤흔드나니
눈 속에 복사꽃이 잎마다 붉구나

— 만해스님의 오도송(悟道頌), 설악의 깊은 밤 오세암에서

만해스님 오도송(친필)

그 해 한용운의 오도송과 법설에 대해 스승 만화萬化스님은 "한 입으로 온 바다를 다 마셨다"고 그 깨달음을 인가하고 만해라는 법호를 내렸다. 이후로

한용운은 만해를 그의 법호로 삼아 법명 앞에 붙여 대외적으로 알리게 된다. 비로소 만해 아득한 바다가 세상에 일렁이게 된 것이리라.

만해는 뜻을 세운 장부가 떠도는 곳 모두가 고향이라고 노래한다. 그가 말한 고향이란 원래 우리가 왔던 바로 그곳 본향本鄕을 이름하는 것인가? '모든 것이 있는 온전한 곳 그대로가 고향이니 바로 본질적인 진리의 세계를 말하는 것이다. 세속이 곧 진리의 세계라고 하는 것이니 성속聖俗과 승속僧俗, 진제속제眞諦俗諦가 둘이 아님을 말한 것이리라.

환지본처還至本處! "부처님께서 탁발托鉢을 나가셨다가 본래 머물던 곳으로 되돌아오시다"라는 뜻이다. '금강경' 32품 중 제1품 법회인유분法會因由分 서두이다. "이와 같이 나는 들었다. 어느 때 부처님께서 사위국 기수급고독원에서 대비구 1,250명과 함께 계셨다. 밥 때가 되자 세존께서는 가사를 수하고 바리때를 들고 사위성으로 들어가 성안에서 밥을 빌 적에 차례로 일곱 집을 마치고 본래 계시던 곳으로 돌아와 밥을 들고, 가사와 바리때를 거두고 발을 씻고는 자리를 펴고 앉으셨다."

본처本處는 본래의 자리, 본고장·고향을 의미하며, 환지還至란 본디 왔던 곳으로 되돌아간다는 뜻으로 본래의 모습을 찾는 본 면목이라고 할 수 있다. 즉 수행자가 찾아가야 할 곳은 본래부터 있던 청정한 마음자리, 모든 번뇌 망상이 사라진 그 마음자리, 즉 환지본처環地本處를 말한다고 해석해도 무방하리라.

환지본처에 비추어보니 세상사의 대립적이고 상대적인 개념을 넘어선 고향과 타향이 둘이 아니라는 '불이不二'라고 했음인가? 그리하여 너와 내가 둘이 아니건만 서로 둘로 경계를 나누고 있는 세상을 한탄한다. 연기법의 도리로 진리를 통찰한 만해의 혜안 구족한 면모를 본다.

" '나'가 없으면 다른 것이 없다. 마찬가지로 다른 것이 없으면 나도 없다.(중략) 나는 다른 것의 모임이요, 다른 것은 나의 흩어짐이다. 나와 다른 것을 아는 것은 있는 것도 아니오. 없는 것도 아니다. 사회도 한 인격이요. 국가도 한 인격이다.(중략) 그러므로 사회, 국가의 운명은 곧 개인의 운명이다.(중략) 사회도 我이며, 국가도 我인 까닭이다."(서준섭 편역, 『한용운작품선집』, 강원대학교출판부, 2002)

만해는 개인과 개인, 사회와 개인, 국가와 국가가 서로 다 연결되어 있다는 연기緣起의 이치로서 모든 것을 조화로운 '관계의 법'으로 파악하고 있는 것이다. '사회와 국가의 운명은 곧 개인의 운명'이고 사회도 '我'이며 국가도 '我'라고 말한 것은 단지 국가와 개인의 단순등치를 통해 국가주의를 주장하기 위한 것이 아니라 화엄적 사사무애事事無礙의 경지를 설명하기 위한 것이었다.(박수연, 「화엄적 평등의 민족과 세계」, 『만해학연구』 권2호, 만해학술원, 2006)

이렇듯 만해는 존재의 실상에 대한 깨침 이후 더욱 확철한 보림保任의 길에 나섰다. 보림은 보호임지保護任持의 준말로 깨친 후에도 진리와 완전체가 되기 위해 수행을 계속해 나가는 것을 말한다. 이를 위해 산사에 머무르지 않고 세상으로 나아간다. 사회적 실천행實踐行인 대승보살도를 이어가게 되는 행보를 보인다.

1918년 '유심지 창간'

만해는 오세암에서 수행정진을 갈무리하고 1918년 4월 어느 봄날 서울로 향했다. 일제의 검열과 무단정치의 박해 속에 세상과 민족의 눈과 귀를 열어줘야 한다는 원력을 세웠다. 먼저 경성부 계동 43번지에 잡지사 '유심사惟心社'를 차렸다. 편집인 겸 발행인으로 '유심惟心'지를 1918년 9월 1일 창간하였고 인쇄소는 당시 을지로 2가 21번지 신문관이었다. '유심'지를 발행하면서 만해는 세계정세의 흐름을 비교적 정확하게 읽어 낼 수 있었다.

일본 유학시절 교류했던 최린과 조선독립에 관해 숙의하다가 마침내 3·1운동을 기획하게 된다. 실제로 만해는 독립운동의 기획과 조직 그리고 그 정신의 계승과 실천에 있어서 핵심적 역할을 맡았던 것으로 알려져 있다. 드디어 적막한 절간에서 내려와 최린, 권동진, 오세창, 최남선, 임규 등을 '유심'지의 필진으로 섭외하여 국내외 정세에 대한 상당한 교감을 이루어내게 된다.

만해가 세상을 향할 당시의 민족운동은 일제의 탄압과 분열정책으로 인하여 민족운동가들의 변절과 사회주의 사상의 유입으로 민족의 독립운동에 대혼란이 찾아온 힘든 시기였다. 어려운 때를 당하여 1927년 항일운동의 비타협론을 주장하면서 민족주의자들과 사회주의자들이 힘을 합쳐서 만든 단일 항일단체인 신간회新幹會에 발기인으로 참여하여 경성지회장이 되어 끊임없는 항일운동과 불교대중화 작업을 계속 이어 갔다.

또 만해는 1924년 9월 최초로 창간된 '월간 불교佛敎'제하 잡지 발행인 권상로 스님의 뒤를 이어 편집 겸 발행인을 맡아 10여 년 동안 발행했다. 만해 한용운이 항일운동의 발판으로 삼았던 국가등록문화재 제782호 '월간 불교'가 1933년 108호를 내고 재정난으로 발행이 중지되었다가 속간, 휴간을 반복해온지 3년여 만에 복간된다.

만해스님 발간 월간 불교(국가등록문화재 제782호)

한편 2021년 2월 5일 한국불교태고종 호명 총무원장은 3월호부터 "태고종만의 불교지가 아닌 한국 불교를 대표하고 알리는 책자로 만들겠다."고 밝혔다. 우울한 불교계에 단비 같은 소식이었다. 최승천 편집국장은 차질 없이 준비 중에 있고 늦어도 3월 중에는 복간본이 나올 수 있다고 최근 근황을 필자에게 전해왔다. 그 약속은 예정대로 이행되었다.

 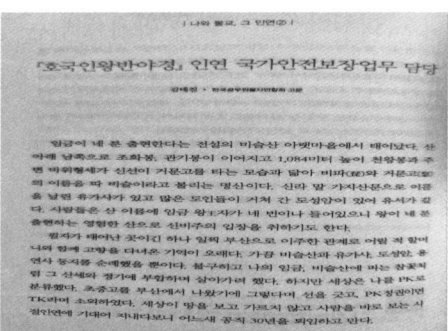

월간불교 복간본(2021년 4월) 및 저자기고문(2021년 5월)

2021년 4월, 그 덕에 필자도 복간된 '월간 불교' 713호에 '나와 불교 인연 - 『호국인왕반야경』 인연 국가안전보장업무 담당'이란 제목으로 졸고를 게재하기도 했다. 이 기회에 속간을 봉축하며 앞으로도 제불보살의 가호가피와 위신력, 불교중흥을 기원 드린다. 다시 한 번 만해스님과의 시절인연을 생각하며 깊이 감사한다.

만해는 그 끝 모를 암흑의 시기에 조선사찰령 등의 불교 왜색화에 맞서 조선불교를 통합하고 지켜 내겠다는 원력을 세웠다. 만해, 만공 등 개혁승려는 물론, 의식 있는 사부대중의 합심으로 마침내 1938년 10월 25일 태고사(지금의 조계사)라는 이름의 조선불교총본산 대웅전 낙성봉불식으로 승화된다. 그날 감회에 찬 퇴경 권상로 스님이 더듬거리며 읽었다는 대웅전 상량문은 이렇게 발원하고 있다.

"엎드려 바라건대 상량한 뒤에 집집마다 부처를 받들고 사람마다 예를 갖추어 다시 왕사성의 3억만가三億萬家를 보게 하시고 하나하나 원만히 밝혀지고 법마다 온전한 진리가 되어 다시 영산靈山에 천이백 대중이 모이게 하소서. 깨달음의 나무가 항상 요순堯舜의 일월보다 밝게 하시고 불법의 꽃이 두루 우리나라 강산에 피어나게 하소서."

한편 '卍黨'의 당수로 추대되어 불교자주화를 도모하였으며 자금난으로 불교誌가 교무원으로 넘어가게 되면서 휴간하게 되었다. 만해는 주로 서울종로 선학원 등지에 기거했다. 1933년 불교사를 떠나 당시 진성당 병원의 간호사로 있던 유숙원과 결혼하여 서울 성북동에 개인 거처인 심우장尋牛莊을 지어 생활하기 시작하였다. 심우장은 백양사의 승려인 김벽산이 내어준 땅에 한옥으로 지은 것으로, 조선 총독부가 보인다는 이유로 남향을 피해 북향으로 집을 지었다는 일화는 그의 변함없는 지조와 불퇴전의 올곧은 정신을 엿볼 수 있게 한다.

독립지사 항일투사 그리하여 민족지사로 거듭남

『불교』지 발간 무렵 만해로 부터 많은 영향을 받은 사람으로 승려시인 조종현(1906~1990)이 있다. 그는 만해의 도반 금봉선사 수법제자受法弟子 철운종현鐵雲宗玄 스님이다. 소설〈태백산맥〉,〈한강〉 등으로 유명한 조정래 작가의 부친이기도 하며 만년에 환속하여 시조시인으로 활동하였다. 그는 여기에〈만해 한용운〉이란〈서시〉를 발표한다.

선사의 면모에 좌고우면함이 없는 거사의 행보를 해온 그를 근자에서 지켜 본 사람의 절규, 그 일단을 살핀다. 만해에 정통한 그는 만해를 비로소 독립지사, 항일투사로 인물성격을 규정한다. 가끔 다정다한多情多恨한 문인이나 개혁적 선승으로도 그리기도 했으나 어디까지나 만해의 진면목은 '민족지사'였다고 자리매김하고 있는 글이다.

하지만 필자로서는 대승적인 차원에서는 동의하지만 암울한 시대적 상황에 비추어 단정적으로 지사로써 성격 매김을 하는 것에 대해서는 비판적이다. 그 이유로는 "독립투사로서의 혁혁한 공적과 탁월한 문학적 소양 등으로 인해 승려로서의 모습은 묻혀있거나 별로 부각되지 못했다" "불교 내적으로도 논란의 소지를 다분히 가진《조선불교유신론》의 파격성과 혁신적인 개혁사상으로 인해 '불교

개혁가'로서의 모습에 많은 무게가 실려 있지만, 심층적 내면의 정체성은 철저한 불교 수행자였음을 깊이 인식할 필요가 있다"는 일부의 주장에 동의하는 것은 상당한 일리가 있기 때문이다. 이즈음에 필자로서도 다각적인 연구검토 끝에 나름 결론을 도출하려하며 머지않은 후일을 기약한다.

卍海는 중이냐?
중이 아니다.
만해는 시인이냐?
시인도 아니다.
만해는 한국 사람이다. 뚜렷한 배달민족이다. 독립지사다. 抗日투사다.
강철 같은 의지로, 불덩이 같은 정열로,
대쪽 같은 절조로, 고고한 자세로,
서릿발 같은 기상으로 최후의 일각까지
몸뚱이로 부딪쳤다.
마지막 숨 거둘 때까지 굳세게 결투했다.
꿋꿋하게 걸어갈 때 聖域을 밟기도 했다.
벅찬 숨을 터뜨릴 때 문학의 향훈을 뿜기도 했다.
보리수의 그늘에서 바라보면 중으로도 선사로도 보였다.
예술의 산허리에서 돌아보면 시인으로도 나타나고
소설가로도 등장했다.
만해는 어디까지나 끝까지 독립지사였다. 항일투사였다.
만해의 眞面目은 생사를 뛰어넘은 사람이다. 뜨거울 배달의 얼이다.
만해는 중이다. 그러나 중이 되려고 중이 된 건 아니다.
항일투쟁하기 위해서다.
만해는 시인이다. 하지만 시인이 부러워 시인이 된 건 아니다.

님을 뜨겁게 절규했기 때문이다.
만해는 웅변가다. 그저 말을 뿜낸 건 아니고,
심장에서 끓어오르는 것을 피로 배안았을 뿐이다.
어쩌면 그럴까? 그렇게 될까? 한 점 뜨거운 생각이 있기 때문이다. 도사렸기 때문이다.

— 조종현이 쓴 「만해 한용운」의 〈서시(序詩)〉중에서

조종현스님
(작가 조정래 부친)

만해의 이러한 행보는 십현담에 나타나 있는 실천적이면서도 현실적인 원리를 그대로 옮겨와 실천의 禪, 곧 행동의 철학으로서 禪을 활용하였던 것이라 할 것이다. 현실을 떠나지 아니한 현실속의 불교요, 대승적이고 실천적인 불교를 표방하고 있는 것이라 할 것이다.

만해를 외호하며 승려로서 수행과 독립운동을 함께 하였던 태백산맥의 작가 조정래의 부친인 조종현님이 만해에 대해 쓴 시의 뜻에는 깊이 공감한다. 다만 필자가 '만해는 중이 아니다.'라는 조종현 시인의 시어는 오히려 그것을 반어적 역설적으로 게워내듯 읽고 그렇게 읽어내고 싶을 뿐이다.

심우장尋牛莊, 만해는 '초심을 잃지 않겠다는 마음[初心求道의 뜻]

으로 소거처를 심우장이라 명명하였으나 실로 그것도 외람한 일이다'고 회고한바 있다. 심우장에 머물던 무렵부터 그는 비승비속非僧非俗으로 '만해스님'에서 '만해선생'으로 불리게 되었다.

> 찾는 마음 숨는 마음 서로 숨박꼭질할 제
> 곧 아래 흐르는 물 돌길을 뚫고 넘네
> 말없이 웃어내거든 소잡은 줄 아옵서라
>
> ― 만해 한용운 시조, 제심우장題尋牛莊, 《불교》 제16집(1938년 10월호)

한동안 불교계에서도 만해를 스님이 아닌 속환인으로 대했을 뿐이며 만해선사로 치켜세운 것은 그리 오래된 일이 아니었다. 그 무렵 만해는 '유마힐소설경'을 번역하였고 수행승의 면모 그대로 '유마거사'로서 여전히 현실에 참여하고 있었다.

3장 여정의 종착, 자유와 해탈

– 존재론적 귀환과 문학적 해방

님을 찾아가는
이야기는
거울 앞에 선
자기의 독백과도 같다.

마음을 찾아 떠난
여정의 종착은
결국 존재론적 귀환과
문학적 해방으로 나아갔다.

님을 향힌
마음의 몸부림은
암울한 현실을 넘어
어느 순간
번뇌 애욕 갈망 상실을 침전시켜
내면에 깊이 가두었다.

마침내 번뇌는 별빛이 되고,
애욕은 사랑이 되고,
갈망은 베풂이 되고

상실은 나누어 가짐으로써
궁극에는 자유에 이르렀는가.

자유 진리 불이ㅈ二의
자성을 살핀 여정은
거기에 머묾이 없이
본래의 길로 귀환하였다.
님과의 일체화,
모든 것을 비워내
비로소 해탈을
성취하게 된 것이다.

님의 노래는
아득한 바다를 향한
작은 물길 질
그 끝자락에
님의 침묵 속에
문자반야,
문자사리가 되어
오늘도 세상을 비추고 있다.

아득한 바다를 향한 작은 물길 질 끝자락, 회광반조廻光返照

길은 떠난 자에게 내어주고 또한 남은 자를 위해 마냥 내어 줄 채비를 하고 있다. 길은 그런 것인가? 길은 길게 널어서 있다. 가도 가도 널어선 길, 그 길에서 생각해 본다. 길은 떠나는 자의 것도 아니요, 더군다나 남은 자의 것도 아니니 돌아올 자의 것이 아니던가.

환지본처還地本處, 떠났던 자리로 돌아오는 것, 본래의 자리로 돌아온다는 것, 붓다께서 아침에 밥을 빌어 떠나셨던 데로 돌아와 자리를 펴고 앉으신 그 자리이듯, 떠나면서 머물러 있고 머물러 있으되 떠나는 자리 그 환지본처의 자리는 내가 길 위에서 만난 길 없는 길이었다.

> 공항버스는 국제선에 다 달았다. 절반은 내리고 절반은 남았다.
> 내리면 타고 타면 내리는 풍경이 마치 세상살이와 닮아있다.
> 새벽길에서 하늘 길을 보며 비행장을 걸어간다.
> 어디로 가는 행로인가?
> 어차피 돌고 돌아올 길을...
>
> — 김태진, '지국거사의 작은 생각 큰 이야기' 중에서

일전에 만해를 거명함에, 설악무산 오현스님의 시상과 인생철학, 불교사상을 천착하던 끝에 그 배후로 만해를 추적하였음을 밝힌바 있다. 만해야 말로 그 기행과 남긴 언설이 일치되는 행보로도 이미 전설이 되고 말았으니 보탤 것도 더 언급할 것도 없다는 생각

에 주저하기도 했다.

만해! 아득한 바다를 향한 작은 물길 질 끝에 반사되어오는 회광반조廻光返照는 어디에 담고 품을지 고민했다. 설악무산, 만해의 회광반조라 할까?

"자신의 내면에 있는 지혜의 빛으로 자기를 비추어 보는 것"을 의미하는 회광반조光返照造는 우리 마음의 본성을 자각의 빛을 돌이켜 통찰하는 것을 말한다. 선수행에 있어 대상화시킬 수 없는 본래면목, 주인공, 불성을 의미하는 말인 '공적영지空寂靈知'를 반조를 통해 담박에 깨닫는 것 즉 돈오頓悟하는 것이다.

반조는 눈이 눈 자체를 볼 수 없는 것과 같이 스스로 눈이 있다는 비이원적 자각을 통해서 가능하다. 선불교에서는 이러한 자성 반조를 중시하였다.

중국에서는 "사람이 살면서 자신의 욕심에 끌려 세상을 온전히 바라보지 못하다가, 죽을 때가 임박하면 온전한 정신이 한 번 생기고, 바로 이 맑은 정신을 가지고 지나온 자기의 일생을 돌아보며 반성한다."는 의미로 실생활에서 가볍게 사용되고 있기도 하다. 영어의 몸으로 자신의 평생을 돌아보는 만해의 독음獨吟이랄까? 읊조림[음영吟詠] 소리 들린다.

선을 말함은 속된 일이지만
　　인연을 지어 대는 내가 어찌 중이랴
　　안타까운 일은 낙엽지는 일이지만
　　가을을 매어 둘 노끈이 없구나
　　談禪人亦俗 담선인역속
　　結網我何僧 결망아하승
　　最憐黃葉落 최린황엽락
　　繫秋原無繩 계추원무승

　　　　― 만해 한용운 한시, '병감후원病監後園'

　　3·1운동 주모자로 수감되었을 때 모진 고문에 몸과 마음이 시달리고 감옥내 병실 뒤뜰을 서성이는 모습이다. 수행자라면 인연을 끊고 조용히 참선과 경전 공부가 본분사인데, 독립운동이니 불교유신이니 하며 인연을 끌어들이는 시절인연을 탓하며 낙엽 지는 가을날, 심사를 읊조린다. 그것도 잠시, 맘 추스르니 또 계절이 지나간다.

만해스님 수감당시 의연한 모습

한시바삐 나가 무엇이던 해야만 하는데 공연히 시간만 허송함을 안타까워하는 선각의 발버둥에 맘 애잔하다.

　　문득 만해를 찾다보면 (그)만해하는 다그치는 소리와도 만나고 어떤 곡哭소리, 절규와도 부딪쳤다. 그 소리의 원류를 찾아보니 나

제2부 만해를 부르다　177

의 작은 탐색이나마 정녕 그만 둘 수가 없었음이다. 밤 깊은 바다에 혼자 해루질이라도 해서 건질게 있다면, 그 바다에 아득히 다다르기를 소망했다.

대표적으로 매천 황현梅泉 黃玹(1855~1910)이다. 그는 1910년 경술국치로 나라가 망하게 되자, 나라를 잃은 설움에 식음을 전폐 절명시絶命詩 4수 1편을 쓰고 순절했다. 스스로는 치욕스럽고, 위정자들에 망국의 책임을 물으며, 일제에 대해서는 조선 선비의 마지막 자존심을 세웠다.

> 의로운 길로 객을 따라 영원히 보국하시니
> 한 번 부릅뜬 그 눈 만고에 새 꽃으로 피어 나시리
> 다하지 못한 황매천의 한은 남기지 마시라
> 그 충절의 고통 크게 위로하는 사람들 절로 알리라
> 就義從客永報國 취의종객영보국   一瞋萬古生新新 일진만고생신신
> 莫留不盡泉坮恨 막류부진천대한   大慰苦忠自有人 대위고충자유인
>
> ― 만해 한용운, 옥중에서 쓴 한시, '황매천黃梅泉'

하늘을 우러러 부끄럼 없이 살다간 그의 정신 고매한 인격을 기리며 만해는 회광반조 면모를 일신하여 당당히 거듭난다.

만해 북향으로 돌아앉다

경봉스님(1892~1982)이 만해 한용운 선사와 인연을 처음으로 맺은 것은 1913년 봄 통도사 강사로 부임한 강원에서였다.(경봉, 삼소굴 일지, p.253) 그 무렵 경봉스님은 1910년에 강원에 수학 중이었다. 1913년 5월 9일부터 10월 19일까지 만해 한용운으로부터 화엄현담華嚴玄談을 그리고 10월 19일부터 1914년 1월 하순까지는 화엄경華嚴經「十地」와 화엄경 崑字卷곤자권까지 배운 것으로 알려진다.(최두헌,「金靖錫歷史」; 경봉정석의 한시 연구, p.26) 한용운은 통도사 강원에서 후학들을 가르쳤다.「작가 정찬주가 만난 97세 보현행자, 문성큰스님」,〈현대불교〉1994.10.15. 문성스님은 당신이 만해에게 작설차를 끓여주었다고 회고하였다.

경봉과 만해의 인연은 남달랐고 교류는 이어진다. 1935년 통도사 주지이던 경봉은 총본산 건설운동으로 현 조계사(당시 각황사)의 공사를 할 때였다. 통도사와 범어사의 소임스님들이 상경하여 조계사 상량식을 마치고, 심우장에 가서 한용운을 만났던 것이다.

1937년 10월 14일 심우장에 가서 한용운을 만난 기록이 나온다. 경봉의 일기에는 "오후 3시에 通 梵 兩寺 6인이 경성부 222번지 한용운씨 집에 가서 저녁 먹고 돌아오다."라고 씌어 있다. 그리고 1942년 3월 22일 경봉 일기에도 "아침 먹고 辛鏡海와 城北町 尋牛莊의 萬海禪師를 방문하고 낮에 차를 마시고 돌아오다."라며 경봉스님이 서울에 가서 심우장에 들렀다고 적고 있다.

이후 통도사 주지가 된 신태호申太皓(1890~1950)스님은 조명기(동국대총장 역임)에게 "스님은 심우장에 가서 만해에게 그 편집을 의뢰하라고 전하면서 통도사가 매달 생활비를 대고 있다"고 하였다. 여기 생활비 전달자를 경봉으로 추정한 조명기의 증언이 있다.(동대신문,「특집, 미공개 일화」, 1979.4.10.)

경봉은 1910년대 초 만해와의 인연을 1940년대 초반까지 이어오고 있음을 알 수 있다. 이는 만해가 입적하였던 1944년까지 지속되었을 것으로 보인다. 이런 정황은 경봉의 제자인 명정스님(1943~2019)이 다음과 같이 증언했다.

"경봉스님께서는 22세 때 통도사 강원에서 화엄을 수학하셨는데 여기서 한용운스님과 인연이 시작되었다. 내가 시자 때 스님은 종종 한용운 스님 애기를 들려주셨다. 한번은 만해 화상께서 『월남망국사』를 강의하시다가 도중에 울음을 터뜨리시더란다." 월남과 우리나라 처지가 비슷하다는 생각에 감정이 복받쳤던 것으로 증언했다.

"그 뒤 시베리아 여행 도중 첩자로 오인 받아 머리에 총을 맞아 그 후유증으로 머리를 흔들어대 사진 찍기가 어려웠던 이야기며, 심우장尋牛莊에 칩거하실 때 총독부가 보기 싫어 북향으로 집을 지은 사연, 구하九河 노사님과 함께 심우장을 방문하면 찬이 없는 밥을 대접하는 것이 미안하다며 '내가 지금이라도 한 생각을 고쳐먹으면 대접을 잘 할 수 있는데.....'라는 농담을 하시던 일도 있었지.

시자 때 그런 이야기를 듣던 때가 어제 같은데, 세월이 너무나 무상하여 반세기 가까이나 흘러 버렸다."고 했다.(석명정, 「한용운 스님과 심우장」, 차 이야기 선 이야기, 극락호국선원, 2014, p.173)

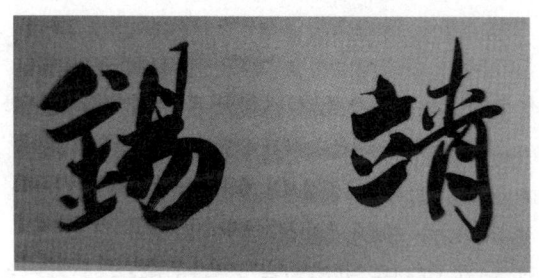

만해스님이 경봉에게 써준 법호

명정의 회고에 따르면 경봉의 역사에서 만해에게 배운 인연의 그림자를 결코 지울 수 없다. 만해는 통도사와 많은 인연이 있었는데 1930년대 후반, 통도사 사지寺誌 편집을 만해에게 부탁하였던 일은 1934년 필사본 불찰통도사사략佛刹通度寺史略에 의해 수집자蒐集者는 서해담徐海曇, 교증자敎證者가 만해와 권상로로 되어있는 것으로 가늠해 볼 수 있다 할 것이다.

만해는 조선총독부가 있던 북향으로는 눈길 한 번 주지 않고 돌아앉았으나 뜻있는 많은 선각들과는 폭넓은 교류를 이어간 것을 알 수 있다.

조의祖意[달마의 뜻]에 화답하다

　세상이 왜이래? 하고 세상 탓이 많아진 요즘, 세상은 요지경이라는데 그 당시 삭막하고 살벌했던 일제강점기 암울했던 현실이야 오직했으랴. 지금에 와서 지나간 시절이라고 무시하고 퉁치고 가기엔 그건 아니다 싶었다. 만해를 향한 아득한 바다 유영 길에 그의 주변을 서성이던 수염 기르고 머리도 기른 오래된 모습의 스님들도 만나고 거유巨儒로 불린 꼬장꼬장한 조선선비들도 여럿 만났다.

　그런데 평생 만해는 체머리를 흔들며 항상 그 모습으로 내 앞에 나타났다. 승복 아닌 한복을 입고 머리를 약간 돌려 눈을 치켜뜬 반항아의 모습을 하고 있었다. 때론 깨끗한 승복을 입혀보고 싶었고 양복에 넥타이까지 반듯하게 매어주고자 했다. 그런데 결국 어울리지가 않았다. 그렇듯 그의 고집은 태생인 듯 모양에서부터 남달랐음이다. 평생을 단별로 살았음인가? 궁핍한 살림살이 때문인가? 이리저리 횡설수설로 얽고 가로세로 엮어보아도 눈빛하나 주지 않는다. 혼란의 난세에 홀연히 등장한 달마! 그와 닮은꼴이다. 이전까지의 불교를 한 숨에 희화화戱畵化한 것은 물론 아주 기이하고 새로운 모습으로 나타났음이 그렇다.

　달마로부터 시작된 불교의 등장은 중국으로 와서 선종으로 이어진다. 그리하여 달마는 '달마가 서쪽에서 온 까닭'[祖意]이란 화두가 되었다. 허나 그 영문에 답하지도 못한 채 '동쪽으로 간 달마'의 행적조차 묘연해 지고 말았다.

달마도

필자의 서재 오른쪽 벽을 채운 수십 년도 더 된 달마도의 모습은 왕방울만한 눈을 부릅, 치켜뜨고 있으며 뭉뚱한 주먹코에 대머리이다. 그 흔하디흔하게 보아온 시장 통 작은 식당에서라도 흔히 만나던 그 모습을 이젠 더 볼 수 없게 된 지 오래다. 달마의 자리, '처음은 미약하나 나중은 창대하리라'는 큼직한 덕담 글귀로 대체되어 버린 세상, 모든 나의 님은 지금 침묵하고 만다. '직지인심 견성성불'이라 쓰인 달마도 옆으로 삐딱하게 그려진 만해의 초상이 오버랩 되며 스친다.

당신이 가신 뒤로 나는 당신을 잊을 수가 없습니다.
까닭은 당신을 위하느니보다 나를 위함이 많습니다.
나는 갈고 심을 땅이 없으므로 추수秋收가 없습니다.
저녁거리가 없어서 조나 감자를 꾸러 이웃집에 갔더니 주인主人은
'거지는 인격이 없다. 인격이 없는 사람은 생명이 없다. 나를 도와주는 것은 죄악이다'고 말하였습니다.
그 말을 듣고 돌아 나올 때에 쏟아지는 눈물 속에서 당신을 보았습니다.
나는 집도 없고 다른 까닭을 겸하여 민적民籍이 없습니다.
'민적 없는 자者는 인권이 없다. 인권이 없는 너에게 무슨 정조냐'하고

능욕凌辱하려는 장군將軍이 있었습니다. 남에게 대한 격분이 스스로의 슬픔으로 화化하는 찰나에 당신을 보았습니다.
아아, 온갖 윤리, 도덕, 법률은 칼과 황금과 제사지내는 연기烟氣인 줄을 알았습니다.
영원의 사랑을 받을까, 인간역사人間歷史의 첫 페이지에 잉크 칠을 할까.
술을 마실까 망설일 때에 당신을 보았습니다.

― 만해 한용운,「님의 침묵」, '당신을 보았습니다'(전문) 중에서

만해 한용운 스님 초상화

　　　　만해 초상화 그림 그 위로 '술을 마실까 망설일 때에 당신을 보았습니다.' 란 글귀가 타자 글처럼 새겨지니 열 번이고 백번이고 읽고 또 읽는다. 마치 불경처럼... 툭 하고는 '나는 당신을 보았습니다. 아니 당신을 수 천 번이고 읽었습니다.' 라고 되뇌인다.

　　　　나는 당신이요. 당신은 나요. 당신은 누구요, 만해여! 달마여! 만해가 달마를 보고 달마가 만해를 부른다. 만해는 집도 절도 민적까지도 없다. 달마여 무엇을 가졌는가? 마운磨云, 확연무득廓然無得 달마가 답하되 그 무엇도 없다. 본시 없던 것이라 본래의 자리에 다 내어주고 말았다는 청천벽력青天霹靂같은 말을 내 뱉는다.

담장 밖에 뿔이 보이면 소인 줄을 안다?

평생 만해는 민들 머리라 항상 그 모습으로 내 앞에 나타났다. 승복 아닌 한복을 입고 머리를 약간 돌려 눈을 치켜뜬 반항아의 모습을 하고 있었다. 때론 깨끗한 승복을 입혀보고 싶었고 양복에 넥타이까지 반듯하게 매어주고자 했다. 그런데 결국 어울리지가 않았다. 그렇듯 그의 고집은 태생인 듯 모양에서부터 남달랐음이다. 평생을 단벌로 살았음인가? 궁핍한 살림살이 때문인가? 이리저리 횡설수설로 얽고 가로세로 엮어보아도 눈빛하나 주지 않는다.

혼란의 난세에 홀연히 등장한 달마! 그와 닮은꼴이다. 이전까지의 불교를 한 숨에 희화화戱畫化한 것은 물론 아주 기이하고 새로운 모습으로 나타났음이 그렇다. 달마로부터 시작된 불교의 등장은 중국으로 와서 선종으로 이어진다. 그리하여 달마는 '달마가 서쪽에서 온 까닭'[祖意]이란 화두가 되었다. 허나 그 영문에 답하지도 못한 채 '동쪽으로 간 달마'의 행적조차 묘연해 지고 말았다.

> 산 너머에 연기가 피어오르면 불이 난 줄을 알고,
> 담장 밖에 뾰족한 뿔이 보이면 소인 줄을 알 수 있다.
> 하나를 가르쳐 주면 나머지 셋을 알고 상대 수행이 깊은지 얕은지 한 눈에 척 아는 것이야
> 납승衲僧의 살림살이로는 차를 마시고 밥을 먹는 것처럼, 지극히 일상적인 일인데 알음알이[衆流] 다 끊어버리고 동쪽에서 솟았다가 서쪽으로 잠기기도 하고, 종횡 무진하게 상대의 근기에 맞춰 주기도 하고 거슬리기도 하며, 주고 뺏음을 자유자재하기도 한다.

> 바로 이러한 때는 어떠한 경지인지 어떤지 말해보라.
> 이러한 경지는 어떤 사람이 행동하는 경계인가?
> 설두스님의 얽히고설킨 이야기, 갈등葛藤을 살핀다.
>
> — 설두, 「벽암록」 제11칙 수시垂示 '드리내 보이다' 중에서

마찬가지로 만해스님은 '마음의 바다를 향한 여정'의 주인되어 떠났다. 그의 삶은 끊임없는 파도와도 같이 마음의 바다에 심인心印으로 파도 끝자락에 한없이 일렁였던 것이다.

천하天下의 선지식善知識아!

몇 해 전 세상은 코로나19로 곳곳이 집합 금지, 사회적 거리두기로 삭막했다. 절간은 예전의 적막강산을 되찾은 것은 물론이고 어느 곳 하나 흔쾌히 나다니기 꺼려지는 일상이 되었었다. 당시 사람들은 주저하고 당국은 차제에 그들의 일상을 막는 것으로 그 소임을 다해 갔다. 교회는 순교라는 거룩한 말로 일부에서는 성전聖戰이란 대면 예배를 강행하여 확산의 진원지, 본산이 되었다. 까닭에 종교불신, 기독교 무용론에 불을 지폈다. 행여 교회당 예수님도 확진 되셨으랴! 생민들은 안부조차 여쭙던 시절이었다. 그러니 논란의 중심에 선 교회를 대통령이 오히려 배려하고, 언론이 집중해 주니 또 다른 노이즈 마케팅이라도 하는 것인가? 이상한 나라의 수상한 사람들이 아닐 수 없던 그 때를 기억해본다.

불구하고도 불교는 말이 없었고, 종교무용론을 넘어 불교무용론, 아니 무용지물이 되고 말았다. 침묵조차 하지 않던 불교는 죽었다. 그리하여 누구는 불을 지피고, 누구는 그 불길에 타 죽고 마는 것인가? 그런 난리 통에도 옴짝달싹 멀뚱멀뚱한 더 수상한 사람들이 거기에 있었다. 타 죽지 않은 사람들인가? 불사不死인가? 불생사不生死이런가? 하며 숱한 반문을 이어가던 답답하기만 했던 날이었다.

그러니 보라! 세상을 향해 위무하는 한마디는커녕 그 무엇조차 내 놓지 못하는 불교는 죽었다고 할 밖에…. 오현스님이 말하듯 비몽사몽 앉아 천 년 넘은 사구死句를 염탐하던 그런 사람들은 경전 속, 화두 끝에 빠져 죽고 만 것 아니었던가!

뿐만 아니다. 천년도 더된 시절에 7조 홍제 청원행사靑原行思 선사(?~740)는 '불교가 무어냐'는 물음에 '요즘 강서성 여릉(길안) 시장의 쌀값이 얼마이더냐…' 라는 세상사를 화두로 되묻고 있었다. 이토록 세상 속 중생의 삶 속으로 들어가라는 간절함에 듣도 보도 못할 요령, 목탁은 그 때에도 오늘도 영일 없다. 다시 묻는다. 여보시게 그 영험한 물건은 무얼 위해 흔드는가? 하여 밤낮으로 울려대는 종소리는 그 누구를 위해 울리는가?

'세상이 왜이래요?'라는 숱한 민생들의 울부짖음을 위무하는 그 무엇도 세상에 없음이라. 역병에 태풍과 폭우는 민초들의 피울음을 앗아갔고 소리조차 낼 수 없던 시절이 봄, 여름, 가을, 겨울 내내 이어졌다. 차라리 '산은 산이요 물은 물이다'는 듣고 보고도 알지 못할 소리일망정 내질러야 할 판 아닌가? 그러니 만해 선사는 절대 침묵하고 마는 것인가? 정녕 그런 것이던가! 喝! 一喝!

  맑은 물 흰 돌 위에 비단 빠는 저 아씨야
  그대 치마 무명이요 그대 수건 삼베로다
  묻노니 그 비단은 뉘를 위해 빠는가.

    ― 만해, 표아漂娥, 한용운 시전집(장승출판)

　개울가에서 빨래하는 고운 처자의 모습을 노래한 '표아漂娥'는 스님이 서대문형무소의 어둡고 좁은 독방 마룻바닥에서 추위와 더위에 장기간 시달렸던 처절한 고통에 대한 기억의 소환이다. 출옥 후에도 호적이 없는 무적자로 배급도 받지 못하고 부인의 삯바느질로 연명하고 자신은 병고와 추위에 시달렸던 힘든 세간 경험이 배인 시다.
　돌아보라! 이 세상 사람들은 다 그렇게 산다. 그리 살면서도 스스로의 고통을 거울 삼아, 나라 잃은 민초들의 어렵고 궁핍한 생활을 걱정하는 선각이 남긴 말씀은 차라리 눈물이던가? 따뜻한 마음으로 민생을 위로한 것에 다름 아니란 생각으로도 그냥 침묵하게 된다.

너의 가풍家風 고준高峻한다?

　어느덧 일상마냥 만해스님의 침묵을 밤낮으로 침묵했다. 침묵을 침묵으로 받아 이를 답신(?)이라 여기며 남기신 글에 힘입어 소견을 보태기도 덜기도 한다. 하도 많은 장광설에 시간은 속절없이 지나갔다. 그러던 중 '상월결사'(?)라 부르는 '상월선원'이란 세상 이야기를 접한 적이 있다.

　몇 해 전 겨울, 조계종 자승 전 총무원장 스님 외 생면부지의 도림, 재현, 진각, 심우, 성곡, 호산, 무연, 인산, 아홉 스님들이 상월선원에서 동안거 한철을 지냈단다. 여기까지는 그냥 평범한 선방 이야기다. 그런데 난방 기구 없이 옷 한 벌, 하루 한 끼, 묵언을 하며 문을 걸어 잠군 채 상월선원 천막 안에서 하루 14시간 정진을 했다고 발표했다. 철따라 열리는 여느 선방과는 결이 좀 다른 이야기다. 그 의도가 궁금했지만 듣지 않아도 알 수 있다. 소개된 선방은 근래 보기 드문 천막선방이라 했다.

　차라리 서울역 노숙소나 쪽방 촌이었다면 기획력이 더 돋보였을 거란 생각을 했다. 더 한 것은 친히 상경하신 종정 진제스님은 해제 날에 고준한 법어를 내리셨다. '수고 많으셨다'며 이를 만천하에 일갈하셨다니 과연 구인의 무엇을 보고 증득했음을 어찌 증명하고 증법證法 했을꼬?

　생각하니 아득하다.

　9인의 스님은 이구동성으로 "살면서 그렇게 추웠던 적은 없었다.

바람이 없고 햇빛이 없다 보니 침낭이 얼기도 했다." 지당하신 말씀이니 당연한 일이다. "텐트 안에서 자고 나오는데 마치 차가운 얼음물에 들어갔다 나오는 느낌이었다."고 묻지도 않은 데도 앞 다투어 회상하였다고 하니 결사수행담으로는 헛헛하다 못해 애틋하다.

'아홉 스님'(감독 윤성준)이란 영화에 이어 백서와 수행일기 서적 발간과 팬 사인회(?)가 열려 가관을 볼 기회는 연속 이어졌다. "가장 낮은 곳에서 새롭게 시작하라" '아홉 스님들의 위대한 수행 도전기 드디어 공개!'라는 극장 홍보는 급기야 '한국 불교 역사상 최초, 천막 동안거를 통해 정진하게 된 아홉 스님들'이라며 개봉했으나 관람 인원 2만 2천여 명에 거치고 만다. 감동은 기대하지 않았으나 '개그 프로그램'이 퇴출된 이후 웃을 일 하나 없는 세상에 헛웃음이나마 선사한 일이 되었으니 그 나마 다행스런 일 아니런가?

그리하여 서남자 선여인은 봉두난발로 나다니는 9인이 웃어라 하는 대로 웃고, 또 웃을 뿐이다. 속으론 울고 있을지도 모른다. 이를 보며 지금은 죽은 듯 꼼짝없이 지내는 데, 차라리 코로나 퇴치 상월결사(?)라도 제안 했었다. 매년 3월1일이면 열 마리의 소[十牛]라도 그려 두고 마치 만해의 서대문 형무소 같은 감방을 코스프레(?)한 '야단선원'이라도 개원하길 축원하기도 했다.

동산수초洞山守初(910~990)선사에게 한 스님이 물었다. "무엇이 부처입니까?" 동산선사가 말했다. "마삼근麻三斤이니라"(碧巖12則 동산마삼근洞山麻三斤〈本則〉擧. 僧問洞山；"如何是佛?", 山云；"麻三斤", 碧巖錄) 그런데 왜 이리도 무거운지 마음은 천근만근 이었다.

삼시세끼 먹는 밥(?)같은 지당하신 일을 보았을 뿐인데도 보기 생뚱한 일이라 얼토당토않게 만해가 있었다면 뭐라 했을까? 라고 덧대어 몰록 생각했음이다.

천하天下의 선지식善知識아 너의 가풍家風 고준高峻한다
바위 밑에 할 일할喝] 一喝과 구름 새의 통방痛棒이라
묻노라 고해중생苦海衆生 누가 제공濟空하리오

— 만해, 선우(禪友)에게, 선원(禪苑) 제3호(1932년 8월).

'세상소리' 잘 보아라. 파도처럼 보아라! 철썩

아득한 바다에 때론 집채만 한 파도가 덮치고 긴 침묵 끝에 만나는 포말이 부서진다. 너는 너, 나는 나, 자타가 분명하니 만해의 언설은 마침내 나의 나, 나의 너, 비로소 님이 되어 하나[不二]로 나타났다. 그리하여 밤낮없이 스님의 행장을 염탐하던 작은 수고로움에 스스로 큰 가르침으로 위안 받았음은 글을 마무리하던 끝에 얻은 기쁨이기도 했다. 아직도 진행중인 만해와의 만남은 끝간데를 모르니 그때의 일화를 소환해 본다.

코로나로 집합 금지가 내려진 날이 일상화 된 지 오래되고 무기력하기만 한데 만해결사(?)라 생각한 만해 한용운론 '아득한 바다,

휘감는 마음노래'를 이리 저리 가로 세로 맞추고, 종횡을 채우다 보니 해가 가고 달도 지나 어느새 코로나는 종식하게 되었다.

역병 탓인가? 하지만… 해를 거듭하며 이어진 송구하게도 거명하자면 '나의 만해론'은 손끝에 뱅뱅 돌 뿐 또 한 해를 보내고 나니 코로나는 종식된 지도 여러 해가 지났다.

만해 스님에 대한 글이 마무리 되어 갈수록 생각은 길어지고 상념은 늘어지니 처음에 생각하던 님의 정체를 밝히려던 의도는 경계 안팎에 머물러 있을 뿐이었다. 어떤 때는 다 떨쳐버리지 못한 아픔과 슬픔, 중생심이 내내 목에 걸렸다. 밤새 뱉어내지도 못하면서 하얀 밤을 혼자 멍 때리듯 그냥 지새웠다. 이번에도 (불교)문학의 중흥이라며 호기 있게 시작한 나의 거룩한 시도는 작은 소출은 커녕 '한 거사와 아홉스님'이란 울지 못할 웃음거리가 될 지도 모른다는 생각조차 들었다. 끝 모를 고민은 이어지고 마무리에 가까워지면서 더욱 더 깊어만 갔다. 그러던 차에 스님의 시조집을 읽고 남겨진 유고를 읽고 또 읽는다.

만해 스님이 남긴 시와 논설에 매화가 주제나 소재로 등장하는 것은 모두 26편이다. 한 겨울의 고난 속에서도 만리향을 피워내는 매화는 만해 스님의 삶과 닮았다. 석전 박한영 스님이 "어이, 저기 설중매가 지나가네"라고 만해 스님을 지칭했다는 일화가 그를 말해 준다.

한평생 우주를 활기차게 살아가려니
겨울 견딘 매화 옛 절 선방 가득 피어
머리 돌려 삼생동안의 일 묻고자 하나
한가을 유마네 집 꽃은 절반이나 졌네
宇宙百年大活計 (우주백년대활계)
寒梅依舊滿禪家 (한매의구만선가)
回頭欲問三生事 (회두욕문삼생사)
一秩維摩半落花 (일질유마반낙화)

― 만해 한용운 한시, 관락매유감觀落梅有感(매화꽃잎이 떨어지는 것을 보고)

　만해 스님은 선방에 가득 핀 매화를 유마 거사의 뜰에 핀 꽃으로 보아 '불이不二의 가르침'으로 읽어낸다. 거기에 세 번의 과거전생인 삼생三生의 일을 묻지만 꽃이 반은 저버렸다. 스스로도 선방을 떠나 세상을 떠돈 지 오래고 강점된 나라 또한 원래의 모습을 잃어가니 겨울을 견딘 매화를 반가워 할 새 없이 어느새 지고 있는 낙화를 염려하는 상심이다.
　하지만 피는 꽃을 보고, 꽃이 진다라고 되 집는 모습은 세상의 불의에 항거하는 붉은 심사일터. 하기야 우주의 넓이에 무관하게 종횡 무진하는 만해 스님의 품은 이미 피고 지는 시비를 떠난 것이라 할 것이니 끝없는 역설逆說은 웅혼하다. 성불의 님, 독립의 님, 아득히 멀기만 한 기룬 님을 향한 그의 매향은 맵고도 진하게 그의 행로를 장엄한다. 꽃 지면 그만이 아니라 벌써 열매 맺으니 매실을 보고 침을 흘리는 무릇 망매지갈望梅止渴하는 도리를 숨기고 있는 것이다.

일찍이 〈조선불교유신론〉 서문에서 "나의 목마름의 불꽃이 전신을 이렇게 태우는 바에는, 부득불 이 한 그루 매화나무의 그림자로 만석萬石의 맑은 샘 구실을 시킬 수밖에 없다."고 했다. '세상소리' 잘 보아라. 파도처럼 보아라! 세상모습 잘 들어라! 파도처럼 잘 들어라 철썩! 하는 큰 가르침이 아닐 수 없다.

세상 웃음소리 잦아진 깊은 곳, 곡哭소리 들리고 만해스님의 침묵도 다가온다. 비로소 나에게는 '세상소리 잘 보아라. 파도처럼 보아라.'란 직설로 읽힌다만 너무 아프다.

바다는 오늘도 일렁인다. 아득한 바다, 파도 부서지는 끝자락에서 알아차림 하고 있으나, 불식不識! 오직 모를 뿐이다.

님을 향한 길에서 만나는 비폭력의 언어

님을 향해 길을 떠난다. '기룬 님'을 찾아 가는 만행萬行이다. '기룬 님'은 나의 님, 당신의 님, 우리 모두의 님이니 만나야 할 님이다. 일찍이 "기룬 것은 다 님이다"라고 말한 바로 그 님은 천 갈래 만 굽이 길, 만행 길에서 찾아내야 한다.

만행이란 무작정 발길 닿는 대로 떠도는 방황이 아닌 님을 향한 길이다. 님을 찾는 행로가 만행의 목적이니 길에서 보고 느끼는 그 모든 것을 '님의 손길' '님의 숨결'로 받아들이며 가는 길이 만행이다.

중생의 번뇌가 끝이 없으니 여래의 서원이 무량하듯, 병고에 시달리는 중생으로 하여 보살도 아픈 것이니 만행의 길은 마치 고뇌의 불덩이를 이고 걸어가는 모습이 아닐 수 없다. 그럼에도 님은 우리의 삶 어느 한 곳도 외면하지 않으니 언제든지 님을 향해 만행을 떠나는 것이다.

님을 찾아 부르는 심우소리, '님'은 사랑의 대상이 아니라 그 자체요, 존재론적 가치이자 궁극의 자유와 존엄이다. 님을 향한 길은 결코 폭력으로 쉽사리 이룰 수 없다. 만해는 그것이 마음의 통찰, 깨달음의 지속성, 침묵과 깊은 성찰을 통해서만 도달할 수 있다고 보았다. 이 같은 비폭력적 삶이야말로 가장 강력한 정치적·종교적 실천임을 보여주는 상징이 되었다.

비폭력은 '마음의 평화'로 세상을 바꾸는 귀한 도구이다. 그 점에서 님을 찾는 〈심우〉는 불교적 사랑과 자비가 그 바탕에 자리하고 있는 것이다. 님을 향한 길에서 만나는 비폭력의 언어, 그 비폭력의 의지를 이미 『님의 침묵』에서 확인한 바 있다.

우리가 되새겨야 할 만해의 비폭력 언어야 말로 오늘날 폭력의 언어가 난무하고 다시금 삶의 곳곳에서 들려오고 있기 때문이다. 비폭력은 단지 폭력의 반대가 아니다. 그것은 모든 존재를 있는 그대로 받아들이는 통찰이며, 그 속에서 변화를 이끄는 진실의 태도이다. 타인을 공격하거나, 자기 자신을 해치는 방식으로 현실을 반응하는 시대 속에서, 만해가 주창하는 자유와 존엄, 평화의 언어는 어쩌면 가르침을 넘어 조용한 경고처럼 다가온다.

님의 침묵, 그 서정적 저항은 단순한 시적 비유라기보다 급진적 저항이 될 수 도 있다는 것을 긴 침묵의 여운으로 증명해 주는 시편이다. 만해는 말없이 님을 부르며, 가장 고요한 방식으로 저항했고, 항거는 소리 없이 100년의 시간을 넘어 지금도 이어지고 있음은 그 징표이다. 우리가 세상의 만행 길에서 그를 다시 부를 때, 그 '님'은 우리 안의 평화를 찾는 마음이자, 세상과 화해하려는 진정한 용기로 다가올 것이다.

『님의 침묵』은 언제고 비폭력의 철학을 노래한다. 비폭력이라는 마음의 노래는 소극적, 단순한 포기의 언어가 아니라, 존엄과 자유를 향한 가장 고요한 가운데 평화를 얻으려는 무엇보다 치열한 한 투쟁의 한 형식이다. 내면의 평화는 곧 외부에 대한 저항의 근거가 되며, 만해는 이를 통해 '말 없는 혁명'의 가능성을 보여주었다. 그의 시는 폭력을 능가했고, 깊은 침묵은 외침보다 더 멀리 울려 퍼져 나갔다.

중생의 아픔을 자신의 아픔으로 앓았던 만해, 번뇌 속에서 진리를 찾아낸 스님은 청산 속의 절을 떠나서도 자신의 마음을 법당 삼아 수행했던 조선의 유마이다. 만해는 비폭력 언어와 함께 만행을 떠났다.

심우장의 유마거사

　심우장尋牛莊, 만해는 '초심을 잃지 않겠다는 마음[初心求道의 뜻]으로 소거처를 '심우장尋牛莊'이라 명명하였으나 실로 그것도 외람한 일이다'고 회고한 바 있다. 심우장에 머물던 그는 비승비속非僧非俗으로 '만해스님'에서 '만해선생'으로 불리게 되었다. 한동안 불교계에서도 정치적 유불리에 따라 속환인으로 대했을 뿐이며 만해선사로 치켜세운 것은 그리 오래된 일이 아니었다. 그 무렵 만해는 '유마힐소설경'을 번역하였고 '유마거사'로서 여전히 현실에 참여하고 있었다.

　만해는 1935년 4월부터 조선일보에 「흑풍」이라는 소설을 연재하기 시작하였다. 그는 이후에 「철혈미인」, 「박명」, 「후회」 등의 소설을 발표하였는데, 당시 그가 소설을 쓰기 시작한 것은 일제 군국주의화가 점차 노골화되어 시대적 상황이 피폐하기도 했고, 비판적 논설을 쓸 수 있는 여건이 점점 어려워졌기 때문이기도 했다.

　이렇게 한편 두 편 쓰기 시작한 소설들의 내용은 모두 암울한 우리 민족의 현실을 그려낸 것으로, 계몽 각성에 뜻을 둔 것이었다. 나아가 그 시대의 사회상을 그대로 담아 대중들이 이해하기 쉽게 저술한 것들이 주류를 이루었다. 만해는 암울한 현실을 결코 외면하거나 도피하려 해 본 적이 없었다. 지금 여기, 항상 있는 이곳에서 세상의 고통을 직시하였으며 그 고통을 해결할 방도를 통찰, 모색하였던 것이다. 이 소설들을 저술하였던 이유도 극심한 일제의 감시를 피하면서 동시에 사람들의 생각을 변화시키고자 했던 선각으로서의 행보인 것이었다. 자신의 오도각성을 널리 중생들과 나누어 회향코자하는 원력이기도 했다.

禪을 통하여 얻은 지혜를 그에 걸맞는 언어로 표현해 냄으로써 깨달음을 현실화, 사회화하는 동시에 뭇사람들의 고통을 해결하리라는 서원이기도 했다. 이것은 만해의 禪사상의 특징인 동시에 구국구세救國救世를 위한 대승보살도의 실천행이라 함이 어떨는지.

> 미혹의 구름이 덮여 올 때
> 믿음의 큰 바람이 일게 하시며,
> 고난과 장애를 보게 될 때
> 바라밀 무장애 위덕이 빛나게 하여 주옵소서.
> 그리하여 저희들의 생애가 보살의 생애로서,
> 일체 중생과 역사와 국토를 빛냄으로써
> 마침내 부처님의 크신 은덕을 갚이 가오리다.
>
> — 금하당 광덕스님, 불광법회요전, 반야보살 행원 기도중에서

그리하여 불쑥 세상을 향하던 그는 다시 백담사로 돌아갔고 또 다시 세상 밖으로 몰록 나오기도 했다. 만년에 입적할 때까지 심우장에 머물던 만해가 세속과 산속을 오간 것은 승과 속의 경계를 뛰어넘어 승속불이僧俗不二, 진속불이眞俗不二의 불교적 처세의 체현과 중도 실천의 한 맥락이라 아닐 수 없다.

바다에 섰으니 파도가 한이 없다

만해 스님은 해방을 얼마 앞두고 입적할 때까지 서울 성북동 심우장에서 살았다. 평소 "내가 태어난 이 나라와 사회가 나를 중이 되지 아니치 못하게 하였던가. 또한 인간 세계의 생로병고 같은 모든 괴로움이 나를 시켜 승방에 몰아넣고서 영생과 탐욕을 속삭이게 하였던가"라던 출가 당시의 초발심을 꺾지 않고 그리 살았다고 했다. 만해의 소를 찾아 나서는 심우, 그 초발심을 본다. 그리하여 그 소를 찾아 소리쳐 부르던 것이 다 '님'이 된 것은 아니었던가?

확암선사의 심우송을 보면,

① 심우尋牛, 동자승이 소를 찾고 있다. 자기 본성을 잊고 찾아 헤매는 것은 수행의 입문을 말한다. ② 견적見跡, 동자승이 소 발자국을 발견하고 따라가는 모습이다. 수행자는 꾸준한 노력 끝에 본성의 발자취를 알아차린다는 뜻이다. ③ 견우見牛, 동자승이 소 뒷모습이나 소꼬리를 찾는다. 수행자가 사물의 근원을 보아 견성見性에 가까웠음을 말한다. ④ 득우得牛, 동자승이 드디어 소꼬리를 잡아 고삐를 챈 모습이다. 수행자 자신의 마음에 있는 불성佛性을 꿰뚫어보는 견성의 단계에 이르렀음을 뜻한다. ⑤ 목우牧牛, 동자승이 소 코뚜레를 뚫어 길들여 끌고 가는 모습이다. 얻은 본성을 고행과 수행으로 길들이며 삼독의 때를 지우니 소도 점점 흰색으로 변한다.
⑥ 기우귀가騎牛歸家, 흰 소에 올라탄 동자승이 피리를 불며 집으로 돌아오고 있다. 자유로운 무애의 단계로 더할 나위 없이 즐거운 때다. ⑦ 망우재인忘牛在人, 소는 없고 동자승만 앉아 있다. 소는 단지 방편일 뿐 고향에 돌아온 후에는 모두 잊어야 한다. ⑧ 인우구망人牛俱忘, 소도 사람도 실체가 없는 모두 공空임을 깨닫는다는 뜻으로 텅 빈 원상만 있다. ⑨ 반본환원返本還源, 강

은 잔잔히 흐르고 꽃은 붉게 피어 있는 산수풍경만이 있다. 있는 그대로의 세계를 깨닫는다는 것이니 우주를 아무런 번뇌 없이 참된 경지로서 바라보는 것이다. ⑩ 입전수수入廛垂手, 지팡이에 도포 쓴 행각승 모습이나 목동이 포대화상布袋和尙과 마주한 모습으로 그려진다. 육도중생의 삶속에 들어가 손을 드리운다는 뜻으로 중생제도를 위해 속세로 나아감을 뜻한다.

심우도(소를 찾는 동자)

심우도의 심우尋牛는 소를 찾는 동자가 망과 고삐를 들고 산속을 헤매는 모습으로 묘사된다. 처음 발심한 수행자가 아직은 선禪이란 무엇이고 인간의 본래자리 즉 본성이 무엇인가를 알지 못할지언정 그것을 찾겠다는 불타는 초발심으로 공부에 임하는 것을 상징화한 것이리라.

설악산 백담사 법당을 둘러친 심우도 그림을 올려다보니 심우尋牛・견적見跡・견우見牛・득우得牛・목우牧牛・기우귀가騎牛歸家・망우존인忘牛在人・인우구망人牛俱忘・반본환원返本還源・입전수수入廛垂手 열 폭 그림에 새겨진 그 뜻이 오롯하다. 깊은 밤 가만히 앉아 수억 년도 더 된 암벽화를 그린다. 소 뿔을 잡고 있노라니 이리저리 마음은 허공 중에 흔들린다.

길을 나서면 산길에 풀숲 덤불이 무성하고 바다에 섰으니 파도가 한이 없다. 문득 소를 향하던 아득한 바다, 만해의 귀착지는 파도 끝자락에 천 갈래 만 갈래 부서졌다가 오롯이 빛나는 모든 사람에게 본래부터 갖추어져 있는 원만하고 진실한 면모 본지풍광本地風光이어라. 진흙 산길에 풀숲 덤불이 무성하고 바다에 섰으니 파도가 한이 없다.

제3부

만해에게 묻다

— 만행萬行, 진리를 향한 마음의 행보

백년이 지난 지금에 와서 보아도
그 언설은 한 점 다르지 않으니
세상은 모양만 바뀔 뿐
돌고 도는 것이란 생각이 든다.

만해는 그 무렵 일본과 만주, 러시아
일대를 주유하고 돌아왔다.
비로소 세상을 향해 펜을 들었다.
'불교유신론'을 비롯한
그의 저술이 쏟아져 세상 밖에 나왔다.

량치차오의 '음빙실문집'은 1902년
10월에 출간되었고
한용운이 읽은 판본은 1905년
6월과 11월에 초간본을 증보하여
간행한 중편음빙실문집과 분류정교
음빙실문집으로 추정된다.

숱한 저술을 보고,
스님의 화두에 답해 보노라니
궁여지책이랄까?

답답한 마음에 한 동안
침묵을 침묵하며 지내야 했다.

깊은 침묵에도 불구하고
계속되는 세상일은 또 있다.
'만해'는 곧 '넓은 바다'다.
그는 수행을 걸으며, 걷는 이의
시선으로 세상을 바라보았다.

아득한 파도는
마음의 울림과 닮아 있었고,
고요한 물결엔 무상의 감각이 흘렀다.

그는 물결을 밟고 걸었으며, 바다
끝자락에 닿을 듯 말 듯 손을 뻗었다.

바다엔 민족의 고통도,
자신의 번민도 함께 일렁이고 있었다.
그의 '만행'은
바다를 향한 성찰이자,
현실을 마주한 저항이었다.

1장 「알 수 없어요」

– '정녕 알 수 없어요?'

님은 어디에 있는가?
님은 조국인가,
민족이던가
붓다이런가 아니면
진리의 말씀이
결정結晶된「대장경」
경문인가?
그도 아니면
길을 잃고
헤매이는 어린 양인가?

만해가 만행하며
불렀던 님은
당신(39편), 님(36편),
그대(2편),
애인(1편),
호칭 없음(6편)으로 보아
다 님이다.
이름을 달리 할 뿐
민족 조국 민중 붓다 중생
모든 우수마발이
마음의 발로가

시초이니
님 아닌 것이 없다.

그러나 만해는 사랑의 수레로
숱한 마음을 언어에 담아
실어 나르는 만행의 길을 떠났다.

백팔 사념과
팔만사천의 법문과
천백억의 모습으로
나타나는데,

'마음의 본체는
바로 이것이다'라고
할 수 밖에 없는 도리로
'알 수없어요'를
연발한 것이리라.

어쩌면 '알 수 없다'란 사실을
알 수 있게 된 것이니
'정녕 알수 없어요'라
할 밖에...

달마, 모르겠어요 vs 만해, 알 수 없어요

달마여! 만해가 달마를 보고 달마가 만해를 부른다. 만해는 집도 절도 민적까지도 없다. 달마여 무엇을 가졌는가? 마운磨云, 확연무득廓然無得 달마가 답하되 그 무엇도 없다. 본시 없던 것이라 본래의 자리에 다 내어주고 말았다는 청천벽력青天霹靂, 마른 하늘에 날벼락 같은 말을 내 뱉는다.

  擧 梁武帝 問達磨大師 (거 양무제 문달마대사)
  거론하다. 양무제가 달마스님에게 물었다
  如何是聖諦第一義   (여하시성체제일의)
  무엇이 근본이 되는 가장 성스러운 진리입니까?"
  磨云 廓然無聖   (마운 확연무성)
  달마가 대답했다. "텅 비어 성스럽다 할 것도 없습니다."
  帝曰 對朕者誰   (제왈 대짐자수)
  양무제가 말했다. "나와 마주한 그대는 누구십니까
  磨云 不識   (마운 불식)
  달마대사가 대답했다. "모르겠습니다." ..
  帝 不契   (재 불계)
  무제가 이를 깨닫지 못했다. 미처...

  — 설두, 벽암록 제1칙 달마불식達摩不識중, 본칙本則(古則, 또는 公案)

달마불식[마운불식磨云不識, '달마가 모르겠습니다.'라고 대답하다]이란 오랜 화두는 지금 '왜 만해인가?'라는 또 다른 공안公案일까? 필자가 이런 생각을 하는 이유는 중국에서 전래된 선관禪觀과 같은 듯 결이

다른 한국선의 면모를 그로 하여 보기 때문이다.

『벽암록』은 중국 송宋나라 때의 불교 선禪의 수행에 귀중한 지침서가 되는 불경이다. 중국 선종禪宗 오가五家의 하나인 운문종雲門宗의 설두중현雪竇重顯이 조주종심趙州從諗과 운문문언雲文文偃을 중심으로 하는 100개의 공안公案인 고칙공안백칙古則公案百則을 모아 그 하나하나에 송頌을 붙인 《설두송고雪竇頌古》에, 임제종臨濟宗의 원오극근圜悟克勤이 주석을 붙여서 만든 10권의 책이다.

『종용록』 본래 이름인 '만송행수평창천동각화상송고종용암록'은 북송말 남송초 천동정각(1091~1157) 선사가 옛 공안 100칙을 엄선해 공안 하나하나마다 읊은 송을 '천동백칙송고'라 불렀고, 이 '천동백칙송고'에 만송행수(1196~1246)가 시중示衆, 착어著語, 평창評唱을 붙여 완성한 것이 '종용록'이다. 그래서 책은 각 칙마다 시중, 본칙, 본칙착어, 본칙평창, 송, 송의 착어, 송의 평창 순으로 이루어져 있는 선서禪書이다

『인천안목』은 송나라 승려 지소智昭가 당시 불교 5개 종파의 기본사상과 창시자들의 행적을 요약하여 정리한 내용을 담고 있으며, 우리나라 선가禪家에서 많이 읽히는 책이다. 이 책은 고려 공민왕 6년(1357)에 원나라에서 활동하던 강금강姜金剛이 간행한 책을 원본으로 삼아, 이 책에는 홍무을해시월洪武乙亥十月에 쓴 이색李穡의

서序가 있어서 조선 태조太祖 4년(1395)에 자초自超 무학대사無學大師가 회암사檜巖寺에서 다시 새겨 펴낸 선책禪冊이다.

이 같은 선서적은 중국 선풍이 한국에 와서는 다양하고도 신선한 면모로 거듭났다는 데 있다. 이는 삼국, 후삼국, 고려는 말할 것도 없고 조선시대의 문헌에서도 뚜렷하게 확정된다.『인천안목』에 수록되어 있는 원오극근의『원오오가종요圓悟五家宗要』」와『선가귀감』등의 가르침을 비교하여 살펴보면, 한국 선풍의 지향점이 그와 달리 드러난다. 특히 위에서도 밝힌 것처럼 고려후기 혜심의『선문염송』은 운문종의 흐름과 일정하게 동조하고 있다. 한국선의 독자성을 운문종에 대한 해석을 중심으로 살펴보면 그 차별성이 여실하게 드러난다는 것이다.

> 凜凜吹毛 不犯鋒鋩 (늠름취모 불범봉망)
> 살을 에일 듯 [찬 빛을 뿜어내는 칼날에] 작은 털을 불어 [베어버리는 구나]!
> 날카로운 기세에 덤비지 말라!
> 爍爍寒光珠媚水 寥寥雲散月行天 (삭삭한광주미수 요요운산월행천)
> 번뜩이는 차가운 빛[을 내는] 구슬이 [담겨 있는] 물을 [더욱] 아름답게 한다!
> 적막하고 구름도 흩어진 [텅 빈] 하늘을 달이 간다!
>
> — 서산 휴정, '선가귀감' 중에서

달마불식의 공안, '산 너머 연기나면 불난 줄 알고, 담장 밖에 뿔이 보이면 소인 줄을 안다' 했음에도 달마는 '모르겠다'고 했고 만해는 '알 수 없어요'를 연발한다.

먼저 달마 불식의 공안 '산너머 연기나면…'을 살핀다.

隔山見煙 早知是火　　(격산견연 조지시화)
산 너머에 연기가 피어오르면 불이 난 줄을 알고,
隔牆見角 便知是牛　　(격장견각 편지시우)
담장 밖에 뾰족한 뿔이 보이면 소인 줄을 알 수 있다
擧一明三 目機銖兩　　(거일명삼 목기수양)
하나를 가르쳐 주면 나머지 셋을 알고 상대 수행이 깊은지 얕은지 한 눈에 척 아는 것이야
是衲僧家尋常茶飯　　(시납승가심상다반)
납승(衲僧)의 살림살이로는 차를 마시고 밥을 먹는 것처럼, 지극히 일상적인 일인데
至於截斷衆流 東涌西沒　　(지어절단중류동용서몰)
알음알이[衆流] 다 끊어버리고 동쪽에서 솟았다가 서쪽으로 잠기기도 하고,
逆順縱橫 與奪自在　　(역순종횡 여탈자재)
종횡 무진하게 상대의 근기에 맞춰 주기도 하고 거슬리기도 하며, 주고 뺏음을 자유자재하 기도 한다.
正當恁麼時　　(정당임마시)
바로 이러한 때는 어떠한 경지인지 어떤지 말해보라.
且道 (차도), 是什麽人行履處 (시집마인행리처)
이러한 경지는 어떤 사람이 행동하는 경계인가?
看取雪寶葛藤　　(간취설두갈등)
설두스님의 얽히고설킨 이야기(葛藤)를 살펴보자.

― 설두, 벽암록 제1칙 달마불식達摩不識중, 수시垂示(드러내 보이다)

이어서 만해 한용운이 '알 수 없어요'로 대비해 본다.

> 바람도 없는 공중에 수직의 파문을 내며
> 고요히 떨어지는 오동잎은 누구의 발자취입니까.
> 지리한 장마 끝에 서풍에 몰려가는 무서운 검은 구름의 터진 틈으로 언뜻언뜻 보이는 푸른 하늘은 누구의 얼굴입니까.
> 꽃도 없는 깊은 나무에 푸른 이끼를 거쳐서 옛 탑 위의 고요한 하늘을 스치는 알 수 없는 향기는 누구의 입김입니까.
> 근원은 알지도 못할 곳에서 나서 돌부리를 올리고 가늘게 흐르는 작은 시내는 굽이굽이 누구의 노래입니까.
> 연꽃 같은 발꿈치로 가이없는 바다를 밟고,
> 옥같은 손으로 끝없는 하늘을 만지면서 떨어지는 날을 곱게 단장하는 저녁놀은 누구의 시입니까.
> 타고 남은 재가 다시 기름이 됩니다. 그칠 줄을 모르고 타는 나의 가슴은 누구의 밤을 지키는 약한 등불입니까.
>
> ― 만해 한용운,「님의 침묵」'알 수 없어요'

하지만 만해는 '알 수 없다'는 것을 전제로 알 수 없음을 탐색해 낸다. '가늘게 흐르는 작은 시내'에서 굽이 굽이 우주의 소리를 듣고, 타고 남은 재가 다시 기름이 되는 모습에서 거듭되는 윤회를 읽어내는 것이다.

사념思念으로 생각 생각을 염념상속하는 것, '이뭣꼬?'에서 '알 수 없는 님이요'로 주객관을 합일슴―한 질문지로 화두에 드는 모습이라 하겠다.

그렇다면 달마불식의 불은 무엇이고, 소는 무엇인가 종국에는 아무것도 없으리니 새삼 불과 소를 알아 무엇하리. 제 불계帝 不契. 한나라 무제가 이를 깨닫지 못했다. 미처 알지 못한다 라며... 이렇듯 세상이 온통 알지 못하는 데 무엇을 알아 무엇하리! 이를 일러 무삼하리오. 몰라도 방棒 백이요 알아도 방棒 백이다.

사랑의 형이상학 – '알 수 없어요', 존재의 미로인가?

『님의 침묵』 시집 중 「알 수 없어요」는 존재를 향해 가장 깊은 철학적 질문을 던진다. 첫 행은 마치 헤겔이나 하이데거가 존재에 대해 묻는 서문처럼 들린다.

"존재는 물음 속에서만 존재한다."는 하이데거의 말처럼 "당신은 누구입니까?" "나는 당신을 알 수 없어요." 이 '모름'은 단순한 무지(Ignorance)가 아니라, 존재론적 '열림'(Erschlossenheit)이라며, 존재에 와 닿기 위한 시적 상상이자 스스로의 자문자답이다.

일찍이 하이데거는 『존재와 시간』에서 인간 존재(Dasein)를 '존재를 물을 수 있는 존재'라고 규정했다. 그러나 그 존재는 언제나 자신을 은폐하고, 우리는 그 은폐의 틈에서 존재를 직감한다고 말한다.

「알 수 없어요」는 바로 그 틈새를 보여주는 언어이다. '나는 당신을 알 수 없어요. 그러나 당신은 내 가슴, 마음속에 있습니다.'

이것은 존재의 불가해성(Impossibility)과 그럼에도 불구하고 계속하여 존재를 포착하려는 사랑의 응시가 아닐까? 마침내 존재의 본질을 붙잡기보다는 그 머뭇거림, 부재, 거부 속에서 '님'의 존재를 스스로 경험하는 자기성찰의 단호한 고백이다.

영국·오지리의 철학자 비트겐슈타인(Ludwig Josef Johann Wittgenstein, 1889~1951)이 "단어의 의미는 주어진 언어 놀이 안에서 그 단어들이 사용될 때 가장 잘 이해된다"는 주장처럼 그의 후기 철학에서 말은 사용 속에서 의미를 갖고, 의미는 상황(context) 속에서 규정된다고 할 수 있다. 그러나 「알 수 없어요」는 바로 그 규정의 불가능성에 직면한다. '당신'은 말로 규정되지 않고, 말의 파열음과 침묵 속에서만 다가온다. '알 수 없다'는 고백은 단순한 부정이 아니라, 말이 미치지 못하는 영역을 껴안는 시의 포용이자 진정함이다. 그것은 존재의 윤곽을 사랑의 음영 속에서만 감지하게 한다. 비트겐슈타인의 경계 즉 언어의 한계에서 침묵으로 나아가는 것이라 할 수 있다.

프랑스 정신분석학자 라캉(Jacques Marie Émile Lacan)은 욕망은 결핍의 현상이고 즐김(루이상스)은 그 결핍에서 드러나는 것, 쾌락은 주로 사회적 문화적으로 허용된 즐거움으로, 욕망을 일부 충족시키고 긴장을 해소하는 평범한 즐거움을 의미한다. 즉 라캉은 욕망이 충족되지 않기 때문에 인간은 끝없이 욕망하여, 결핍을 없애야 할 것이 아닌 인간존재의 본질적 구조라고 보았다.

'들뢰즈'는 달리 욕망은 결핍이 아닌, '생산과 창조의 힘이다'라고 주장하고 있어 대비된다. 그의 이론에서 욕망은 항상 '결핍'에서 비롯된다. 그리고 그 결핍의 상징은 '타자'다. '님'은 라캉의 이론에 따르면, 시인의 결핍을 표상화한 가상적인 대상이다.

'(나는 당신을) 알 수 없어요.'란 이 말은 욕망의 좌표가 실재(The Real)를 향하고 있음을 보여준다. 즉, 그 님은 존재하지 않기에 더 절실히 존재하는 것이다. 그러므로 '알 수 없음'은 고통이자, 동시에 존재의 증거다. 라캉과 결핍의 시학 즉 욕망은 무엇을 가리키는가?

1919년 3·1운동 이후 한용운은 3년간 감옥에 수감되며 수없이 '알 수 없음'의 순간들과 대면했다. 일제에 의해 갇혔지만, 그의 정신은 『님의 침묵』이라는 언어적 공간 안에서 오히려 확장되어 나갔다. 이 시기, 그는 육체적 침묵을 언어적 저항으로 전환하였다. 「알 수 없어요」는 단지 개인적 상실의 노래가 아니라, 민족의 상실과 국가의 위기 앞에서 '존재'를 확인하는 호소이다.

존재를 부름과 동시에, 존재의 응답을 견디며 존재를 구성한다. 만해의 실존은 결핍을 넘어 사랑의 형이상학으로 존재의 실재를 향한 미로를 보여준다고 하겠다.

백 천 가지 수행의 길 – 불이不二 법문인가?

만해 한용운에게 있어 진리는 언어로 전해지기보다 온 몸으로 받아내야 하는 진중한 것이었다. 평생 세상속으로 걸어갔던 그의 생애를 송두리째 관통하는 실천의 행보이다. 민족대표로서 3·1운동 참여, 감옥에서의 침묵, 승려로서의 수행 모두 생각 이전의 결단에 따른 실천행을 보여주었다.

> 이 세상에는 길도 많기도 합니다.
> 산에는 돌길이 있습니다. 바다에는 뱃길이 있습니다.
> 공중에는 달과 별의 길이 있습니다. (중략)
> 아아 나의 길은 누가 내었습니까
> 아아 이 세상에는 님이 아니고는 나의 길을 내일 수가 없습니다.
> 그런데 나의 길을 님이 내었으면 죽음의 길을 왜 내셨을까요.
>
> ― 만해 한용운, 「님의 침묵」, '나의 길' 중에서

그의 길은 자신도 잘되고 남도 잘되는 상생의 자리이타自利利他의 보살행菩薩行 전통과 깊은 연관성이 있다. 보살은 깨달음을 얻고도 열반에 들지 않고 세간으로 나와 중생을 위해 끊임없이 구원의 삶을 살아가는 구원자다. 마찬가지로 만해는 깨달음의 한 생각 그 너머 백 천 가지 수행의 길로 나아가기로 한 것이다.

무수한 길, '만행萬行'은 고통스럽고 갈등을 동반하여 시시 때때로 번잡했다. 불교적 수양과 실천, 단지 선善한 행위들만이 아니라, 시대와 역사의 총체적 난제들까지 안고 가야하는 것이 포함된 길이었다.

만해는 이 만행길에서 수행자, 항일투사, 사상가, 시인, 소설가 등 문학인으로 천변만화하는 얼굴로 세속의 길에 몸을 나투었다. 삼국유사에 기록되어 있듯이 원효가 무애無碍라 이름하고 노래를 지어 세상으로 나와 '무애가'를 부르며 불교를 민중들에게 방방곡곡 널리 알리고 세상과 화해했던 모습처럼...

　　一切無碍人　　(일체무애인)
　　一道出生死　　(일도출생사)
　　모든 것에 거리낌 없는 사람만이
　　한길로 생사의 번뇌를 벗어날 수 있으리

　　　― 삼국유사三國遺事, 권4 원효불기조元曉不羈條와 파한집破閑集 권하(券下)

　그의 만행 길은 고준한 선방이 아니라 중생들의 삶의 현장, 항일투쟁이라는 세속의 길 위에서였다. 비구比丘로서의 삶을 민족과 진리, 평등과 자비 사이에서 끊임없이 만행하며 일평생을 확장시켜 나갔다. 한 걸음 한 걸음 깊어가는 행로는 불교와 현실의 경계를 넘는 '걸음'이 되었다. 비로소 말로는 닿을 수 없는 윤리와 존재의 현실적 만남을 가능하게 한 지점에 서게 되었다. 독립운동가, 민족저항시인, 계몽 사상가 이 셋의 관계는 삼위일체이고 회삼귀일會三歸一이다. 『님의 침묵』에서 '님'의 정체는 '부처' '중생' '조국' '깨달음' '불성' '애인' '자유' '독립' 등 다의적이고 복합적인 상징어이다. 님은 진리를 향한 노래, 초월의 노래, 지상의 노래, 마음의 노래, 나의 노래를 부른다.

> 나의 노랫가락의 고저장단은 대중이 없습니다
> 그래서 세속의 노래 곡조와는 조금도 맞지 않습니다
> 그러나 나는 나의 노래가 세속 곡조에 맞지 않는 것을 조금 도 애달파하지 않습니다
> 나의 노래는 세속의 노래와 다르지 아니하면 아니되는 까닭입니다
> (중략)
> 나의 노래는 사랑의 神을 울립니다
> 나의 노래는 處女의 靑春을 쥡짜서 보기도 어려운 맑은 물을 만듭니다
> 나의 노래는 님의 귀에 들어가서 天國의 音樂이 되고 님의 꿈에 들어가서는 눈물이 됩니다
>
> ― 만해 한용운, 「님의 침묵」, '나의 노래'중에서

붓다는 연꽃을 들었다. 이를 본 상수제자 가섭은 살며시 미소 지어 화답했다. 이처럼 인연연기因緣緣起의 공성空性인 일체 법[존재]은 중생의 견해와 분별과 언어로는 설명 할 수 없다. 유마경에 보이듯 유마거사는 침묵으로써 존재의 실상을 설하고 있는 것이다. 불교는 보는 대로, 보이는 대로 그대로 말하지 않는다. 보이는 것, 내가 아는 것이 전부가 아니므로 침묵을 가르친다.

이는 세상의 옳고 그름이나 동서남북을 구분하지 말라는 의미가 아니다. 세상에 대해 분별하고 견해를 내세우고 신념을 갖는다

할지라도 그것들이 모두 실체가 없는 공성이라는 사실을 깨달아야 한다는 것이다. 그렇지 않으면 자신의 견해와 분별에 가려 제법의 실상을 오해하고 스스로 속박의 삶을 살게 된다는 것이다.

우리가 보고 듣고 경험하는 안팎의 모든 존재가 자신의 마음이 만든 그림자라는 사실을 자각하라는 것이 유마의 일묵一默속에 들어 있다. 『님의 침묵』은 〈유마경〉에 나오는 '유마거사의 침묵'과도 상통한다. 만해가 『님의 침묵』을 발표함으로써 당시 서구의 시를 번안하는 형식의 시 수준에 머물던 당시 시단에 시 창작의 모범이 되었다고 이해된다.

'님'은 조국이고, '이별'은 일제에 빼앗긴 조국과의 결별이다. 만해는 '우리는 만날 때에 떠날 것을 염려하는 것과 같이 떠날 때 다시 만날 것을 믿습니다.'라는 회자정리會者定離 거자필반去者必返의 순환 윤회의 진리를 근거로 제시하며 잃어버린 조국 광복을 염원하고 있다. 〈님의 침묵〉에서 님과 내가 둘이 아니고, 이별과 만남이 둘이 아닌 불이不二의 사상적 근거인 〈유마경〉의 '불이법문不二法門'을 읽어낸다.

모든 길에 깃든 마음의 발자취[심인心印] - 언어이전의 모습인가?

아득한 길, '만행萬行'에서 마음의 지문 심인心印을 바다에 새기고, 아득한 바다에 찍은 마음의 징표[心印]인 하나의 마음은 독립운동과 불교실천의 이타행이 되어 발자취를 남겼다.

때때로 외로움 속 행보는 세상의 바다에 끝없이 넘실대는 푸른 파도마냥 한 인간의 존재를 작디작은 점으로 환원시키지만, 그는 무수히 많은 길을 향해 나아갔다. 파도 끝자리에 찍히는 점은 어디에도 동시에 존재하지 않는 유일무이한 마음자리[심인心印]였다.

> 나는 당신의 눈썹이 검고 귀가 갸름한 것도 보았습니다.
> 그러나 당신의 마음을 보지 못하였습니다.
> 당신이 사과를 따서 나를 주려고 크고 붉은 사과를 따로 쌀 때에 당신의 마음이 그 사과 속으로 들어가는 것을 분명히 보았습니다. (중략)
> 당신이 떠나시려고 나의 큰 보석반지를 주머니에 넣으실 때에 당신의 마음이 보석반지 너머로 얼굴을 가리고 숨는 것을 분명히 보았습니다.
>
> — 만해 한용운, 「님의 침묵」, '당신의 마음' 중에서

당신의 마음, 당신의 천별만화로 변화하는 마음, 그것은 내가 보지 못한 당신의 마음이자 나의 마음이니, 나의 마음에 당신의 마음이 각인刻印되어 나타나는 것이다. 그리하여 비로소 하나의 마음으로 겹쳐지는 것이다.

'아득한 바다에 찍은 마음의 지문'은 단순한 표식이 아니라 파도와 바람에 지워지지 않는 불멸의 서명이었으며, 자기완성의 길로 나아가겠다는 결연한 선언이었다. 불교적 깨달음과 독립운동이라는 두 바다는 그의 삶에서는 하나였다. '독립운동과 불교 실천의

이타행'은 마음의 흐름을 더욱 분명히 보여준다. 자신의 해탈만을 위한 수행이 아니라, 민족과 세계를 위한 자비의 실천이었다. 불교적 수행은 민족 해방의 투쟁이었고, 민족 해방의 투쟁이 다시 깨달음의 길로 순환하는 여정이었다.

세상을 향한 외로움 속 행보는 군중 속의 고독, 침묵 속의 소리 없는 절규가 되어갔다. 그가 숱하게 걸어간 모든 길 만행萬行이란 무엇인가? 마음의 지문을 바다에 새긴다는 것은 어떤 의미인가? 바다는, 오늘 우리에게 무엇으로 출렁이는가?

그 물음을 언어 이전의 모습으로 상상한다면 스스로의 가슴을 때리는 것이니 때때로 그런 행보를 보이며 걸어갔으리라. 언어 이전의 감각, 정서, 인지 작용 등은 모두 인간의 삶에 중요한 영역이다. 이러한 다양한 측면들을 종합적으로 포괄하기 위해 그는 침묵했다. 그로인해 인간 언어의 본질과 중요성을 더욱 깊이 깨달을 수 있었음은 물론 사라진 언어 뒤로 침묵의 언어가 도사리고 있음도 알게 된 것이다.

님을 향한 길을 따라 – 무애인의 삶인가?

만해는 만행의 길에서 한 번도 물러서지 않는 행보를 보여 왔다. 국권상실에 항일로 맞섰고 붓다의 가르침이 권력의 힘에 의해 땅에 떨어질 때, 길 위에 선 채 몸짓으로 님을 부르며 침묵으로 항거했다. 민족, 붓다, 사랑, 자유, 고요한 절정의 마음, 그 님을 향한 몸부림으로 전부를 품고 감싸 안았다.

보살이 세상에 머물러 중생을 이롭게 하기 위해 실천하는 만행萬行으로 끝없이 나아갔다. 만행의 이타행은 세상 속을 걷고 어려움을 감내하고 살아내야 비로소 완성된다는 것이니 걸림 없이 사는 것의 또 다른 모습이다.

만해는 출가 이후 세상의 고통을 직시, 고통 속에 자신의 존재를 던져 보살행을 이어갔다. 산문山門에서의 암울한 현실에 맞서 『조선불교유신론』으로 이를 통렬히 비판하고, 새로운 길을 제시했다.

만해는 이 만행의 의미를 철저히 자신의 현실에 투영, 침묵을 통해 마음을 전했고, 뜻을 통해 잘못된 제도와 불의에 온몸으로 항거했다. '그의 행동은 마음의 가장 진정한 발현'이었음을 오늘날 남겨진 그의 삶이 증명하고 있다

> 사랑을 사랑이라고 하면, 벌써 사랑이 아닙니다.
> 사랑을 이름지을 만한 말이나 글이 어디있습니까
> 미소에 눌려서 괴로운 듯한 장밋빛 입술인들 그것을 스칠 수가 있습니까
> 눈물의 뒤에 숨어서 슬픔의 흑암면 黑闇面을 반사하는
> 가을 물결의 눈인들 그것을 비칠 수가 있습니까
> 그림자 없는 구름을 거쳐서, 메아리없는 절벽을 거쳐서,
> 마음이 갈 수 없는 바다를 거쳐서 존재, 존재입니다. (하략)
>
> ― 만해 한용운, 「님의 침묵」, '사랑의 존재' 중에서

만해는 '마음이 갈 수 없는 바다', '그림자 있는 구름'이라는 시공간을 초월하여 걸림없이 나아가는 행보를 보인다.

이때 무애인의 길은 무애無碍 즉 걸림이 없는 것이다. 무한책임과 무한관심으로 민중들을 사랑과 연민으로 함께하는 대자유로움으로 두 팔 벌림이다. 만해는 일평생 무애행자의 올곧은 자세로 세상을 살았다. 불교계의 구습에 저항했고, 일본 제국주의에 맞섰으며, 사랑, 님 앞에서도 언제나 담대했다.

그의 침묵은 길의 끝이 아니라 지속가능하게 이어간 새로운 길의 시작을 알리는 좌표와도 같이 깊어갔다. 삶과 죽음의 경계를 넘어 이어지는 '무애인의 길', 바로 그것이 만해 한용운의 모습이다. 그의 행로는 우리민족의 귀중한 유산이다. 만행의 순수결정체로 남아 새로운 내일의 길을 비쳐주고 있으니 함께 만행에 나서야 하는 것이다. 침묵속에 만행하는 무애인의 삶이야말로 우리가 닮아야 할 침묵 이후의 실천이다.

언어적 저항, 침묵 – 세상은 거대한 말의 감옥인가?

『님의 침묵』은 한국 근현대 문학사의 뚜렷한 위상은 물론 민중들의 가슴가슴 마다에 새겨져 있다. 이 침묵의 노래는 단지 개인적 사랑의 고백이나 문학의 미학적 장치로 언어를 조합해 낸 것이 아니다.

이와 대비되는 것으로 19세기 프랑스 문학에 혁명적인 변화를 가져온 샤를 보들레르(Charles Baudelaire, 1821~1867)는 대표작「악의 꽃」(Les Fleurs du mal)에서 전통적인 시의 형식과 내용을 파괴하고, 퇴폐, 죽음, 악 등 금기시되었던 주제들을 과감하게 다루었다. 욕망, 우울, 환멸, 죽음처럼 사람들이 피하고 싶은 것들을 정면으로 응시한다.

아름다움이란 원래부터 순결한 것이 아니라, 타락과 슬픔 위에 피는 꽃이었다는 사실을 그는 서정으로 증명한다. 어쩌면 '추함을 사랑해야, 아름다움이 보인다.'는 악마적 상상력과 종교적 잔향, 쾌락의 고백과 도덕적 자괴, 그 모든 혼란이 모여 만들어낸 한 시대의 초상이자, 인간 감정의 총합이란 평가를 받는다. 역설적으로 보는 관점은 유사하지만 이른바 고통이 다하면 좋은 일이 도래한다는 일종의 '고진감래苦盡甘來'의 과정만을 관조한 한계가 뚜렷하다.

밤 근심이 하 길기에
꿈도 길 줄 알았더니
님을 보러 가는 길에
반도 못 가서 깨었고나

새벽 꿈이 하 짧기에
근심도 짧을 줄 알았더니

근심에서 근심으로
끝간 데를 모르겠다

만일 님에게도
꿈과 근심이 있거든
차라리
근심이 꿈되고 꿈이 근심 되어라

― 만해 한용운,「님의 침묵」, '꿈과 근심' 중에서

근심세상을 살아가는 사람들, 꿈에라도 근심하는 세상 살아가라는, 해방의 언어를 던져 주고 있다.

거대한 말의 감옥같은 세상, 미혹한 것(迷)을 바꾸어(轉) 깨달음(悟)으로 변화(改=開)하도록 가르치는 것은 선가에서 말하는 전미개오轉迷開悟이다. 번뇌에서 해방되어 깨달음을 얻고 득도한다는 가르침이다. 깨달음의 눈으로 보았을 때 세상은 어찌 보면 거꾸로이다. 선이 선이고 악이 악이 아니라 선 가운데에 악이 있고, 악 가운데 선이 혼재해 있는 것이니 그렇다. 하지만 거기에 머물지 않고 '평범한(凡) 사람을 변화시켜(革) 성인으로(聖) 되게 한다(成)'는 혁범성성革凡聖成으로 확장한다. 즉 번뇌로 대표되는 어리석음과 본능·욕심 등을 바꾸어 깨달음을 얻고, 더욱 높은 경지의 사람으로 변화하라는 의미이다. 평범한 사람이 번뇌에서 해방되어 깨달음을 얻고 마침내 성인의 경지에 도달하여 열반한다는 것이다.

1926년 『님의 침묵』이 첫 출간되던 때에 조선은 나라의 존립을 스스로 해체하고 식민의 늪에 빠져 있었다. 만해는 침묵하며 펜을 들었다. 그의 침묵은 단순한 부재가 아니라, 존재의 총체적 항거였다.

세상은 새로운 규율을 따르고, 일본어를 배우고, 이름과 성을 바꾸라는 강요에 직면한다. 불교의 가르침을 빌어 언어적 저항, 침묵으로 세상의 거대한 말의 감옥으로부터 출옥한다. 그리고 많은 사람들을 세상의 감옥으로부터 해방시킨다.

"님만 님이아니라 기룬 것은 다 님이다.
중생이 석가의 님이라면 철학은 칸트의 님이다. (중략)
님은 내가 사랑할 뿐 아니라 나를 사랑하나니라."

— 만해 한용운, 『님의 침묵』 '군말' 중에서

중생들이 밤낮으로 부르는 님은 석가이다. 칸트는 철학을 위해 사유한다. 하지만 만해는 '석가의 님이 중생이요. 철학의 님이 칸트'임을 침묵의 언어로 중생들을 전미개오轉迷開悟로 조용히 군말하듯 포섭하고 있다. 그의 시대는 모든 언어는 감시되고, 열람되며, 사상조차 검열 받는 때라 만해 한용운에게 언어란 칼날 위를 걷는 일이기도 했다. 말이 세상의 감옥이라면, 침묵은 그 감옥을 벗어나는 길이었다. 만해에게 침묵은 언어의 부정이 아니라 언어의 초월이었다. 이후 존재를 옭아매는 언어와 그 독해의 감옥을 나가는 해방의 통로임을 사람들에게 알렸다.

삼불도(三不圖)

그의 침묵은 '말하지 않음'이 아니라 '말하지 않음으로 말함'이다. 앞서 말한 선불교의 선화게송 『십현담』의 직관적 상징구조와 겹친다. 『십현담』 '일색一色'은 말과 분별의 경계를 넘은 직관적 실재를 의미하며, 만해는 이 사유를 시로 전환했다. 즉, 말이 가리키는 것이 아니라, 말이 닿지 않는 자리에서 빛나는 진실, 그것이 그의 침묵이다. 그는 언어를 도구가 아닌 진실을 위한 수행의 죽비로 삼았다. '삼불도'는 선방에 그려진 '눈과 귀와 입'은 조심하라는 자발적 가르침을 일러주는 그림이지만 비유해보면, 일제는 이렇게 '보고 듣고도 못 본채 말하지 말 것'을 강요했으니 살벌히 대비된다.

바다를 마주한 마음 – 아직도 마음을 찾아가는 여정인가?

만해는 침묵 속에 세상을 향해 끝없이 메시지를 전했다. 세상의 바다를 마주한 마음자리는 우문우답, 현문현답의 연속이었다. 불교적 사상과 인간의 보편적 고뇌를 함께하며 공空사상에 기반 하여 인간의 삶과 고통, 사랑, 이별 등 보편적인 정서와 연결하여 사람에게 다가갔다. 이를 통해 현대인들이 겪는 삶의 고뇌와 번뇌에 대한 깊은 공감을 불러일으키며, 삶의 본질에 대해 성찰하게 한다. 마치 바다가 바람을 만나 쉼없이 풍랑을 일으키듯 그는 일생 바다와 같은 세상의 파도[세파 世波]와 마주했다.

고통스러운 현실 속에서도 좌절하지 않고, 내면의 성찰과 깨달음을 통해 고통을 초월하려는 의지를 보여줬다. 어려운 현실에 직면한 사람들에게 희망과 극복의 메시지를 전달하며, 긍정적인 삶의 태도를 갖도록 격려하는 깨달음과 초월의 메시지를 철학· 종교·

문학이라는 파도에 실었다.

가을 하늘이 높다기로
정情 하늘을 따를소냐
봄 바다가 깊다기로
한恨 바다만 못하리라

높고 높은 정情 하늘이
싫은 것은 아니지만
손이 낮아서
오르지 못하고
싫은 것은 아니지만
손이 낮아서
오르지 못하고
깊고 깊은 한恨 바다가
병될 것은 없지마는
다리가 짧아서
건너지 못한다

아득한 바다, 정천한해

손이 자라서 오를 수만 있으면
정 하늘은 높을수록 아름답고
다리가 길어서 건널 수만 있다면
한 바다는 깊을수록 묘하니라

― 만해 한용운, 「님의 침묵」, '정천한해情天恨海'

만해가 바다를 마주한 마음, 한이 없고 그 마음 하늘을 향하니 정이 넘쳐난다. 그가 찾아가는 마음의 여정, 언어의 유희를 넘어서고도 남는다.

간결하면서도 함축적인 언어 속에 깊은 의미를 담아, 구어체 서사에 독특한 운율과 비유를 통해 절제된 언어적 아름다움과 예술성을 더해 정서적인 감동과 미적 즐거움을 주었다. 더하여 시대를 초월하여 인간의 보편적인 삶의 문제와 맞닿아 있으며, 깊은 사유와 성찰, 그리고 희망의 메시지를 줌으로써 큰 의미와 반향을 불러일으키고 있다.

『알 수 없어요』란 근원적인 물음을 던지며 '알 수 없다'는 화두로 '알 수 없음을 제대로 알라,'라는 화답으로 진실을 일깨운다. '바다와 같이 깊은 마음'을 어찌 알랴만 님에 대한 깊은 사랑과 동시에 존재에 대한 신비로움, 그리움을 바다에 맞대어 노래할 뿐이다.

그는 묻고 있다. "아직도 우리는 마음을 찾아가는 여정 속에 있는가?" 그리고 이 질문은 지금 우리에게 다시 되돌아와 되묻는다. "마음은 어디에 있는가? 마음을 찾아가는 지금 여기, 우리의 여정에서 아직도 마음을 찾는다."

『님의 침묵』 시 88수는 그 미완의 공간을 헤엄치듯 마치 바다가 끊임없이 출렁이며, 닿을 수 없는 수평선을 디딤돌 놓아 쫓듯이 떠돈다. 이 여정은 철학적이다. 하이데거가 '존재는 질문 안에서만 살아 있다'고 했던 것처럼, 만해는 마음을 향해 끊임없이 질문을 던져 스스로의 존재를 확인했다. 『님의 침묵』에 나타나는 마음과 바다, 그리고 '님'이라는 상징은 상실된 절대자인가? 아직도 마음을 찾아가는 여정에서 모든 것을 절대 상실한 마음을 향한 여정은 '님'을 향한 스스로의 회귀로 나타났다.

만해가 마주한, 그의 독백 '알 수 없어요' 형상화

2장 길위의 길, 저 너머

– 거리의 수행자인가

만해는
곧 넓은 바다,
아득한 바다다.
그는 수행자의 길을 가며
걷는 자의 시선으로
세상을 바라보았다.

아득한 바다는
마음의 울림처럼
언제나 일렁이고 있었다.
고요한 물결위로
무념무상의 상념이 흘렀다.

때론 길 위에서 출렁이는
물결을 밟고 걸어갔고
바다 끝자락에 닿을 듯 말 듯
손을 뻗치기도 했다.

그 바다엔 민족의 고통도
바다를 마주한 마음으로
바라다보니
자신의 번민도 함께
출렁이고 있었다.

어묵동정語默動靜,
그의 만행은
때론 말하고 침묵하고
가다가도 멈추었다.

바다를 향한 성찰
현실을 마주한
만행의 행로를
우리는 수행자의 길,
시인의 길
혁명가의 길
사상가의 길로 부른다.

어디를 갈 것인가
만해에게
길을 묻는다.
만해여!

언어질서 해체, 역설의 미학 인가?

　언어는 질서를 지향한다. 하지만 언어는 언제나 질서인가? 어순과 문법, 주체와 술어, 논리와 인과, 언어는 세계를 설명하고 통제하는 도구이며, 그 자체로 체계다. 그러나 그 체계가 현실을 말하기보다는 현실을 가두고 있다면, 언어는 해체되어야 하는가? 시인이자 승려였고, 철학자이자 독립운동가, 사상가 만해는 이 질문 앞에 스스로 답을 낸다. 진리는 기존의 언어로는 말할 수 없는 것이고, 기존의 문법으로는 담을 수 없는 것이기에 언어를 흔들었다. 어법을 비틀었고, 감정과 논리를 엇갈리게 했으며, 때로는 완전히 말하기를 멈춰 침묵했다. 그러나 이 해체는 《조선불교유신론》에서 말한 '유신은 파괴의 어머니'란 말과 달리 파괴란 문학의 외피를 쓴 것일 뿐 미학, 역설의 미학이었다.

　해체의 시학, 거꾸로 읽는 진실은 『님의 침묵』에서 나타난다 "님은 갔습니다. 아아, 사랑하는 나의 님은 갔습니다."는 얼핏 사랑의 이별을 읊는 듯하지만, 곧바로 '나는 님을 보내지 아니 하였습니다'라고 말한다. 떠났다고 말하고, 보내지 않았다고 말한다. 언어가 충돌하니 문법은 무너지고, 논리는 뒤엉킨다. 그러나 진실은 분명히 그 안에 있다. 이것이 바로 만해의 언어전략이자 언어사용법이다.

평소 감정을 정확히 표현하지 않을 뿐 아니라 정확하게 표현할 필요가 없다고 말한다. 그래서 그는 '정확하지 않음'으로 진실을 말한다.

> 마셔요, 제발 마셔요
> 보면서 못 보는 체 마셔요
> 마셔요, 제발 마셔요
> 입술을 다물고 눈으로 말하지 말셔요
> 마셔요 제발 마셔요
> 뜨거운 사랑에 웃으면서
> 차디찬 잔부끄러움에 울지 마셔요
> 마셔요 제발 마셔요
> 세계의 꽃을 혼자 따면서
> 항분亢奮에 넘쳐서 떨지 마셔요.
> 마셔요, 제발 마셔요
> 미소는 나의 운명의 가슴에서
> 춤을 춥니다.
> 새삼스럽게 스스로워 마셔요
>
> — 만해 한용운, 「님의 침묵」, '첫 키스' 중에서

첫 키스에 이유와 조건이 있을리 없는 뜨거운 사랑의 결과다. 그리하여 새로운 세계를 열어 운명을 향해 과거를 새롭게 해석하는 것이다.

이러한 언어의 태도는 프랑스의 해체주의(deconstruction) 철학자 자코 데리다(Jacques Derrida)가 말한 해체의 핵심에 가깝다. 해체주의는 서구 철학의 전통적인 이분법적 사고, 특히 '현전現前의 형이상학'이라고 불리는 중심이나 절대적 의미에 의문을 제기하고 이를 해체하려는 시도를 말한다. 이분법 비판, 언어의 불확정성, 문학 작품뿐만 아니라 철학적, 정치적 텍스트를 분석, 절대적 진리나 선이 존재하지 않는다는 관점인 허무주의적 측면을 주장한 이론이다. "진리는 언어의 중심에서가 아니라 그 가장자리를 흔드는 움직임에서 드러난다."고 주장한다.

『님의 침묵』의 시구들은 중심에서 벗어나 있다. 님이 누구인지도 말하지 않으며, 감정의 논리가 감춰져 있고, 형식은 고전시의 질서를 비웃듯 흔들린다. 그러나 그 모호함 속에서 독자는 감정을 경험한다. 그것이 바로 역설이다. 만해는 말하지 않음으로써 가장 깊은 말을 했다. '말하지 않음으로 말하기'란 해체와 침묵이다.

당시 식민지 조선에서 언어는 이미 하나의 권력이었다. 말과 글은 일본어가 되기를 강요받았고, 사상은 검열되었으며, 출판은 감시 대상이었다. 언어는 세계를 설명하는 도구가 아니라, 통치를 위한 감옥이 되었던 것이다.

그는 시에서 대상을 말하지 않고, 행위의 주체를 흐리며, 시간과 공간을 뒤섞는다. '오늘'과 '어제', '너'와 '나', '님'과 '사랑'은 고정되지 않고 부유한다. 이 떠도는 언어가 거꾸로 진실에 더 가까이 다가간다. 왜냐하면 진실은 언제나 고정된 것이 아니기 때문이다.

　이 같은 만해의 언어적 역설은 단지 시적 기교에 그치지 않는 윤리적 문제이다. 말하지 않음으로 책임을 회피하지 않았고, 형식의 파괴로 무질서를 주장하지 않았다. 혼란 속에서 진실을 끌어 올려 역설의 윤리, 말 너머의 실천으로 이어갔다.

　'님'은 분명 존재하지만, 동시에 존재하지 않는다. 이는 불교의 공空 사상과도 닿아 있다. 모든 것은 존재하지만, 동시에 상相이 없다. 그러므로 언어도 마찬가지다. 말을 통해 도달하려 하지만, 도달 자체가 그림자임을 알아야 한다는 것이다.

　우리는 결코 언어의 중심에 도달할 수 없지만, 그 주변을 계속해서 맴돌 수 있다. 그리하여 그는 다시 말한다. "나는 말하지 않았다. 그러나 나는 사랑했다." 이 역설은 허무가 아니라, 가장 간절한 실천의 언어이다. 질서가 해체될 때, 말은 다시 시작된다. 그리고 그 시작점에 만해 한용운의 언어로 된 시가 있다. 해체된 언어로, 그러나 온 마음으로 언어 이후의 말, 해체 이후의 진실을 말하고 있는 것이다. 서서히 진리가 드러나고 있는 모습이다.

말 보다는 행동 - 주의·사상보다는 실천인가?

1919년 3월1일 그는 직접 독립선언서 공약삼장을 쓰고, 서명하고, 독립을 외친 뒤 스스로 감옥에 갔다. 20세기 초는 민족주의, 사회주의, 자유주의, 불교주의와 같이 '주의主義'가 넘쳐나던 시대였다. 모두가 입으로 외쳤고, 모두가 이념으로 나뉘었다. 그러나 만해는 그 흐름에 완전히 섞이지 않았다.

그는 불교인임에도 불구하고 '불교주의자'가 아니었고, 독립 운동가였지만 특정 정당의 노선을 따르지 않았다. 그는 말보다 행동의 사람, 사상보다 실천의 존재였다. 그가 『조선불교유신론』에서 제기한 것은 단지 종교 개혁을 넘어 신념의 생활화였다. 말 보다 침묵하는 실천이 소중하다며 '불교를 이론으로 배우는 것이 아니라, 행으로 살아야 한다'고 주장했다. 불교를 말하는 것이 아니라 불교

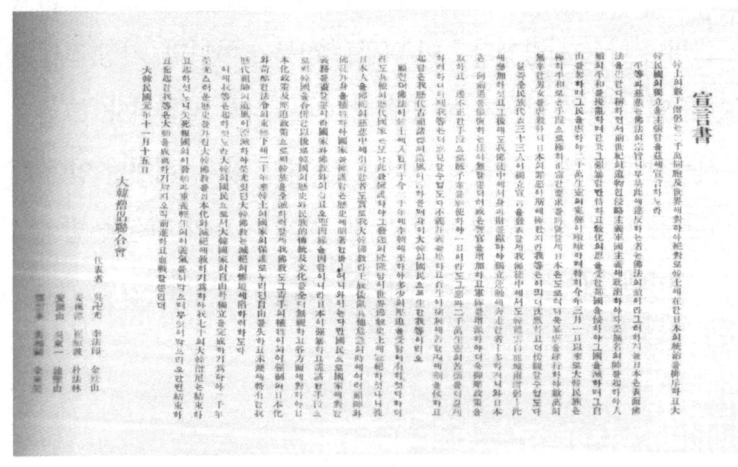

3·1독립선언이후 그해 11월 15일 대한승려연합회 명의로 발표된 불교 독립선언서

의 가르침대로 사는 것, 그것이 '만행萬行'의 본질임을 강조한다.

    만해는 '불교'라는 정형속에서 살았지만, 추종자처럼 그 틀 안에 갇히지 않았다. 말로만 애국하는 자는 나라를 욕되게 하고, 말로만 불교를 외치는 자는 부처를 팔아먹는 것이란 실천의 윤리를 중시했다.

    "근세의 자유주의와 세계주의가 사실은 평등한 이 진리[불교]에서 나온 것이라 할 수 있다"고 《조선불교유신론》에서 밝혔다. 1930년대 그의 논설은 '사회주의', '자본주의', '부르조아', '프롤레타리아 계급' 등 용어들도 자주 인용했다.

    그는 급진적 불교개혁론자에서 서구 계몽주의에 영향을 맡아 사회를 변혁시키고, 종교와 철학의 발전, 문명의 발전으로 이어 지기를 소망했다.

    오늘날 우리는 4차 산업의 발달로 말과 글이 넘쳐나고 말의 홍수 속에 살고 있지만 진실은 가려지고, 행동은 더디다. 그 어떤 것도 말로 끝나버리고 실천되지 않는다면, 사상은 스스로를 증명할 수 없다. 만해는 이러한 시대를 예견한 듯 "말은 인간을 속일 수 있지만, 행동은 하늘을 속이지 못한다"는 취지로 말보다 행동만이 시대를 넘는 윤리임을 주장한다. 그에게 사상은 삶의 뿌리였으며, 실천은 그 뿌리에 생명을 불어 넣는 자양의 원천이었다. 그는 진실은 '말'에 있지 않고, 살아낸 날들 속에 있다는 결연한 마음으로, 진리를 향하여 난 작은 길을 말없이 걸어갔다.

님은 누구인가? - 님은 찾았는가?

만해 한용운 문학의 핵심이자 한글 자유 서정시의 금자탑이라는 『님의 침묵』은 그의 첫 시편이자, 처녀시집이다. '아득한 바다, 휘감는 마음노래'로도 읽히는 이 시의 백미는 단연코 "님은 갔습니다. 아아, 사랑하는 나의 님은 갔습니다."라는 외마디이다.

'님'은 누구인가? 란 설정도 없이 단도직입 '님'이라 했지만, 그를 명시하지 않았다. 다만 '군말'이라는 특이한 형식을 빌려, '님'이 가지는 수많은 의미를 부여했을 뿐이다. 님은 사랑하는 연인일 수도 있기에 '사랑의 증도가'란 고준한 해석이 나왔고 조국일 수도 있으며, 부처일 수도 있다는 수많은 평론이 뒤 따랐다. 거기에 더하여 급기야 그동안 제시된 그 모두이며 그 너머일 수 있다는 확장론이 역설적으로 '님'과 멀어지게 하는 결과를 초래하기도 했다.

계속되는 님의 행빙은 '님은 누구인가?'라는 물음을 넘어 '나는 누구인가?'라는 물음의 다른 얼굴로 다가오고 있는 것이다. 그래서 연인인가, 조국인가, 부처인가? '님'을 사랑의 대상으로 보면 시에서 느껴지는 그리움, 기다림, 상실의 감정은 분명 연인의 부재에서 비롯된 듯 보이지만 시의 정조는 단순한 애정시의 그것을 넘는다. 님을 조국으로 해석한다면 처한 시대상황과 맞물려 일제 강점기라는 역사적 배경 아래, '사라진 님'은 '주권을 잃은 조국'이 되며, 침묵은 저항이 되고, 기다림은 해방의 소망이 된다. 지금에라도 유효한 해석이 되고 있다.

특히 만해가 출가한 승려였음을 상기할 때, 또 다른 의미의 '님'이 떠올라 붓다 혹은 진리의 모습으로도 다가온다. 그런 의미에서 님은 천만가지로 생겨나는 마음과도 상통하니 마음의 문이 닫혀 있어 보이지 않을 뿐인 실체적 진실이라고 할 수 있다.

즉, '님'은 멀어진 존재가 아니라, 찾고 있는 자의 마음속에서 잃어버린 진실이니 대상이나 상대가 아니라 방향이다. 스스로 찾아가는 수행의 모습이니, 종국에는 하나인 만법과 짝을 이루어 하나로 돌아가는 '만법귀일萬法歸一이니 일귀하처一歸何處라' 그 하나는 어디로 돌아가는가?

> 맨첨에 만난 님과 님은 누구이며 어느 때인가요
> 맨첨에 이별한 님과 님은 누구이며 어느 때인가요
> 맨첨에 만난 님과 님이 맨첨으로 이별하였습니까
> 다른 님과 님이 맨첨으로 이별하였읍니까 (중략)
>
> 그러므로 만나지 않는 것도 님이 아니오,
> 이별이 없는 것도 님이 아닙니다
> 님은 만날 때에 웃음을 주고 떠날 때에 눈물을 줍니다
> 만날 때의 웃음보다 떠날 때의 눈물이 좋고
> 떠날 때의 눈물보다 다시 만나는 웃음이 좋습니다
> 아아 님이여 우리의 다시 만나는 웃음은 어느 때에 있읍니까
>
> ― 만해 한용운, 「님의 침묵」, '最初의 님' 중에서

님과의 만남과 이별은 만해만의 문제가 아니다. 생주이멸生住異滅, 즉 태어나서 살다가 떠나고 사라지는 모든 존재의 윤회원리이다. 그것은 존재속에 내재된 나의 마음이니, 중생심으로 사는 것이야말로 만날 때 기뻐하고 떠날 때에 눈물흘림은 인지상정이라 할 것이다.

만해가 부르는 '아아 사랑하는 나의 님은' 단정적이지 않고, 끊임없이 모호하고 유동적이며, 어떤 확정도 없는 언어 체계를 보인다. 이상, 사랑, 구원, 자유는 '바깥의 대상'이 아니라 '내면의 결핍'에서 비롯된 것이니 '님은 누구인가?'라는 질문은 결국 나를 향하게 된다.

"나는 님을 보내지 아니하였습니다." 이것은 막연한 그리움의 표현이 아니라 님을 지키지 못한 스스로에 대한 자기고백이다. 님을 찾기보다, '나 자신을 찾는 과정 속에서 님이 무엇인지 깨닫는 것'을 택한다. 이것이 만행萬行이며, 수행이며, 시가 되어 끊임없이 자신을 되돌아본다. 만행길에서 '님은 누구였는가'가 아니라, '나는 어떤 사람인가?' '님을 찾는 동시에, 그 님을 받아들일 수 있는 자격이 나에게 있는가'라며 끊임없이 묻는다. 그리하여 '님은 누구인가?'란 물음에 만해는 '나는 님을 사랑하고, 님도 나를 사랑한다'며 침묵한다. 나와 남이 둘이 아닌 불이不二의 모습으로 님을 현출해 내고 있는 것이다.

시대와 현실에 맞서다 – 마음의 행보는 멈췄는가?

　1920년대 조선은 국토와 국적은 물론 역사, 언어 등 모든 것을 빼앗긴 암울한 시대였다. 정체성조차 허물어지는 현실 속에서 다수는 생존을 위해 침묵했고, 누군가는 구국의 몸을 던졌다. 만해는 3·1운동 주모자로 피검되어 경성감옥에 있으면서 시대의 경계에서 조금씩 나아갔다. 긴 호흡의 사유 끝에 실천의 길을 선택했다. 시대를 관통한 한마음[일심一心]으로 감내하며, 시대의 중심에 섰다. 그의 삶과 글은 불온한 시대와 엄혹한 현실에 맞서면서도 역사와 불화하지 않았다.

　마음이란 무엇인가? 시대를 걷는 주체로서의 '심心' 즉 불교에서 말하는 '마음'은 단지 감정이나 생각의 중심이 아니다. 모든 존재를 지각하고 형성하는 뿌리이자, 행위를 이끄는 동력이다. 시대를 변화시키기 위한 그 첫 걸음은 현실을 정면으로 마주하여 맞닥뜨릴 수 있는 것, 즉 각성된 마음이었다.

　　하늘에는 달이 없고 땅에는 바람이 없습니다
　　사람들은 소리가 없고 나는 마음이 없습니다
　　우주는 죽음인가요
　　인생은 잠인가요
　　한 가닥은 눈썹에 걸치고 한 가닥은 작은 별에 걸쳤던
　　님 생각의 금실은 살살살 걷힙니다
　　한 손에는 황금의 탈을 들고 한 손으로 천국의 꽃을 꺾던
　　환상의 여왕도 그림자를 감추었습니다

아아, 님 생각의 금실과 환상의 여왕이 두 손을 마주잡고
눈물의 속에서 정사(情死)한 줄이야 누가 알아요
우주는 죽임인가요
인생은 눈물인가요
인생이 눈물이면 죽음은 사랑인가요

— 만해 한용운, 「님의 침묵」, '고적한 밤' 중에서

'황금의 칼'은 일제 암흑의 위세가 아닌 광명과 진리의 힘이다. 칼의 주인은 '환상의 여왕'이니 칼은 압제와 폭력의 도구가 아니라, 사랑과 평화를 지키고 아름다운 세상을 수호하는 도구인 것이다. 그의 마음은 시대와 현실에 맞서면서도 결코 그 어두운데에 머물러 있지 않았다.

그 마음의 행보는 3·1운동 참여로 나타난다. 민족대표 33인 가운데 그 누구보다 먼저 자필로 서명하고 독립선언서에 행동강령인 공약3장을 추록했다. 독립을 정치적 권리의 회복이 아닌, 자기의 회복, 민족의 자각, 존재의 부활로 보았다. 마음의 해방이 없는 독립은 허상에 불과하니 정신을 개조해야 하는 것이 급선무라 했다.

진정한 독립은 체제를 바꾸려는 것이기도 했지만 먼저 자신의 마음을 되찾는 데서 시작된다고 믿었다. '외적인 혁명보다 내적인 혁명이 먼저다. 마음이 일어나야 나라가 산다'는 각오로 현실 정치의 전면에 나섰던 것이다.

『님의 침묵』은 사랑의 시인가, 민족의 시인가? '님은 갔습니다.'란 시어는 단순한 상실의 문장인가? 시대를 향한 질문이자, '침묵 속 마음의 행보', 현실을 마주한 고요한 발걸음을 기록한 마음의 실천 수행일지에 다름 아니다.

마음의 행보는 지금 어디에 있는가? '시대에 맞선다'는 말은 거창한 슬로건, 대외용이 아니다. 그것은 자신의 마음을 돌아보고, 마음이 어느 방향을 향해 있는지 스스로 묻고 답하는 일이다. 만해 한용운은 삶 전체로 시대에 맞섰고, 침묵으로 현실에 응답했다. 그의 시와 철학, 그리고 행동은 결코 단절되지 않는 '마음의 행보'로 이어져갔다. 이제 우리는 그 마음의 흔적을 따라 스스로에게 다시 묻는다. "마음은 지금, 이 시대의 현실 앞에서 멈춰 있는가? 혹은, 조용히 걸어가고 있는가?" 언제라도 시대의 억압과 암울한 현실에 정면으로 맞서 만행萬行의 한 걸음, 한 걸음 내디뎌 진리를 증득해내고 있는 그 '황금의 칼'을 본다.

언어너머의 실천 – 침묵이후

『님의 침묵』은 언어너머의 실천, 침묵의 시학으로 자리 매김되어 '말'이 아닌 '침묵'으로 말하고자 했다. 말하지 않고 산다는 것은 세상과의 단절을 의미하기도 하지만, 말을 앞세우지 않는 언어너머의 실천을 덕목으로 할 때 일대 전환기를 맞는다. 세상을 향하여 언어가 아니라 침묵과 실천의 길을 택했는가? 그 대답은 말이나 시가 아닌 삶의 행로 속에 그대로 남아 있다.

모든 삶의 순간이 하나의 길이 되는 '만행萬行'은 불교에서 수행자의 삶 그 자체를 가리킨다. 말보다 더 길고도 더 무거운 언어, 그것이 바로 만행, 실천이다. 마음을 바로 다잡기 위해, 머무르지 않고 끝없이 길을 걸었던 만해의 삶은 만행 그 자체였다. 감옥, 산사山寺, 거리에서 누구보다 강한 실천의 언어로 존재했다.

> 내가 당신을 사랑하는 것은 까닭이 없는 것이 아닙니다.
> 다른 사람들은 나의 홍안紅顔만을 사랑하지마는 당신은 나의 백발도 사랑하는 까닭입니다.
>
> 내가 당신을 그리워하는 것은 까닭이 없는 것이 아닙니다.
> 다른 사람들은 나의 미소만을 사랑하지마는 당신은 나의 눈물도 사랑하는 까닭입니다.
>
> 내가 당신을 기다리는 것은 까닭이 없는 것이 아닙니다.
> 다른 사람들은 나의 건강만을 사랑하지마는
> 당신은 나의 죽음도 사랑하는 까닭입니다.
>
> ― 만해 한용운, 「님의 침묵」, '사랑하는 까닭' 중에서

사랑은 아무도 사랑해 주지 않는 것을 사랑하는 것, 모든 것을 차별없이 사랑하는 대자대비한 마음의 행로이다. 만해는 하루 하루 '사랑'을 향해 걸어갔으리라.

말로는 다다를 수 없는 현실은 냉혹하며 고통이 존재한다. 국적을 탈취 당하고 시대가 무너지고 말은 점점 무기력해진다. 현실은 말로 바뀌지 않는다는 또 다른 현실에 처할 때 주저앉지 않고, 진실한 말이 가리키는 방향으로 나아가는 발걸음이 만행이다.

평생 언행여일言行如一의 삶을 산 만해의 길을 따라 함께 만행에 나서는 일이야말로 귀한 가르침 자체이다. 만해는 언어 너머의 길을 따라가면 '님'에 도달할 수도 '님'을 만날 수 있다는 침묵의 언어로 직격했다. 바야흐로 소셜미디어, 광고, 정치 등 광폭한 언어의 시대를 살아가는 우리는 지금 어떤 가치로 무엇을 실천하고 있는가? 다시 '언어 너머의 실천'을 생각한다. 오늘 다시 만해와 만나, 그의 행보를 묻는 까닭이다.

선지식인가? 동행자인가?

성품이 바르고 덕행을 갖추어 수행자를 바른길로 이끌어 주는 불교계 스승을 선지식善知識이라 한다. 길을 먼저 걷거나, 혹은 함께 걷는 사람 선친우, 선우, 친우, 승우라고도 한다. 묵묵히 앞서 걷는 사람이다. 그 뒤로 보이는 또 한 사람이 따라 걷는 동행자, 도반이다.

둘 사이의 거리는 멀어, 서로 보이진 않지만 마음은 묻는다. '그는 나의 선지식인가? 아니면 단지 함께 걷는 동행자인가?' 만해를 이해하는 일은 이 질문을 되새기는 데서 시작된다. 우리가 따라야 할 스승이었는가? 아니면 우리와 같은 길 위에 선 한 사람의 인간이 었는가?

> 아침에 일어나서 세수하려고 대야에 물을 떠다 놓으면,
> 당신은 대야 안의 가는 물결이 되어서
> 나의 얼굴 그림자를 불쌍한 아기처럼 얼려 줍니다. (중략)
> 당신을 기다리다 못하여 잠자리에 누웠더니
> 당신은 고요한 어둔 빛이 되어서 나의 잔부끄럼을 살뜰히도 덮어 줍니다.
> 어디라도 눈에 보이는 데마다 당신이 계시기에
> 눈을 감고 구름 위와 바다 밑을 찾아 보았습니다.
> 당신은 미소가 되어서 나의 마음에 숨었다가,
> 나의 감은 눈에 입맞추고 '네가 나를 보느냐'고 조롱합니다.
>
> ― 만해 한용운, 「님의 침묵」, '어디라도' 중에서

엄마를 찾는 아가를 얼러주고, 씻겨주고, 먹여주고, 재워, 24시간을 함께하며 묻고 또 묻는다. '나는 너를 보고, 너는 나를 본다' 지긋이 보살피는 마음, 세상을 품는 만해의 품새에 어느새 모든 것이 스며들어 있다.

'선지식'은 단순한 지식을 가진 자가 아니라 길을 먼저 걸어본 자이며, 걸어야 할 방향을 일러주는 자다. 언제나 시대와 함께 깨어 있으며, 사람들의 어리석음을 잘 일깨워 거울처럼 밝게 비춰준다. 만해가 분명 그와 같은 존재라 할 것이다.

선지식의 면모로 현실 속에서 고통을 함께 견디며 길을 잃은 사람들과 함께 동행자로 세상의 고통에 공감했고, 시대의 고난을 함께 헤쳐 나갔다. 선지식과 동행자 사이를 자유롭게 오가며 스승으로서 제자의 자세로 살았고, 함께 걷는 어느 순간 길의 방향을 밝혀주는 등불이었다.

> 선사의 설법을 들었습니다.
> '너는 사랑의 쇠사슬에 묶여서 고통을 받지 말고,
> 사랑의 줄을 끊어라. 그러면 너의 마음이 즐거우리라.'고
>
> 그 선사는 어지간히 어리석습니다.
> 사랑의 줄에 묶이운 것이 아프기는 아프지만,
> 사랑의 줄을 끊으면 죽는 것보다도 더 아픈 줄을 모르는 말입니다.
>
> 사랑의 속박은 단단히 얽어매는 것이 풀어주는 것입니다.
> 그러므로 대 해탈은 속박에서 얻는 것입니다.
> 님이여, 나를 얽은 님의 사랑의 줄이 약할까 봐서,
> 나의 님을 사랑하는 줄을 곱드렸습니다.
>
> ― 한용운, 「님의 침묵」, '선사禪師의 설법說法' 전문

지금 우리에게 만해는 누구인가? 나와 마주하는 길 위에서 '선지식인가, 동행자인가?' 오늘날 무수한 말과 정보, 이념과 주의주장들 속에 양편 누군가의 편을 들어 추종자의 길을 가야 하는 우리

들은 그에게 길을 묻는다. 만해를 향하던 질문은 결국 나는 누구인가에 대한 질문으로 되돌아온다. 만해는 그 길을 말없이 걸어갔고, 그 흔적은 지금도 우리 곁에 남아 있다. 말이 아니라 삶의 실천으로 남은 길, 그 길 위에 우리는 다시 선다. 그는 선지식인가? 동행자인가?

'내가 당신을 깨우치겠다.'고 말을 앞세우기보다 '당신도 나처럼 올곧은 역사의 행로를 함께 걸어보지 않겠느냐'며 손을 내밀었다. 선지식으로서 스스로 깨어 날 수 있을 때까지 함께 가는 선지식이자 동행자로서의 삶도 함께 이어갔다. 거룩한 모습이다.

3장 깨달음의 사회화

- 불교사회주의란?

민초들의 고통과
민족의 소멸이라는
위기 앞에 굴하지 않고
길을 찾아 나아간 그는
'존재'를 확인하는 순간
침묵했다.

길 너머에
존재와의 언어적
공간의 확장은
묻지 않고 답하지 않는
긴 침묵의 시간을
견뎌야하는 것이었다.

그 심연의 깊은 곳에서
자유라는 가장 선명한
언어를 피워낸 다음

존재의 바다와
거리를 향해 나아갔다.

현재화한
'님의 부재'를
예언가적 모습으로
자유의 노래로
치환했으니

그가 머무는 곳만이 아니라
한발 한발 내 딛는 길
또한 수행처요
길 위의 선방이었다.

그는 거리의 수행자로
길 위에 섰다.

세계평화주의의 또 다른 개념, 만해의 '불교 사회주의'

1919년11월4일자 상해임시정부 기관지「독립신문」에 공지된 만해의「조선독립의 감상」은 학계가 그동안 '불교사회주의' 또는 민족주의 발현, 민족자존론 등으로 평가, 이해하여 왔다. 이는 만해의 사상을 잘 나타낸 것으로 '자유주의'에 입각한 불교사회주의 사상을 담고 있다고 평가한다.(안병직,「만해 한용운의 독립사상」,『창작과 비평』제5호, 1970) 또한 3·1운동 이후 일부 민주진영에서 제기하였던 타협론을 질타하고 '인류의 역사는 문명과 평화를 향해 진보한다.'는 진보사관과 민중사관의 표현이란 평가도 있다.(고명수, '조선독립에 대한 감상 개요'에 나타난 만해의 독립사상, 불교평론 제3권3호, 2001. pp.142~143)

'조선독립에 대한 감상 개요'는 보기에 따라서 사회주의적인 요소도 있고 민주주의의 발현 또는 독립사상으로 해석가능한 부분이 있지만, 자세히 살피면 민주주의를 넘어서 세계평화를 지향하고 있음을 알 수 있다. 자유는 만물의 생명이요. 평화는 인생의 행복이다. 그러므로 자유를 얻기 위해서는 생명을 터럭처럼 여기고 평화를 지키기 위해서는 희생을 달게 받는 것이다.(조선독립의 서,「한용운 전집」2006, p.326)

님이여,
나의 마음을 가져가려거든 마음을 가진 나에게서 가져가셔요.
그리하여 나로 하여금 님에게서 하나가 되게 하셔요.
그렇지 아니하거든 나에게 고통만 주지 마시고 님의 마음을 다 주셔요.
그리고 마음을 가진 님에게서 나에게 주셔요.
그래서 님으로 하여금 나에게서 하나가 되게 하셔요.
그렇지 아니하거든 나의 마음을 돌려 주셔요.
그리고 나에게 고통을 주셔요.
그러면 나는 나의 마음을 가지고 님이 주시는 고통을
사랑하겠습니다.

― 만해 한용운, 「님의 침묵」, '하나가 되어 주셔요' 중에서

만해스님은 '세계는 꽃한송이', 세계일화世界一花를 꿈꾸었다. 그 자양분은 자유, 평화, 사랑, 자비행이었다.

만해는 목숨을 바쳐 자유와 평화를 얻고자 하였다. 그 만큼 자유와 평화를 애호한다는 뜻이고 자유와 평화를 해치는 제국주의 침략세력과는 결코 타협할 수 없다는 것이었다. 그의 사상에 대한 논조는 이어진다.

침략자의 압박 아래 독립·자결을 위해 분투하게 되었으니 폴란드의 독립 선언, 체코의 독립, 아일랜드의 독립 선언, 조선의 독립 선언이 그것이다. 각 민족의 독립 자결은 자존성의 본능이요, 세계의 대세이며, 하늘이 찬동하는 바로서 전 인류의 장래에 다가

올 행복의 근원이다. 누가 이를 억제하고 누가 이것을 막을 것인가. 조선이 독립하는 것은 하늘의 뜻이며 누구도 막을 수 없다는 말이다. 하늘은 온 인류가 평화롭고 행복하게 살아갈 권리를 부여하였다. 이 권리는 누구도 침탈할 수 없는 소중한 것이라는 뜻이라 할 것이다. 이러한 사상은 불교의 자유 평등사상과 맞닿아 수행자 만해를 더욱 큰 세계로 이끌었다.

결국 시인·문학가·독립운동가·사상가 등 다양한 모습으로 세상에 출현한 그였지만 태생적으로 나와 너라는 이분법을 뛰어넘는 '제행무상', '제법무아'라는 불교진리를 체득, 실천하는 신앙인으로서 세계평화주의를 지향한 것은 당연한 일인지도 모른다.

그가 말하는 '불교사회주의'는 이념적 좌편향을 말하는 것이 아닌, 사해동포주의를 품으려는 그의 사상적 포용성을 보여주는 것이라 해야 옳다.

만해의 '불교 사회주의', 평화사상의 교두보

만해는 1931년 12월에 잡지사 인터뷰에서 "불교를 경제적인 관점에서 보면 '불교사회주의'에 해당된다."고 설명했는데, 기자가 공산주의로 알아듣자 더 이상 대꾸하지 않는 방법으로 이야기를 마무리 지어버리고 인터뷰를 마친다. 불교 특히 사찰경제의 특징인 공유경제를 불교사회주의라는 개념으로 설명했던 것이다. 인터뷰 내용을 보면, 불교에 기반을 둔 만해의 평화사상이 단순한 정치 사회 운동도 아니고 민족주의에 기반한 것도 아니며, 천하의 모든 인류가 모두 평등하고 자유로운 데에 자신의 이상을 두고 있음이 드러난다. 바로 그의 평화사상이 세상의 교두보 역할을 하고 있는 지점이다.

이 즈음에 『삼천리』잡지사 기자와 인터뷰 내용을 살펴보자. 기사는, "1931년도 저물어가는 12월 9일 冬雨가 장안 네거리를 즐펀이 적시는데 기자는 壽松洞의 朝鮮佛敎總務院을 차저 萬海 韓龍雲 선사와 더부러 標題를 이약이하다" 라고 적으면서 시작된다.

기자: 석가께서 먼- 2600여 년 전에 인도印度에 태어나시지 말고 만일 오늘날 조선 천지에 태어나셨더라면 우리들이 당한 이 현실을 바라보고 조선 사람의 구제를 위하야 발을 벗고 나서지 안엇겟습니까.

韓: 발을 벗고 나서다니요?

기자: 열렬한 민족주의자가 되어서 무슨 결사운동을 한다든지 그러치 안으면 하다못해 길거리에서 연설 한마듸 하거나 어두운 골목에서 삐라 한 장이라도 돌니거나...

韓: 조선 일만을 아니하시겟지요?

기자: 엇재서?

韓: 부처님은 「生」과 「死」를 초월하섯거니와 또한 「生物」과 「非生物」이나 시간과 공간을 모다 초월하섯슴니다. 말하자면 전우주의 혁명을 기도하는 것이 부처님의 이상이엿스니까 비단 조선 한곳만을 위하시어 분주하시지 안엇슬 것임니다. ……

기자: 석가철학의 진리는 엇지 하엿든 좌우간 그분이 오늘 이 시간에 조선 서울 종로 부근에 사신다면 조선인의 모든 현실생활을 바라보고 또 滿洲에서 이러나는 日中관계와 국제연맹 등 열국간의 정치관계를 바라보고 그러고도 손을 싸매고 안젓슬 것이겟슴니까. …….

韓: 그러나 이것은 정치운동을 한다거나 혁명사업에 착수하고 아니 하는 것이 문제의 초점이 아님니다. 부처님의 진리는 이 세상 사람이 다 잘 살자는 거기에 잇슴니다. 그러니까 잘 살기 위한 행위를 누가 부인하리까만은 다만 부처님은 전세계 인류 중 유독 조선사람 만을 구제하여야 하겟다는 사상을 가지신 것이 아닐 것임니다. 또한 조고마한 국경이나 혈족에 구분을 지으실 이가 아님니다. 천하의 모든 인류는 모다 평등하고 자유로은 거기에 이상이 잇섯슬 따름이엇겟슴니다. …….

기자: 석가의 경제사상을 현대어로 표현한다면.

韓: 佛敎社會主義라 하겟지요.

기자: 불교의 성지인 印度에는 佛敎社會主義라는 것이 잇슴니까.

韓: 업슴니다. 그러치만 나는 이 사상을 가지고 잇슴니다. 그럼으로 나는 최근에 佛敎社會主義에 대하야 저술할 생각을 가지고 잇슴니다. 기독교에 基督敎社會主義가 학설로서 사상적 체계를 이루드시 불교 亦 佛敎사회주의가 잇서 오를 줄 암니다.

기자: 佛敎社會主義! 장차 저술을 통하여 그 내용을 뵙고저 함니다만은 그러면 석가께서 2600여년 후인 오늘날 조선에 나섯더면 우리들이 늘 듯는 共産主義者가 되기 쉬웟슬 듯함니다.

韓: …….

기자: 석가께서 오늘 조선에 나섯더면 조선옷에 조선집신을 신고 조선말을 하시면서 조선 산천에 떠러지는 雨露를 마지고 그리고 조선인이 직히는 법률과 의무를 직히고 게섯슬 터이니 역시 민족사상이 그 머리에 업섯다고 할 수 업슬 줄 암니다.

韓: 생활이야 부인할 수 잇겟슴니까. 그러치만은 우주의 혁명을 日夜 염두에 두시는 분에게 무슨 지역적으로 국한한 특수운동이 잇섯겟슴니까. "大聖이 오늘 朝鮮에 태어난다면?," 『삼천리』 제4권 제1호(1932), 이 내용은 『(증보)한용운전집 2』 (서울: 신구문화사, 1979, pp.291~293)에 현대어로 고처 실려 있다.

인터뷰 내용과 분위기를 보면, 기자는 불교에 민족주의와 사회주의를 억지로 담아내려고 애쓰는 눈치다. 그는 좌익과 우익이 합작한 신간회에, 출가 사문인 만해가 주도적으로 참여했다는 점에 착안했을 것이다. 하지만 인터뷰 과정을 보면, 만해는 이와 같은 기자의 생각에 번번이 제동을 걸고 있음을 알 수 있다.

먼저 민족주의 관점에서 불교에 접근하려는 기자의 태도를 마뜩잖아 하고 있다. 이어서 열강의 제국주의에 대한 불교계의 저항을 정치운동이나 혁명운동의 관점에서 이해하는 것 역시 마찬가지다. 그리고 불교를 경제적인 관점에서 보면 불교사회주의에 해당된다고 설명하고 있는데, 기자가 공산주의로 알아듣자 더 이상 대꾸하지 않는 방법으로 이야기를 마무리 지어버리고 있다.

> 나는 당신을 사랑하고 당신의 행복을 사랑합니다.
> 나는 온 세상 사람이 당신을 사랑하고
> 당신의 행복(幸福)을 사랑하기를 바랍니다. (중략)
> 만일 온 세상 사람이 당신을 사랑하고자 하여 나를 미워한다면
> 나의 행복은 더 클 수가 없습니다.
> 그것은 모든 사람이 나를 미워하는 원한의 두만강이 깊을수록
> 나의 당신을 사랑하는 행복의 백두산이 높아지는 까닭입니다.
>
> ― 만해 한용운, 「님의 침묵」, '행복' 중에서

만해는 여기에서 '님'을 당신으로 부르며, 당신의 절대행복을 기원한다. 그 당신이란 나의조국, 민족, 진리, 붓다라고 해도 그대로 읽혀진다. 만해의 평화사상 세계를 향하고 있음이 역력하다.

인터뷰 중에 만해는 불교사회주의佛敎社會主義에 대해 저술할 생각을 가지고 있다고 밝혔으나 이후로 이행되지 않아 개념이 명확하지 않은 가운데 마치 좌파사상을 가진 것으로 논란이 된 적이 있었다. 하지만 그의 불교사회주의는 정치체제를 말하는 것이 아니라 세상을 보다 평화롭고 인류가 평등하고 자유로운 것임을 알게 된다. 그만의 '진리의 사회화' 일환이라 할 것이다.

깨달음의 사회화, 그만의 회향 방식

만해는 1935년 4월부터 조선일보에 「흑풍」이라는 소설을 연재하기 시작하였다. 이에 대해서는 1994년 만해사상연구회가 민족사에서 펴낸 『한용운의 3·1독립정신연구』에 상세히 설명되어 있다. 만해의 저작활동은 이후에 「철혈미인」, 「박명」, 「후회」 등의 소설 발표로 이어졌다. 당시 그가 소설을 쓰기 시작한 것은 일제 군국주의화가 점차 노골화되어 시대적 상황이 피폐하기도 했고 또한 비판적 논설을 쓸 수 있는 여건이 점점 어려워졌기 때문이기도 했다.

> 사랑의 속박이 꿈이라면
> 출세의 해탈도 꿈입니다.
> 웃음과 눈물이 꿈이라면
> 무심의 광명光明도 꿈입니다.
> 일체만법一切萬法이 꿈이라면
> 사랑의 꿈에서 불멸을 얻겠습니다.
>
> ― 만해 한용운, 「님의 침묵」, '꿈이라면' 중에서

만해는 일체의 모든 것이 다 꿈이고, 시대의 모든 것 또한 한낱 꿈에 불과할지라도 만해는 세상을 향해 이를 일러주고자 했다. 세상사 모든 것이 꿈일망정 거기에서 길을 찾아 세상을 널리 이롭게 해야 했다.

이렇게 한 편 두 편 쓰기 시작한 소설들의 내용은 모두 암울한 우리 민족의 현실을 그려낸 것으로, 계몽 각성에 뜻을 둔 것이었다. 나아가 그 시대의 사회상을 그대로 담아 대중들이 이해하기 쉽게 저술한 것들이 주류를 이루었다. 만해야 말로 이 같은 암울한 현실에 맞서왔을 뿐 결코 외면하거나 도피하려 해 본 적이 없었다는 점을 우리가 기억해야 할 이유이다. 지금 여기, 항상 있는 이곳에서 세상의 고통을 직시하였으며 그 고통을 해결할 방도를 통찰, 모색하였던 것이다. 이 소설들을 저술하였던 이유도 극심한 일제의 감시를 피하면서 동시에 사람들의 생각을 변화시키고자 했던 선각으로서의 행보였던 것이다. 자신의 오도각성을 널리 중생들과 나누어 회향코자하는 원력이기도 했음이다.

禪을 통하여 얻은 지혜를 그에 걸 맞는 언어로 표현함으로써 깨달음을 현실화, 사회화하는 동시에 뭇사람들의 고통을 해결하리라는 서원이기도 했다. 이것은 만해의 禪사상의 특징인 동시에 구국구세救國救世를 위한 대승보살도의 실천행이라 함이 어떨는지.

> 미혹의 구름이 덮여 올 때 믿음의 큰 바람이 일게 하시며,
> 고난과 장애를 보게 될 때 바라밀 무장애 위덕이 빛나게 하여 주옵소서.
> 그리하여 저희들의 생애가 보살의 생애로서,
> 일체 중생과 역사와 국토를 빛냄으로써
> 마침내 부처님의 크신 은덕을 갚아 지이다.
>
> — 금하당 광덕스님, 「불광법회요전」, '반야보살 행원 기도' 중에서

그리하여 불쑥 세상을 향했던 그는 다시 백담사로 돌아갔고 또 다시 세상 밖으로 몰록 나오기도 했음이라. 만해가 세속과 산속을 오간 것은 승과 속의 경계를 뛰어넘어 승속불이僧俗不二, 진속불이 眞俗不二의 불교적 처세의 체현과 중도 실천의 한 맥락이라 아닐 수 없다.(유세종, 〈화엄과 혁명〉, 『만해학보』11호, 만해사상실천선양회, 2011)

악惡한 사람은 죄의 길

나라 일을 하면 그 일이 악한 일이든 옳은 일이든 아무런 상관이 없는 것인가? 하면서 번민하던 때가 있었다. 20년전 오늘, 국가의 언어로 살핀다.

'국가권력의 정당성과 신뢰를 회복하도록 해야 한다. 국민에 대한 국가기관의 불법행위로 국가의 도덕성과 신뢰가 크게 훼손되었다. 국가는 스스로 앞장서서 진상을 밝히고 사과하고 배상이나 보상의 책임을 다해야 할 것이다.'

— 노무현 대통령 '광복절 기념사' 중에서(2005.8.15.)

인과가 역연한 십년도 더 넘은 필자의 오래된 이야기를 꺼내본다. 기억은 더 오롯하게 남아 두터운 업장, 질기고도 질긴 업력은 가죽더미로 남아 신표처럼 목에 걸렸어라.

당신은 옛 맹세를 깨치고 가십니다. 당신의 맹세는 얼마나 참되었습니까.
그 맹세를 깨치고 가는 이별은 믿을 수가 없습니다.

참 맹세를 깨치고 가는 이별은 옛 맹세로 돌아올 줄을 압니다.
그것은 엄숙한 인과율因果律입니다. 나는 당신과 떠날 때에 입맞춘 입술이 마르기 전에 당신이 돌아와서 다시 입맞추기를 기다립니다.

그러나 당신이 가시는 것은 옛 맹세를 깨치려는 고의가 아닌 줄 나는 압니다.
비록 당신이 지금의 이별을 영원히 깨치지 않는다 하여도,
당신의 최후의 접촉을 받은 나의 입술을 다른 남자의 입술에 댈 수는 없습니다.

— 만해 한용운,「님의 침묵」, '인과율因果律' 중에서

　만해는 참 맹세란 다시 돌아와 그 맹약을 실현하는 것이라 말한다. 나의 맹세는 그의 맹세와 다를 수 없다. 참 맹세이기 때문이라고 '인과 율'에서 말한다. 관련된 나의 오랜 이야기 하나를 소개한다.

　어느 날 아침, 몇 해 함께 근무해 온 여직원이 찻잔을 씻던 중 청자다기를 깨뜨렸다. 선물로 받아 오랜 동안 소장해 온 것인데… 원래 차는 직접 내려 마시고 회의를 마치고 나면 직접 헹궈 두는데 웬일인가? 하던 차에 발령이 났단다. 보직이 없었다.
　이른바 MB정부가 들어서고 국가기관 과거사정리업무에 파견 근무해 온 나로선 하루아침에 날벼락을 맞았다. 그 업무는 국가기관, 권력기관이 안고 있는 과거사문제들은 대부분 본연의 임무에서 벗어난 탈법적인 행태들에서 비롯된 것들이다. 따라서 과거문제들을 노정시켜 공론화를 통해 성찰하고 걸러낸다면 부정적인 요소들을

충분히 극복할 수 있다.

그런 의미에서 「과거사위」는 국가기관 과거사를 총체적으로 성찰하고자 한 것이다. '과거의 잘못을 반성하여 새로운 미래를 설계하고 또 조사결과 잘못한 점이 있으면 이를 반면교사反面敎師로 삼아 국가기관의 탈법·불법 활동을 방지할 제도적 장치를 마련함으로써 공권력의 정당성을 인정받고 정부역량과 본래기능을 정상화시킬 수 있는 국가발전의 항구적 토대를 마련하려는 불가피한 선택이기도 한 것이다'는 취지의 국가기관 제자리 찾기의 일환이었다.

무보직으로 갈 때가 없었다. 황당하기로 말하면 지금도 아찔하다. MB라니? Money Boom! 사람의 가치와는 천길 멀어져 버린 돈 천지만지인가? Money bomb! Money bomb!, '돈 폭탄' 이런가?

며칠 전 낌새를 차리고 새로 부임한 차관을 면담하였다. 진지하게 과거사위 파견근무에 대한 오해를 적극 해명하고 나름 입장을 정리하여 설명했던 터라 더욱 황망하였다. '잘 알았다고 그런 오해는 할 수 있겠지만 개인의 일이 아닌 공무상 일이니 고려하겠다.'는 언질은 끝없이 허공을 맴돌고 말았다.

나랏일이라면 좋든 싫든 청탁을 불문하고 본분이라 생각하고 소임 해오던 필자로선, 난감함을 넘어 그 배신감이야말로 하늘을 찌르고도 남았고 마침내 분노했다. 임자 잃은 빈 방 소파 탁자에 눈 부릅뜬 공무원증과 하고 많은 말들을 침묵으로 쏟아낸 백지를 두고 휴가 처리를 부탁한 뒤 무작정 길을 떠났다.

의義있는 사람은 옳은 일을 위하여 칼날을 밟는 법

　설악산으로 갔다. 봉정암 가는 길에 백담사에 들러 만해를 만나 하소하였다. 평일이라 비교적 한적한 영시암에 올라 약수터에서 불덩이 같은 몸과 마음을 오래 씻었다. 길을 재촉하려는 찰나, 대청마루에 스님이 오라고 손짓한다.

　'거사님, 여기 차 한 잔 하고 가시구려.'
　주변을 들러보니 나 밖에 없다.
　'네, 스님 부처님 참배하고 그리 하겠습니다.' 그리고 독대가 이어졌다.

　공무원불자회장이라 스스로 소개하고 답답한 마음에 산을 오른다고 했다. "살다보면 이런 저런 어려운 일이 있기 마련이지" 하시며 스님은 처소로 가서서 한지를 한 장 들고 나오셨다. 펼치니 먹 냄음이 진동을 했고, 순간 좌우행간을 꽉 채운 예서체의 면모가 확연했다.
　'火中生蓮'이란 글씨 하단에 雪峰道允이라 쓴 작은 글씨아래 낙관도 찍혔다.

"거사님, 사람들은 진흙 같은 더러운 물, 오탁악세에 피는 연꽃을 아름답다고들 하지요. 그런데 거사님은 물이 아닌 불 火, 가운데 中, 날 生, 연꽃 蓮이라. 불속에서 연꽃을 피워야 한다오."

초면인 스님은 '도윤'이라고 하시며 이름을 물었다.

"김태진입니다. 법명은 지혜 지 나라 국, 지국(智國)이고요"하니 "그럼 본관은 어찌 되시오."라고 재차 물어 "안동입니다."라고 답했다.

"그러면 그렇지, 영시암永矢菴은 본래 안동김씨 문중 것이라오. 참 지중한 인연이군요." 하시며 직접 저술한 '설악산 영시암과 삼연 김창흡 선생'이란 책자 등 5권을 건네 주셨다. 산행 길에 훼손을 염려하여 스님께 맡겨두고 봉정암으로 올랐다.

> 세상에 만족이 있느냐? 인생에게 만족이 있느냐?
> 있다면 나에게도 있으리라
> 세상에 만족이 있기는 있지마는 사람의 앞에만 있다
> 거리는 사람의 팔 길이와 같고 속력은
> 사람의 걸음과 비례가 된다 (중략)
>
> 아아! 나는 만족을 얻었노라
> 아지랑이 같은 꿈과 금실 같은 환상이
> 님계신 꽃동산에
> 들릴 때에 아아 ! 나는 만족을 얻었노라
>
> ― 만해 한용운, 「님의 침묵」, '만족' 중에서

만해는 "만족은 잡을래야 잡을수 없고, 버릴래야 버릴수도 없다"고 고백한다. 어리석은 사람은 자기가 가진 것이 세상에서 가장 좋은 줄로 아는 까닭에 만족하고, 성자聖者는 세상이 원래 불만족스런 것인줄 아는 까닭에 불만족 속에 만족한다.

사람들은 통상 그 기대감속에 살아간다. 만족은 저만치 멀리 있으니 과거가 미래되고, 미래는 역사가 되어 재평가되는 것이라 할 것이다.

암자에 도착하여 모든 것을 내리고 잊기 위해 법당 기둥에 잠시 기대었다. 가만히 앉았으니 이런 저런 생각이 스치듯 지나가고 못다한 생각들이 새벽까지 법당 처마 풍경에 머문다. 속진을 떨구려 하여도 번뇌는 파도 되어 여지없이 나의 마음을 때린다. 그 뒤로도 시간을 내어 설악산 봉정암을 찾았다. 간간이 도윤 스님을 뵙기도 하고, 주신 글을 읽기도 했다.

> 고금의 은둔의 뜻은 많은 궤범軌範이 있지만
> 먼지세상 안에서는 속세를 벗어나기 결코 어려우니
> 곡백연 계곡 한계산寒溪山은 매월당이 있던 곳
> 세상 더러운 때가 내 몸을 오염시키지 않기를
> 古今隱義雖多軌 (고금은의수다궤) 塵裡終難得出塵 (진리종난득출진)
> 嶽白溪寒梅月所 (악백계한매월소) 庶無葷垢污余身 (서무훈구오여신)
>
> ― 삼연 김창흡, 『三淵集拾遺』卷六,〈伏次伯父寄示韻〉其二

영시암을 창건한 삼연 김창흡 선생은 춘천에 은둔하고 있던 백부 김수증의 시에 차운한다. 삼연은 매월당이 은거한 설악산 곡백연에서 속세의 더러움으로부터 벗어난 참다운 은둔자가 되겠다는 의지를 표명한다. 곡백연에서 추구하는 속세의 더러움에 오염되지 않으려는 은둔자의 정신 세계가 오롯하다.

죽음의 길보다 험한 나의 길

그 무렵 동고동락했던 동료들은 청와대와 주요 보직으로 이동하였다. 나로선 정권이 바뀌니 전공 업무와 상관없는 곳으로 발령나고 한직을 전전하기도 했다. 긴요한 국가프로젝트 일 경우 엄중한 상황 관리를 위해 365일 단 하루 휴가도 없이 청춘을 보낸 치열한 역사의 현장으로부터의 생이별이었다.

이토록 나로선 난데없음에도 세월은 마치 아무 일도 없다는 듯 깊어진 4대강을 따라 도도히 흘러갔다. 그 무렵 시간을 내어 봉정암을 올랐으나 봉우리는 활화산이요, 식지 않은 나의 분노는 용광로 그 자체였다.

그즈음 스님의 덕담 또한 어디론가 가버리고 말았는가? 백담사, 영시암, 오세암, 봉정암 오르던 그 길은 그 후로도 간간히 이어지긴 했으나 분노의 길은 참회의 길로 변하고, 차츰 잦아들고 말았다. 만해를 향한 하소 또한 그리했다.

이 세상에는 길이 많기도 합니다.
산에는 들길이 있습니다. 바다에는 뱃길이 있습니다.
공중에는 달과 별의 길이 있습니다.
강가에서 낚시질하는 사람은 모래위에 발자취를 내입니다.
들에서 나물 캐는 여자는 방초芳草를 밟습니다.

악惡한 사람은 죄의 길을 쫓아갑니다.
의義있는 사람은 옳은 일을 위하여 칼날을 밟습니다.
서산에 지는 해는 붉은 놀을 밟습니다.
봄 아침의 맑은 이슬은 꽃 머리에서 미끄럼 탑니다.
그러나 나의 길은 이 세상에 둘 밖에 없습니다.
하나는 님의 품에 안기는 길입니다.
그렇지 아니하면 죽음의 품에 안기는 길입니다.

그것은 만일 님의 품에 안기지 못하면
다른 길은 죽음의 길보다 험하고 괴로운 까닭입니다.
아아, 나의 길은 누가 내었습니까?
아아, 이 세상에는 님이 아니고는 나의 길을 낼 수가 없습니다.
그런데 나의 길을 님이 내었으면 죽음의 길은 왜 내셨을까요.

— 만해 한용운, 「님의 침묵」, '나의 길'

나의 길, 나의 길을 님이 내었으니 죽음의 길은 왜 내셨을까? 란 물음, 그건 죽음을 통해 삶을 철저히 하라는 생사일여의 말씀은 아니런가. 지금에 와서 생각해보니 오래전 참 힘들었던 시절 봉정암 오르든 길에 영시암 스님께서 써주신 불속에서 꽃을 피우라는

'화중생련' 네 글자는 생사여탈의 현장에서 보내는 선문禪問이자 선답禪答이었다. 하지만 필자로선 불면하여 정작 그때 그 절절함을 알지 못했다. 지금에야 보니 살아가는 내내 불덩이를 태우면서도 멀쩡한 척 했던 나를 꿰뚫어 보시고 하신 '응급처방전'에 다름 아닌 말씀이었단 생각이드는 건 이제라도 애달프다.

화중생련火中生蓮, 불속에 피우는 꽃

이제야 보게 되다니. 나의 길이 아닌 다른 길을 걷노라면 죽음의 길을 걷는 괴로움이 불같이 치성함을 만해는 거룩한 분노조차 님에게 고백하고, 칠흑 같은 밤을 훤히 밝히는 오현스님의 노여움은 끝끝내 인생의 물음을 묻고 또 묻고 있다. 마치 '화'를 아기처럼 끌어안아 마음 밭에 고이 심으면 그 화는 좋은 생각들의 자양분이 되어 꽃을 피운다고 하는 틱낫한 스님의 말씀과도 상통하고 있음이라. 당시로선 왜 그런 생각을 못했을까? 화나는, 화가 많은 세상, 이리도 친절하고 쉬운 말씀을 책장언저리에만 두고 이리 저리 휘둘리고 있었을 뿐이었다. 그토록 화가 치성해도 어찌할 도리가 없었던 까닭이 아니었던가?

> 달은 뜨지도 않고 노여움을 더한 그 밤
> 포효하고 떨어진 큰 짐승 그 울부짖음 속에
> 눈보라 한 아름 안고 내가 왜 찾아왔나.
> 사나이 다문 금구金口 할 일할喝 一喝에 부치랴만

내던진 한 생애인데 열망이야 없을 소냐.
무섭고 추운 세상에 질타 같은 눈사태여.
돌에다 한을 새기듯 집도執刀해온 어제 날들은
아득한 그 원점에 도로 혼침昏沈이었구나
막대를 잡았던 손에 아픔은 남았지만.
저승도 거역하는 이 매몰 이 적요를
스스로 달래지 못해 이대로 돌아서면
설영雪嶺을 더텨 온 자국 애안涯岸 없이 사윌 것을.
억울해! 불료不了의 인생 내 물음을 내 못 듣고
벌초할 하나 무덤도 남길 것이 못 되는데
사려 먼 붕도鵬圖를 그려 갈 길 그만 더듬는다.

― 오현, '설산雪山에 와서' 전문

　만해의 길다운 길의 노중에서 만나는 불같은 님을 향한 마음, 오현의 세상의 도리를 관통하는 살벌한 포효를 본다. 유유자적한 '틱낫한 스님의 화(Anger)'란 글을 보니 그렇고 '화중생련'이란 응축된 한마디 말씀을 보니 밖을 향하던 불길은 영락없이 세상을 향해 내민 사랑과 자비의 손길이 아닐 수 없다. '불타는 집'[火宅]과 같다는 세상 화병火病에 든 사람들에게 내리는 마음의 평화이자 부작용 없는 항 우울제와 같은 것임

불속에서 피운 마음의 꽃, 연꽃

을 진작 알았더라면 그 때 나의 길은 달라졌을까? 악惡한 사람은 죄의 길, 의義있는 사람은 옳은 일을 위하여 칼날을 밟는 법이려니. 때 아닌 불꽃이 피어오른다.

그러니 인생을 살아가되 나에게 '화'는 화두에 다름 아니란 생각이다. 앞으로 뭔가 불같이 올라올 때 1초, 2초, 3초를 기다리며 알아차림 하리라는 신호탄인 것이다. 나의 화두는 3초요, 나의 화답은 '불속에서 피우는 꽃'이라. 분노의 꽃은 불에서 피어 얼음장보다 차가운 참회로 각인, 마음의 꽃으로 장엄되었음이라. 어느덧 불속에서 꽃이 피어올랐다. 화중생연火中生蓮이라! 불속에 피는 꽃! 화중생연火中生蓮이라!

세상은 비방도 많고 시기도 많나니

십년이면 강산도 변한다는데... 당시의 이야기를 잠시 이어본다. 필자는 그 무렵 부당한 인사조치에 법과 원칙으로 맞섰다. 원상회복차원에서 합당한 보직을 되찾기 위해 청문 조사조차 마다하지 않았다. 그 무렵 청사 본관을 지날 때의 일이다. 영문도 모르고 잘 알지도 못하는 후배격의 사람들이 지나치며 들으란 듯이 말한다. "뭘 잘한 게 있다고? 머리 빳빳이 들고 지내나", "아직도 다니고 있나?", "나 같으면 그리 사느니 차라리 자살하고 말 꺼다."

지난 시절, 과거정부의 잘못된 관행, 법집행과 관련된 오류 등을 밝히고 참회, 반성했던 국가기관 과거사 정리 파견업무를 해온

데 대해 빗댄 말 들이었다.

"너희들이 뭘 안다고? 정녕!"

지금도 불같이 화가 나기도하는 그냥 지나치기 어려웠던 슬픈 기억들이다. 세상살이 바로보라는 만해의 언질에 따르자면 부질없는 하얀 기억들이다.

그 무렵 대통령과 국민에 보고되어 청사 주요 사무실 곳곳에 귀감이자 전범으로 존안 되었던 '과거와 대화, 미래의 성찰'이라는 국가기관 과거사 정리 백서는 발본되어 사라졌다.(국가정보원, 과거사 진실규명을 통한 발전위원회 보고서『과거와 대화 미래의 성찰』, 노무현 사료관) '서적을 불사르고 유생을 산 채로 구덩이에 파묻다'는 고사처럼 현대판 '분서갱유焚書坑儒'에 다름 아니었다. 사무실에서의 크고 작은 스트레스는 참 견디기 어려웠다.

그럴 때 마다 누구는 "억울하지 않느냐?", "명예를 회복해야 한다.", "왜 그리 바보같이 당하고 그냥 있느냐?"라고 했다. 나에게 끓어오르던 분노, 터질 듯 일어나던 울화, 천불 같았던 마음이 끊임없이 타 올랐다. 하릴없이 만해 스님의 '비방誹謗'을 '비방祕方'으로 읽는다.

> 세상은 비방도 많고 시기도 많습니다.
> 당신에게 비방과 시기가 있을지라도 관심치 마셔요.
> 비방을 좋아하는 사람들은 태양에 흑점黑點이 있는 것도 다행으로 생각합니다.
> 당신에게 대하여는 비방할 것이 없는 그것을 비방할는지 모르겠습니다.

조는 사자를 죽은 양이라 할지언정 당신이 시련을 받기 위하여
도적에게 포로가 되었다고 그것을 비겁이라고 할 수는 없습니다.
달빛을 갈꽃으로 알고 흰모래 위에서 갈매기를 이웃하여 잠자는 기러기를
음란하다고 할지언정 정직한 당신이 교활한 유혹에 속아서
청루靑樓에 들어갔다고 당신을 지조가 없다고 할 수는 없습니다.
당신에게 비방과 시기가 있을지라도 관심치 마셔요.

― 만해 한용운, 「님의 침묵」, '비방'

당신에게 비방과 시기가 있을지라도

"나도 사람이다. 난들 왜 화가 나지 않고 억울하지 않겠는가?" 하면서도 선택의 여지가 별로 없어 속으로 화를 삭이고 참 어리석게도 때론 집으로 와서 마련된 작은 법당에서나마 이를 풀고자 하였다. 그 땐 몰랐지만 또 다른 작은 불씨가 피어올라오고 있었을 줄이야.

세상사, 마음의 장난 탓에 몸이 아파왔고 의사의 권유로 신장 낭종(물혹) 제거 수술을 받았다. 수술 직후 아무에게도 알리지 않고 곧바로 출근했다. 다음해 봄 난데없이 내분비계통에 악성종양이 발견되었다. 전문의사의 수술 권유에도 불구하고 몇 차례 번민 끝에 수술을 연기하다 말고를 반복하였다. 의사의 진단이 악성추정에서 추적결과 3기로 확진되어가는 순간, 세상은 나와는 달리 변한 게 아무것도 없었다. 또 다시 봉정암을 올랐다.

몇 차례 다니던 길이건만 산도 물도 새롭다. 소리 내어「참회진언」을 염송했다. 비처럼 쏟아 내리는 땀과 눈물이 범벅이 되고 과거, 현재, 미래가 합체되어 혼돈의 용광로 속으로 들어갔다. 마침내 참회의 외침은 모든 것을 태우고 녹이고 있었다. 간잽이 마냥 마음을 도려내어 염장지르기를 수도 없이 반복하기도 했다. 나라의 잘못을 드러내 참회하던 그 마음으로 스스로의 잘못을 깊이 반성하고 참회하였다. 피눈물이 흘렀다.

> 당신이 계실 때에 알뜰한 사랑을 못하였습니다.
> 사랑보다 믿음이 많고 즐거움보다 조심이 더하였습니다.
> 게다가 나의 성격이 냉담하고 더구나 가난에 쫓겨서
> 병들어 누운 당신에게 도리어 소활疎闊 하였습니다.
> 그러므로 당신이 가신 뒤에 떠난 근심보다 뉘우치는 눈물이 많습니다.
>
> ― 만해 한용운,「님의 침묵」, '후회'

나라 잃은 슬픔으로 설악을 올랐던 만해가 그 심정이었을까? 님을 잃고 은둔했던 매월당 설잠 김시습이 북한산 중흥사에 남긴 회한이 그리 했을까?

봉정암에 밤이 왔다. 사방천지 칠흑같이 어두운 부처님 사리탑에 초승달이 걸리고 불편했던 나의 심사도 실날같이 흔들린다.

'부처님, 내 참 많이 아프거든 예. 그러니 저로 인해 고초 받은

사람들도 참 많이 아프겠지 예. 참 잘못했습니다. 알고 지은 죄 모르고 지은 죄 그 모두를 참회합니다.'

밤새 참회가 기도로 또 참회로 이어지고 새벽이 밝아왔다. 마침내 세상이 밝은 것이다. 사무실로 돌아와 마치 아무 일도 없었던 것처럼 30년 공직을 내려놓았다. 세상이 꿈적도 않으니 내가 변수를 만들기로 한 것이다. 그리곤 수술 날짜를 연기하고 입원 일정을 취소했다. 호국경전인 '인왕반야경'을 함께 엮어 펴낸 석진오 스님이 판교집으로 황급히 오시고...

'불교의 도리는 수행의 도리이니, 의·과학의 지침에 따르는 것도 결국에는 불법의 도리'라며 장장 일주일간의 토론 끝에 수술과 입원 날짜를 다시 잡았다. 그 무렵 퇴임식은 몇 차례 연기되다 말곤 했으되 마침내 수술 날과 겹치고 말았다.

현명한 정치지도자가 나라를 보호하고 지키는 완전한 지혜의 완성(인왕 반야경)

여기에 한 아픈 중생이 있으니

공직 삼십년, 퇴임 전날 퇴임식 없이 숱한 인연들과 소리 없이 혼자서 이별을 하고, 즉시 입원하였다. 이 또한 인연의 소치라 생각하며 병실에 누웠다.

많은 생각들이 파도처럼 밀려왔다 가기를 수도 없이 반복하였다.
내 머리 속이 집체만한 파도와 밤하늘의 우주를 다 품고도
남는 용량의 잡동사니가 보관되어 있다가 사라지는 걸 보니
참으로 사람의 몸과 마음은 경이롭다는 생각이 들었다.

별의별 생각이 드는 그중에 조상님, 부모님께
죄송한 마음으로 생각이 무겁다.
죄스런 마음으로 하루하루 지내려니 몸은 무겁고 지내기도 버거웠다.
'신체발부는 수지부모' 인지라 몸 간수를 잘못해서 생긴 병이니
황망한 마음 이를 때 없어 생로병사가 엄연한 줄 알면서도
막상 나에게 닥친 현실로 실존을 체험한다.

삶이 늙고 병들고 죽으니 생사가 따로 없다는
붓다세존의 일깨움을 앵무새처럼 읊조려 왔던 터라.
이제 세상을 바라보니 이토록 절절하신 말씀이 그 어디 있으랴 싶었다.

병실 창가에서 내려다 본 분당 정자동의 야경은 분주히 움직이는 차량불빛
과 높은 아파트들의 위용으로 이국적 풍모를 드러낸다.
화려한 밤을 향해 창춘남녀들은 정자동 카페에 옹기종기 모여 밤을 지새우
겠지. 그렇듯 세상은 오늘도 나의 신세와는 아무 상관없이 잘도 돌아가고
있다.

저 멀리 병원 입구에 소방 구급차가 급한 소리를 내며 진입한다.
얼마 전까지 멀쩡하던 사람을 싣고 오는지도 모를 일이다.
세상이 나와 동떨어져 무관하게 돌아가는 게 아니라 나와 함께함을 느낀다.

멀리 백운산, 광교산 자락을 응시하다보니
그 옛날 태조 왕건이 장수로 있으며 광교산에 야영하며

부처님으로 부터 빛으로 가르침을 받았다는 빛 '광', 가르칠 '교'란 의미의
광교산의 전설이 오늘 나에게 무언의 계시처럼 다가온다.
'중생이 아프니 나도 아프다' 유마힐 거사의 일갈이
오늘 나에게 큰 울림이 되고 있다.
6월의 마지막 밤이 병상에서 깊어가고 있다.
여기에 아픈 중생이 있다.

— 지국 김태진 교수의 '작은 생각 큰이야기' 중에서

퇴원이후 오래지않아 선방禪房에 나갔다. 인연 따라 환희선원에 방부를 들였다. 차크라 요가와 능엄주 독송, 108배를 병행하며 '만법(모든 존재)은 하나로 돌아간다고 하는데, 그렇다면 그 하나는 어디로 돌아가는 것인가?(萬法歸一, 一歸何處)', '부모로부터 몸 받기 전 나의 본래면목은 무엇인가? 부모미생전본래면목父母未生前本來面目'을 찾아 가는 화두참구 수행을 하기도 했음이다.

무문관 입방, 세상과의 단절 선언

무문관無門關에 들었다. 밥이 나고 드는 구멍 외에는 사방의 출입문을 봉쇄해 버리고 문이 없는 방이란 곳이다. 생사문제가 치열한 화두가 되었음은 물론이요. 무문관에 들어서도 수많은 생각들이 파도처럼 떠밀려왔다 가기를 수도 없이 반복하였음은 마땅했다.

닻과 키를 잃고 거친 바다에 표류된 작은 생명의 배는
아직 발견도 아니 된 황금의 나라를 꿈꾸는
한 줄기 희망의 나침반이 되고 향로가 되고
순풍이 되어서, 물결의 한 끝은 하늘을 치고,
다른 물결의 한 끝은 땅을 치는 무서운 바다에 배질합니다.

님이여, 님에게 바치는 이 작은 생명의 파편은
최귀最貴한 보석이 되어서 조각조각이 적당히 이어져서
님의 가슴에 사랑의 휘장을 걸겠습니다.
님이여, 끝없는 사막의 한 가지의 깃들일 나무도 없는
작은 새인 나의 생명은 님의 가슴에
으스러지도록 껴안아 주셔요.
그리고 부서진 생명의 조각조각에 입 맞춰 주셔요.

— 만해 한용운, 「님의 침묵」, '생명' 중에서

그리고 세상과의 단절을 선언하고 일체의 외부 행사나 세상과의 접촉을 끊고 말았다. 인과가 역연함인가? 불과 몇 해 전의 일이건만 어제, 아니 지금의 일처럼 오롯하다.

만해의 일평생, 불멸의 밤을 마주하다

평생 불타는 집[화택火宅]에 살면서 활활 타오르는 불길 속에 있음을 몰랐다. 잠시 불길을 끄다 보니 화는 마치 길가에 잡풀이 자라듯이 순식간에 자라고 만다. 화는 더 큰 화를 부르기에 끝이 없이 이어진다는 생각이 꼬리에 꼬리를 물고 일어났다. 그러니 죽은 듯이 살아야 했다.

봉정암 오르든 길에 스님께서 써주신 불속에서 연꽃을 피우라는 '火中生蓮' 네 글자는 살아가는 내내 불덩이를 태우면서도 멀쩡한 척 했던 나를 향한 불씨였을까? 까닭 없는 호신부였을까?

> 사물의 실체를 깊이 들여다보는 명상은
> 화를 다스리는 가장 좋은 방법입니다.
> 자신의 존재를 통해서 보고 들으십시오.
>
> 그대가 지금 이 순간을 의식하고 충실 한다면,
> 진리의 비가 그대의 잠재의식의 깊은 곳에 있는
> 씨앗을 흠뻑 적실 것입니다.
> 그리하여 내일 그대가 접시를 닦거나
> 파란 하늘을 보는 동안 씨앗에 싹이 돋아날 것입니다.
> 사랑하고 이해하는 마음이 꽃처럼 피어날 것입니다.
>
> ─ 틱낫한, '화'(최수민 옮김) 중에서

틱낫한 스님의 '화를 다스려 마음의 평화를 얻는 지혜'의 말씀을 되새기며 화를 바라다 보았다.(김태진, '차를 끓이니 화가보이더라', 한국산문 2020.9(통권173호))

불속에 피는 꽃인가! 화중생연火中生蓮인가! 하던 차에 어느덧 불속에서 꽃이 피어올랐다. 마치 '화'를 아기처럼 끌어안아 마음 밭에 고이 심으면 그 화는 좋은 생각들의 자양분이 되어 꽃을 피운다는 말씀에 다름 아니었다.

'화'나는 세상, 이리도 친절하고 고운 말씀을 잊고 있었다니 '무문관'에서의 밤은 속절없이 깊어갔다. 부서진 생명의 조각조각에도 입맞춤하던 만해의 일평생, 불면의 밤이 이랬을까?

세상을 떠나 세상을 구할 것이 아니라

평생 화를 끓이며 마치 불타는 집에서 살아가고 있는 사람들에게 종교는 특별한 안식처가 아닐 수 없다. 어느 종교든 온 누리의 뭇 생명들을 구제함을 목적으로 하는 것은 당연한 것 이리라. 그러니 세상을 떠나 세상을 구하는 것이 아닌 세상에 들어와서 세상을 구해야하는 것이 그 이치가 아니던가?

나 또한 죽음의 길을 걷는 괴로움이 불같이 치성할 때에 그랬고 만해는 거룩한 분노조차 님에게 고백하고, 이를 침묵으로 봉했다. 칠흑 같은 밤을 훤히 밝히는 중생들조차 감출 수 없는 노여움을 끝끝내 스스로의 인생길에서 종교에 물음을 묻고 또 묻고 있는 것이리라.

만해는 『조선불교유신론』의 제2장 '불교의 성질'에서 미신으로써 미혹시키는 것이 아닌 깨달음을 준칙으로 삼는 불교의 종교성을 강조한다.

어느 종교든 종교라고 명목한 이상에는 창생蒼生의 구제를 목적 하는 것은 물론인데, 이미 창생의 구제를 목적할 것 같으면 세상을 떠나 세상을 구할 것이 아니라 세상에 들어와서 세상을 구할 것이니, 마치 병자를 떠나 병자를 치治할 수 없고, 병자의 손을 잡아 맥脈을 보며 가슴을 두드려 진찰한 후에 적당한 약을 투投하는 것과 같도다.

그러므로, 종교는 그 여하한 종류를 물론하고 모두 세상을 초월하기를 권하며, 이 진세塵世 이외의 낙원이 있는 것을 설하나, 그러나 그 입각하는 바는 결코 이 세상을 이별한 후의 낙원이 아니고, 이 인생을 초탈한 후의 신생新生이 아니라, 이 세상 속의 천당이며 이 인생 속의 신생활인즉, 재래 종교가 산중에 은퇴하여야만 도미道味를 깨닫는 줄로 알고, 인생을 초탈하여야만 실로 도인이 되는 것으로 알아온 것은 한 폐단이라 할 것이며, 진리의 발견이라 하지 못하겠도다.(한용운, 「불교유신회」, 만해사상실천선양회편(2000), p.131)

즉 이 세상과 결별한 후 산중에서 은퇴해야만 도미道味를 깨닫는 줄 아는 불교인들(수행자)에게 그들이 추구하는 것은 폐단일 뿐 진리라고 할 수 없다고 단언하였다. 이는 『조선불교유신론』 제9장 '사원의 위치'에서 말하고 있는 구절과도 일치하고 수행의 중요성을 일관되게 주장하고 있음을 본다.

세상에 들어와서 세상을 구하리니

우리가 주목해야 할 것이 또 있다. 만해가 사상가, 독립운동가, 민족주의자, 시인 등 다양한 면모를 보이지만 그 본 바탕은 수행자로서 중생구제의 본원本願을 세운 후에 대승적 행보를 보인 것이라는 데에 있음을 간과해서는 안 될 일이다. 저자가 수행자로서의 만해에 주목하는 까닭이다.

무릇 세속에 초연超然·묘연杳然하여 홀로 산중에 들어가 잡념을 끊어 버리고, 구름을 비질하고 샘을 떠 마시며 꽃을 보면서 성품을 기르는 일은 나 역시 좋아하지 않음이 아니다. 다만 겁회劫灰가 바뀌기를 잘하여 이루어지고 파괴됨이 일정치 않는 터라, 상전桑田과 벽해碧海가 일조에 처지를 바꾸면 그때에는 고기잡이 늙은이가 봉우리 위에서 웃음을 터뜨리고 소치는 농부가 여울물 가에서 실의에 잠길 것이니, 이때에 가서 우리들이 마땅히 무엇을 가지고 이에 대처하겠는가.

아마 죽음을 구하는 것밖에는 방책이 없을 것이다. 나는 오직 이것만이 두려워 만족해 있지만은 못하는 것이다. 생각건대 어떻게 오늘의 제멋대로 하는 타성을 희생하여 내일의 불교의 발전을 보장하랴.

— 만해, 『조선불교유신론』에서

그러자 그 해가 갑진년甲辰年의 전해로 대세大勢의 초석礎石이 처음으로 기울기 시작하여서 서울서는 무슨 조약條約이 체결되어 뜻있는 사람들이 구름같이 경성京城을 향하여 모여든다는 말이 들리었다. 그때에 어찌 신문이나 우편이 있어서 알았으랴마는 너무도 크게 국가의 대동맥大動脈이 움직여지는 판이 되어 소문은 바람을 타고 아침저녁으로 팔도八道에 흩어졌다. 우리 홍주에서도 정사政事에 분주하는 여러 선진자先進者들은 이곳저곳에 모여서 수군수군하는 법法이 심상한 기세가 아니었다.

그래서 좌우간 이 모양으로 산속에 파묻힐 때가 아니라는 생각으로 하루는 담뱃대 하나만 들고 그야말로 폐포파립弊袍破笠으로 나는 표연飄然히 집을 나와 서울이 있다는 서남 방면을 향하여 도보徒步하기 시작하였으니, 부모에게 알린 바도 아니요, 노자路資도 일 푼 지닌 것이 없는 몸이매 한양漢陽을 가고 나 말는지 심히 당황한 걸음이었으나 그때는 어쩐지 태연하였다. 그래서 좌우간 길 떠난 몸이매 해지기까지 자꾸 남들이 가르쳐 주는 서울 길을 향하여 걸음을 재촉하였다.

— 만해, 나는 왜 중[僧]이 되었나 中에서

매일 다니던 선방을 주3-4일로 줄여가며 '세상에 들어와 세상을 구하리니'라며 세상을 향했다. 한국공무원 불자연합회 김상규 회장(전, 감사원 감사위원)의 정기법회에 간곡한 동참 권유에 따랐다.

만해의 독백, 술집· 생선가게 사람들 성불할 때까지

만해의 방황인 듯 시대를 향하여 애닲아하며 떠났던 무작정 가출(?)이 진리의 향도 따라 출가로 이어지는 거룩함을 본다. 이어지는 만해의 독백이다.

> 이때에 나는 대삿갓을 쓰고 바랑을 지고 짧은 지팡이 하나를 벗 삼아서 표연히 만주 길을 떠났었다. 조선의 시세가 변한 이후로 조선 사람이 사랑하는 조국에서 살기를 즐기지 않고, 그 무슨 뜻을 품고, 오라는 이도 없고 오기를 바라는 사람도 없는 만주를 향하여 남부여대男負女戴로 막막한 만주 벌판으로 건너서는 사람이 많았다. 그 중에는 고국에서 먹고 살 수 없어 가는 사람도 있었고, 또 그 무슨 뜻을 품고 간 사람도 많았다.
> 나는 그때에도 불교도이었으니까 한 승려의 행색으로 우리 동포가 가서 사는 만주를 방방곡곡 돌아다니며 우리 동포를 만나보고 서러운 사정도 서로 이야기하고 막막한 앞길도 의논하여 보리라 하였다. 그곳에서 조선 사람을 만나는 대로 이런 이야기 저런 이야기로 이역異域생활을 묻기도 하고 고국 사정을 전하기도 하였다. 그리고 그곳 동지와 협력하여 목자牧者를 잃은 양의 떼같이 동서로 표박하는 동포의 지접할 기관, 보호할 방침도 상의하였다.
>
> ― 만해, 『죽다가 살아난 이야기』

죽다가 살아난 만해를 보고 있노라면 앞에서 말한 심우도 제10 입전수수入廛垂手, 마을을 돌면서 손을 펴는 것 즉 무위의 행行이 생각이 난다. 제1 심우에서 비롯하여 마침내 절대의 경지를 체득했으면서도 그 경지를 잊어버리고 중생교화에 힘쓰는 것이 입전수수이다. 꾸미지 않은 모습으로 저잣거리에 나가 차별 없이 중생을 교화한다. 술집이든 생선가게이든 가리지 않고 세상을 거침없이 드나들며 그들에게 삶의 생명을 일깨워준다. 그리고 피곤하면 집으로 돌아와 잠을 잔다. 세상의 모든 일에 자유자재하다. 이렇게 하여 모든 사람을 교화시켜 깨달음에 이르게 한다.

번뇌 즉 보리[깨달음]를 얻나니

위대한 가르침 아래 번민하며 대삿갓 쓰고 사방천지를 유랑하던 만해를 본다. 마침내 세상으로 돌아온다. 입전수수入廛垂手!

울타리 문 닫고 홀로 앉으니 천성도 알지 못한다.
자신의 풍광을 감추고 성현의 가르침도 따르지 않는다.
표주박을 차고 거리에 들어갔다가 지팡이를 끌고 집으로 돌아온다.
술집, 생선가게 사람들을 교화하여 성불하게 한다.
柴門獨掩千聖不知 (시문독엄천성부지)
埋自己之風光 負前賢之途轍 (매자기지풍광 부전현지도철)
提瓢入市策杖還家 (제표입시책장환가)
酒肆魚行化令成佛 (주사어행화령성불)

― 심우도, 제10 입전수수入廛垂手

만해가 세상 속에 있으며 세상을 떠나지 않은 이유가 밥을 빌거나 명리나 돈이 목적이 아니라면 바로 중생제도라는 네 가지 넓고도 큰 서원인 사홍서원四弘誓願의 실천적 삶에 있는 것이 아닐까 한다.

　　　당신이 맑은 새벽에
　　　나무그늘 사이에서
　　　산보할 때에
　　　나의 꿈은 적은 별이 되어서
　　　당신의 머리 위에 지키고 있겠습니다
　　　당신이 여름날에 더위를 못 이기어
　　　낮잠을 자거든
　　　나의 꿈은 맑은 바람이 되어서
　　　당신의 주위를 떠돌겠습니다

　　　당신이 고요한 가을 밤에
　　　그윽이 앉아서 글을 볼 때에
　　　나의 꿈은 귀따람이가 되어서
　　　책상 밑에서 귀뜰귀뜰 울겠습니다

　　　　　　　　— 만해 한용운, 「님의 침묵」, '나의 꿈'

대중 불교라는 것은 불교를 대중적으로 행한다는 의미이니 불교는 반드시 애愛를 버리고 친親을 떠나 인간사회를 격리隔離한 뒤에 행하는 것이 아니라, 인간 사회의 만반 현실을 조금도 여의지 아니하고 번뇌 중에서 보리菩提를 얻고 생사 중에서 열반을 얻는 것인즉 그것을 인식하고 실천하는 것이 대중불교의 건설이다.(한용운, 『한용운 전집 2권』, 신구문화사, 1973, p.167. 한용운; 만해사상실천선양회 편저, 「조선불교의 개혁안」, 『만해 한용운 논설집』 장승, 2000, pp.156-157)

그가 말하는 '목자를 잃은 양의 떼같이 동서로 표박하는 동포'는 바로 그 자신이기도 했고 그 해결의 방도나 방책은 스스로 목자가 되는 길이었을 것이기 때문이 아니런가.

> 중생을 다 건지오리다. 衆生無邊誓願度 (중생무변서원도)
> 번뇌를 다 끊으오리다. 煩惱無盡誓願斷 (번뇌무진서원단)
> 법문을 다 배우오리다. 法門無量誓願學 (법문무량서원학)
> 불도를 다 이루오리다. 佛道無上誓願成 (불도무상서원성)
>
> — 사홍서원(四弘誓願)

만해! 세상을 향한 아득한 바다는 수천 수만 갈래 파도로 부서지나, 본디 바다의 성품을 떠나지 않는 것처럼 어느새 돌아와 네 가지 큰 서원, 사홍서원四弘誓願 아래 오롯이 두 손 모은다. 세상을 떠나 세상을 구할 것이 아니라 세상에 들어와서 세상을 구하리니. 그리하여 번뇌는 별빛이라.

제4부

만해를 향하다

— 동행同行, 나란히 걷는 길

만해는
시대정신을 꿰뚫은
수행자로
역사의 중심에 서서
스스로를 바르게 세우고
마음을 밝혀
온전히 조국과 민족의
앞길을 비추었다.

나라를 잃고
상실의 심연을 나와
민족혼 마져
빼앗길 수는 없다며
독립운동을
수행의 방편 삼아
세상 밖으로 나왔다.

'중생이 아프니 나도 아프다'라는
유마힐 거사의 행보 따라
민중의 고통과 상실을
온몸으로 받아냈다.

산속을 나와 거리에서,
감옥에서, 민중의 곁에서
'세상에 들어와
세상을 구하리'라는
결기로 칠흑 같은
무명세상을 껴안았다.

만해의 길, 참된 동행의 길,
어느 듯
우리는
그의 길을 향하고 있다.

1장 만해사상에서 배우다

- 지능정보화시대의 향방

"나에게
「불교를 무슨 방법으로
장차 부흥시킬 것인가」라고
묻는다면,
나는 반드시 이렇게 말하겠다.
「승려의 결혼 금지를 푸는 것도
중요하고
시급한 대책의 하나일 것이다.」라고"

《조선불교유신론》에서
승려의 취처娶妻를 주장,
스스로 혼인한 뒤
산문에서 속가로 내려와
재가 승려로서 일생을 마친다.

"한 나라로서 제대로 행세를 하려면
적어도 인구는 1억쯤 되어야 한다.
우리 인구가 일본보다 적은 것도
수모의 하나다"

비로소 출산 절벽인 오늘날에야
스님의 선견지명, 혜안을 본다.
사실 승려 결혼은 '불교유신론'의
핵심이 아니다.
유신의 지향점은 대중불교였다.
대승불교의 다른 얼굴이다.

대승은 중생을 부처의 세계로
이끌겠다는 발원을 세우고
자비행을 실천할 때 완성된다.

만해는 그 방편으로
교리, 경전, 제도, 재산의
민중화를 주창했다.

이러한 그의 사상은
지금까지도 마땅히
해결돼야 할 많은
과제를 담고 있다

그의 혜안에 기대어
지능정보화 시대
그 향방을
묻는다

평생 이어지는 만해의 가르침

고등학생이던 70년대 초 뜻밖에 〈님의 침묵〉으로 시작된 만해와의 만남은 지근에 계시던 통도사 극락암 경봉스님(1892~1982)을 뵈면서 이어졌다. 경봉스님이 만해 한용운 선사와 인연을 처음으로 맺은 것은 1913년 봄 통도사 강사로 부임한 강원에서였다 한다. (경봉, 『삼소굴 일지』, p.253.)

고불, 대불련 그리고 대불청 활동을 하면서 선배, 큰스님으로 기리게 되었다. 사회에 진출해서도 어려울 때마다 다양한 모습으로 다가 오신 스님을 사표로서 선각자로서 그 인연을 소중히 해왔다.

2015년 '만해사상실천연합' 선진규 회장님을 통해, 몇 해 전에는 '만해사상선양회'를 창립하신 오현스님의 평론책자 발간을 계기로 만해와 지중한 인연이 새로이 시작된 것이다.

지난해부터 계간 한국불교문학에 만해스님의 시세계와 관련된 평론을 연재해 오면서 당신을 더욱 가까이서 느끼고 있다.(김태진, '論, 아득한 바다 萬海(1)', 계간《한국불교문학》2021년 여름호) 2022년도에 홍파 관음종 종정스님을 이사장으로 추대하여 '만해사상 실천연합'이 사단법인화하고 활동을 본격화함에 따라 활동 방향과 실천 방안에 대한 논의를 이어오고 있다. 그 일환이기도 하지만 이제 만해사상의 가르침을 넘어, 국민교육에 대한 방법론적 대안 모색은 이제 시작이라 할 것이다. 이렇듯 '만해가족'들은 자신들의 재능과 경험을 십분 발휘, 그 가르침이 다양한 차원으로 확장되고, 인류보편의 가치를 선도해 나가길 바란다.

만해의 삶에서 배우다

많은 생각을 해본다. 만해 당신은 수행자인가? 사상가인가? 문학가인가? 천백억 화신으로 나타난 마음의 노래를 들으며 거침없는 만해의 행보를 보며 만해사상, 어디로 향하는가? 묻고 또 묻고 있다.

알다시피 만해 한용운은 승려이자 독립운동가, 사상가, 시인, 수필가, 소설가, 사회비평가로 다양한 삶을 살았다. 승려로서는 불교의 개혁을 주창했고 깨어있는 지성으로 애국독립 운동을 해왔다. 일제 강점기임에도 불구하고 세계 유수의 민주시민에 못지않은 인류 보편적 가치를 실현하기 위해 노력했고 교양잡지 발간, 일간지 기고, 대중강연 등 사회교육 계몽활동에도 힘을 기울렸다. 그래서 그를 흔히 독립운동가, 불교개혁가, 근대 시성詩聖이란 삼위일체의 삶을 산 것으로 특징 짓는다. 근자에 도올 선생은 그의 저서 「만해 한용운, 도올이 만해를 부른다」에서 급기야 만해를 성인으로 자리매김까지 했다.

일반적으로는 승려보다는 다양한 의식을 지닌 사상가로 시인이자 독립운동가로 더 잘 알려져 있다. 지금까지 그에 대한 연구가 주로 이 분야에 집중 조명되어 온 것 또한 바로 이 때문이기도 하다. 이즈음에 만해 한용운의 정체성에 대한 의문을 갖는 것은 당연한 것일지도 모른다.

승려의 취처娶妻를 주장하며 스스로 혼인한 뒤에는 산문에서 속가로 내려와 평생 심우장에서 재가 승려로서 일생을 마쳤기 때문이다. 승려라고 하기엔 조계종 종헌 종법상 청정 비구가 아닌 관계로 이견이 있고, 만해에 대한 절집의 평가 또한 양분된다. 특히 정통 한국불교의 장자교단을 자처하는 조계종의 시선은 그리 고울 순 없다. 심지어 "만해 자신이 유마경의 대승적 무애를 내세워 자기에 알맞은 불교와 수행의식을 만들었다"고 에둘러 비판한다. 그 원인은 다른 데 있지 않다. 만해의 환속과 결혼 때문이다. 때론 만해 선생, 만해 거사로 불리기도 했다.

"금제禁制(결혼금지)를 할수록 승려의 파계와 범죄는 속출해 도리어 기강이 문란해질 것이 아닌가. 한 나라로서 제대로 행세를 하려면 적어도 인구는 1억쯤 되어야 한다. 우리 인구가 일본보다 적은 것도 수모의 하나다." 만해는 1910년 백담사에서 집필한 '조선불교유신론'을 통해 승려의 결혼을 주장했다.(한용운, '불교의 장래와 승니의 결혼문제'《조선불교유신론》)

"용운 수좌가 미쳤군!" 그를 누구보다 아끼고 이해했던 석전 박한영과 용성 스님의 단호한 반응이 있었다. 그러니 당시 불교계의 비판은 당연했다. 사실 승려취처娶妻 즉 결혼 허용은 '불교유신론'의 핵심이 아니다. 유신의 지향점은 대중불교였다. 만해의 대중불교는 대승불교의 다른 얼굴이다.

대승불교는 중생을 부처의 세계로 이끌겠다는 발원을 세우고 자비행을 실천할 때 완성된다. 만해는 그 방편으로 교리, 경전, 제도, 재산의 민중화를 주장했다. 만해의 시 '나룻배와 행인'은 중생에게 한없는 자비를 베푸는 보살행을 노래한다. 인권환 고려대 교수는 "불교유신론은 급진적이고 과격한 면도 없지 않으나 지금까지도 마땅히 해결돼야 할 과제를 담고 있다"고 긍정 평가하기도 한다.

그의 정체성과 관련해서는 기본적으로 승려였으며 교학을 두루 겸비한 선사였다고 해야 마땅하다. 같은 생각으로 "만해 한용운의 여러 측면 — 불교의 개혁, 애국운동, 시와 수필과 창작 — 이 모든 것이 궁극적으로 선禪의 행에서 나온 자연법이自然法爾의 생활이었다고 할 것이다."(조명기, 만해 한용운의 저서와 사상, 한용운 전집 3, 불교문화연구원(2006, p.16) 그러니 그의 사상과 문학 등 다양한 행보의 원천은 불교에서 나오고 그를 대중화하려는 노력은 대중불교의 실천으로 나타난 것이다. 마땅히 우리가 이를 기리고 계승, 발전시켜야 할 방향이라 본다.

오늘날 4차 산업혁명 시대 지능정보화가 가속되고 있는 시대의 향방을 다양한 얼굴로 다가오는 만해에게 물어야 하리라.

천백억 화신의 모습 불교문학, 'K-문학'의 본류

십년 전 퇴임을 앞두고 오랜 공직생활의 좌표로 삼아 간직해온 호국불교경전「불설 호국인왕반야경」한문본을 한글로 번역하여 세상에 내 놓은 바 있다. 내용 중에 붓다께서 게송으로 제자들의 물음에 답하는 것이 특히 인상적으로 읽힌다. 게송~ 그 수려한 문장과 비유는 문학적 장치, 수사에 더 하여 생생하고도 깊은 감명을 주기에 충분하다. '불교 진리의 사회화' 일환으로 한글화 역경작업을 하면서 경전을 현대적 의미로 재해석하고 문학적 표현을 더하는 것이 큰 관심사였다. 당시 직역된 경전을 보다 아름다운 한글로, 표현 하나하나에 의미를 부여하며 의역 작업을 해 나갔다. '불교경전의 문학화'라는 소명의식이 생겨나고 문학적 접목이 무엇보다 절실하다는 사실도 알게 되었다. 외람되지만 만해와 공감 소통하는 순간이었다는 생각에 변함이 없다.

크게 보면 모든 경전의 교리가 마침내 하나의 마음 그 근원으로 귀일된다고 하는 '만법일심萬法一心·삼계유심三界唯心'의 원리를 깨달아 대승과 소승, 공空·성性·상相의 하나 됨을 체득하는 회통의 도리에 다름이 아닌

인왕반야경 고불법회(범어사)

것이다. 그리하여 석진오 스님과 나, 승속 두 사람은 '호국인왕경'을 노래와 시로 표현하는 데에 의기투합 했다.

불교문학 발전을 위한 경전 중심의 원론과 경전에서 응용된 각론이 문학의 이름으로 천백억 화신으로 나타나 서로 조화를 이루어가는 것이라고 생각했다. 전자는 문학의 입장보다는 불교의 입장에서 후자는 문학의 관점에서 그 개념을 규정했다. 불교와 문학은 앞서거니 뒤서거니 하면서 사람 중심 인문학의 선구이자 세상의 많은 사람들에게는 주요한 화두로서 시대를 관통하여 왔다고 보았다.

그야말로 둘이 아닌 것, '불이不二'라고 하는 불교적 본래 모습이 아닐 수 없다. "과거에 잇서 건축조각 회화 등 방면에 크게 공헌한 조선불교는 이로부터 문학방면에 공헌되리라고 생각합니다."라는 만해의 발언 또한 이점에서 주목할 만하다. 문학방면에 관한 만해 스님의 문화론의 일단에 반색하는 이유이기도 하다.

만해사상, 한류문화의 본류중 하나

얼마 전 '님의 침묵'이란 장편소설(김호운, 『장편소설 '님의 침묵'-민족의 님 만해 한용운(전3권)』, 청마, 1993.)을 쓴 소설가 김호운(한국문인협회 이사장) 선생을 뵐 기회에 단도직입, "만해의 정체성, 그를 성격 규정하자면 한마디로 뭐라 할 수 있을까요?"라고 물었다. 김 이사장은 단호하게 "사상가임에 틀림없다."고 했다. 그 이유로 "사상을 전파하기 위해 당시 영향력 있던 불교를 빌어 승려로 살았지만, 기독교가 그의 사상 전파에 더 도움이 된다고 했으면 아마도 목사가 되었을 사람이다."라고 말했다.

지근에서 뵙곤 하는 만해기념관 관장 전보삼 교수는 "만해 한용운의 『님의 沈默』은 시인의 눈으로 바라보면 국민적인 시인이요, 나라 사랑의 대비 원력에서 바라보면 조국이요, 민족이다. 그러면서 불교의 대선사, 대강백의 눈으로 바라보면 「님」은 비로자나 법신毘盧遮那法身으로서 화엄사상華嚴思想의 대명사다."라는 학문적 소신의 일단을 밝히기를 주저하지 않는다.(전보삼, '화엄의 관점으로 본 만해사상 연구', 동국대 박사학위논문, 2007) 평생 만해를 숭앙하고, 그 정신을 선양하고 있는 전 교수는 "만해야 말로 불교 화엄사상에 기반한 '사상가'로 자리매김하고 있음을 알 수 있다." 라는 확고한 입장을 피력한다.

이즈음에 불교가 먼저인가? 문학이 먼저인가? 라는 설문에 이어 사상가인가요? 수행자인가요? 란 선택지를 들고 만해를 향해 내민다면, 그는 흔쾌히 어떤 선택을 받을 수 있을까? 어떤 때에는 불교를 앞세워 불교문학, 어떤 경우에는 문학을 앞장세워 '문학불교'로 선후, 좌우로 종횡무진 하고 있다는 생각이 든다. 사상가로서 스님이든 목사, 신부이든 걸친 행색은 문제가 아니란 말씀도 맞고, 불교 최고의 가르침인 화엄사상을 아우르는 사상가란 평가도 일리는 있다. 거침없는 만해의 행보만을 두고 보노라면 더욱 그렇다. 하지만 만해의 사상은 어디를 향하는가? '님'을 향하는가? 아니면 '님'인가?

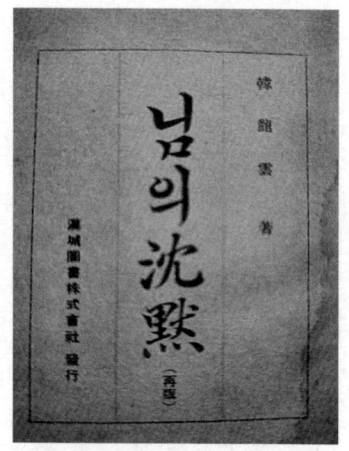

만해 한용운, 「님의 침묵」 재판본 속지

> 나는 서투른 화가畵家여요.
> 잠아니 오는 잠자리에 누워서 손가락을 가슴에 대이고
> 당신의 코와 입과 두 볼에 새암 파지는 것까지 그렸습니다.
> 그러나 언제든지 작은 웃음이 떠도는 당신의 눈자위는
> 그리다가 백번이나 지웠습니다.
> 나는 파겁破怯 못한 성악가여요.
> 이웃 사람도 돌아가고 버러지 소리도 그쳤는데
> 당신의 가르쳐 주시던 노래를
> 부르려다가 조는 고양이가 부끄러워서 부르지 못하였습니다.
> 그래서 가는 바람이 문풍지를 스칠 때에 가만히 합창하였습니다.
> 나는 서정시인이 되기에는 너무도 소질이 없나 봐요.
> '즐거움'이니 '슬픔'이니 '사랑'이니 그런 것은 쓰기 싫어요
> 당신이 얼굴과 소리와 걸음걸이 나를 그대로 쓰고 싶습니다.
> 그리고 당신의 집과 침대와 꽃밭에 있는 작은 돌도 쓰겠습니다.
>
> ― 만해 한용운, 「님의 침묵」, '예술가'

2022년 2월 세계 기독교 목회자 신앙공동체 〈아둘람 휴먼라이브러리〉 온라인 초청특강에서 '불이, 이분법을 넘어서'란 주제로 만해사상을 소개, 상당한 공감을 얻은 바 있다. 당시 만해사상의 세계화에 대한 긍정적 신호로 받아 고무되었음을 밝혀둔다.

앞으로 만해의 이런 점에 착안하여 첫째 승려, 둘째 사상가, 셋째 문학가로 나누어 그 사표가 되는 가르침을 전승하는 방안을 모색해 보기로 한다. 이와 관련 김재홍, 이성천, 신진숙, 김광식, 허우성, 이선이 등이 2010년 한국연구재단의 지원을 받은 "만해 사상과 동아시아 근대 담론 비교 연구 –문학, 불교철학, 민족사상을 중심으로"제하 공동연구는 문학/불교철학/민족사상의 세 측면에서 만해 사상의 근대성과 탈근대성을 체계화한 연구사례도 좋은 연구의 토대가 될 수 있다.

즉 ① 수행승으로서의 만해, 그 사상의 원천이 되는 불교의 선학을 계승하기 위한 교육방안, ② 독립, 애국운동을 해온 평화사상가로서의 만해, 그 사상이 지향하는 대국민교육 방향, ③ 시, 소설, 수필, 비평 등 문학가로서의 만해, 그 문학을 통해 세상과 어우러진 만해 사상 선양과 실천방안 등 크게 세 가지로 나누어 그 연구를 심화해 나가면 어떨까?

특히 오늘날 지능정보화시대를 살아가는 우리들이 한류선학· 한류사상· 한류문화의 원조격으로 그 가르침을 받들어야 하리라 본다. 또한 이를 받아들이고 되새겨 마침내 환류還流해 냄으로써 새 시대를 선도해 나가고자하는 원력에 기반해야 한다는 것이다. 만해의 삶에서 배우고 누에의 실타래마냥 이를 백천 가지 세상의 지혜로 씨줄 날줄로 엮어 나가야 하는 본분과 책무가 우리 세대에 있음을 감히 밝힌다.

제8회 만해 평화문학축전에서 만해사상논문 발표중인 저자

2장 만해의 선수행 계승을 위한 교육방향

– 발전방안과 간화선의 대중화

만해 스님은 승단교육을
보통학, 사범학, 외국유학 등
세 가지라 하고

"낡고 부패한 늙은 무리들이
젊은이들의 신교육을 백방으로
방해하고 있으니
통탄할 일"이라며

"교육을 저해하는 자는
반드시 지옥에 떨어지고
교육을 권장하는 자는
마땅히 선도할 것"이라고
준엄히 꾸짖었다.

"선지도 모르는 자들이
우두커니 앉아서
옛 조사의 어록
몇 마디를 수작하고 있다"

거대 선학관禪學官을

한 두 개정도 건립하고
훌륭한 선지식 몇 분을 스승으로
승속을 구분하지 말고
정진, 또 정진을 강조

'낡은 제도를 고쳐
새롭게 한다'는 유신維新!

스님은
"유신이란 무엇인가,
파괴의 자손이요,
파괴란 무엇인가,
유신의 어머니다"고 했다.

불교의 구세적·포교적 사명을
다하기 위해 대도시로 나와야
승려 교육부터 포교, 통신 등
여러모로 이익된다는
선수행과
불교진리의 사회화를 위한
교육방향을 설파하셨나니…

선수행, 불교진리의 사회화

만해는 조계종 승려로서 한국 전통선의 가풍에 따라 수행해 왔고 이러한 사실은 그가 입적할 때까지 변함없이 이어졌다. 한국 전통선은 내적으로는 6조 혜능慧能을 시조로 하는 남종선이며, 법맥으로는 중국의 임제종을 잇는 것이었다. 수행 방법으로서는 간화선을 행하는 것이었다. 기본적으로 만해는 남종선을 계승하고 있으며, 수행의 필요성을 인정하고 있고 유일한 수행법으로서 간화선을 들고 있다. 만해는 간화선이 '중도中道를 취하는 수행방법'임을 강조하고 있다.

만해는 참선에 있어서는 '어떠한 마음의 작용도 그치는 것[회심멸지, 혼침灰心滅志, 昏沈]'과 '마음으로 사량하고 궁구하는 것[고사극색, 도거苦思極索, 掉擧]'을 모두 피해야 한다고 주장하면서, 이 양자의 폐해를 떠난 중도적 수행법이 간화선임을 역설하고 있다.

만해는 불교가 지향해야 할 것은 구세주의救世主義와 평등주의平等主義에 있다고 하였다. 선승이라도 '염세적 고선枯禪 사선死禪'이어서는 안 되며, 대중 속으로 파고들지 않으면 안 된다고 주장하였다. '불교진리의 사회

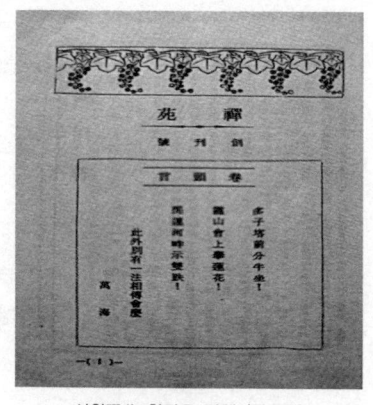

선원禪苑 창간호 만해 '권두언'

화'라는 대중불교의 기치를 든 것이리라. 대중을 떠나서는 불교를 행할 수 없고 불교를 떠나 대중을 제도할 수 없다는 불교의 대승적 이념에 따른 실천행 자체요 진리의 사회화에 대한 간절함이다. 동체대비의 침묵, 깨달음의 실천을 강조하는 사자후가 아닐 수 없다.

만해는 비록 수많은 수행납자들을 제접했던 것도 아니었고, 이름난 선방에서 오랜 기간 안거를 성만하지는 않았지만, 시퍼런 취모검吹毛劍을 쥔 선승의 면모에 다름 아니다. 마침내 그 의연함으로 절차탁마하여 29세 때인 1907년에는 강원도 건봉사에 들어가 대중들과 함께 하안거와 동안거를 원만 성취하였다.

십년이 넘는 세월 동안의 각고 수행의 결과 1917년에는 설악산 오세암에서 깨달음을 체험하였다. 그 무렵 백담사에서 깨달음을 성취하고 난 후 앞서 소개한 오도송을 짓는다.

　　사나이 이르는 곳 어디나 고향인데
　　몇 사람이나 오래 나그네로 지냈던가
　　한마디 외쳐서 우주를 갈파하니
　　눈 속의 복숭아꽃 빨갛게 나부낀다

　　(男兒到處是故鄕 · 남아도처시고향)
　　(幾人長在客愁中 · 기인장재객수중)
　　(一聲喝破三千界 · 일성할파삼천계)
　　(雪裡桃花偏偏紅 · 설리도화편편홍)

일화逸話를 보면 위 넷째 연의 '편편홍'은 원래 '편편비飛'였는데 만해의 절친 도반이던 만공滿空스님이 이렇게 수정했다고 한다. "우국의 심정이 서린 깨달음의 노래다. 고향과 나그네는 나라 잃은 우리 민족을 상징한다. 눈은 일제의 탄압, 붉은 복숭아꽃은 일편단심의 애국심을 암시한다. 만해의 불교사상, 특히 대승적 사상은 항일운동과 문학세계의 밑바닥에 도도하게 흐른다."는 저자와는 같은 듯 다른 평가가 있기도 하다.

만해는 뜻을 세운 장부가 떠도는 곳 모두가 고향이라고 노래한다. 그가 말한 고향이란 원래 우리가 왔던 바로 그곳 본향本鄕을 이름인가? '모든 것이 있는 온전한 곳 그대로가 고향이니 바로 본질적인 진리의 세계를 말함이라. 세속이 곧 진리의 세계라고 하는 것이니 성속聖俗과 승속僧俗, 진제속제眞諦俗諦, 절대진리 상대진리가 둘이 아님을 말한 것이리라.

환지본처還至本處에 비추어보니 세상사의 대립적이고 상대적인 개념을 넘어선 고향과 타향이 둘이 아니라는 '불이不二'라고 했음인가? 근거를 말하면 '금강경' 32품 중 제1품 법회인유분法會因由分 서두의 글이다. "이와 같이 들었다. 어느 때 부처님께서 사위국 기수급고독원에서 대비구 1,250명과 함께 계셨다. 밥 때가 되자 세존께서는 가사를 수하고 바리때를 들고 사위성으로 들어가 성안에서 밥을 빌 적에 차례로 일곱 집을 마치고 '본래 계시던 곳으로 돌아와'[환지본처環至本處] 밥을 들고, 가사와 바리때를 거두고 발을 씻고는 자리를 펴고 앉으셨다." 그리하여 너와 내가 둘이 아니건만 서로 둘로 경계를 나누고 있는 세상을 한탄한다. 연기법의 도리로 진리를 통찰한 만해의 혜안 구족한 면모를 본다.

    만해는 개인과 개인, 사회와 개인, 국가와 국가가 서로 다 연결되어 있다는 연기의 이치로서 모든 것을 조화로운 '관계의 법'으로 파악하고 있는 것이다. '사회와 국가의 운명은 곧 개인의 운명'이고 사회도 '我'이며 국가도 '我'라고 말한 것은 단지 국가와 개인의 단순등치를 통해 국가주의를 주장하기 위한 것이 아니라 화엄적 사사무애事事無礙의 경지를 설명하기 위한 것이었다.(박수연, '화엄적 평등의 민족과 세계', 『만해학연구』 권2호, 만해학술원, 2006, p.69)

    이렇듯 만해는 존재의 실상에 대한 깨달음 이후, 더욱 확철한 보림保任의 길에 나섰다. 산사에 머무르지 않고 세상 속으로 나아가게 된다. 이후 일시 하산한 만해는 상경하여, 대중불교 운동을 향한 치열한 수행자로서의 삶을 산다. 진리의 사회화, 사회적 실천행實踐行인 대승보살도를 이어가게 되는 행보를 보인 것이다.

    중생이 있는 곳이 환지본처임을 보여준 또 다른 일례를 살핀다. 만해 한용운이 1928년 대학 강단에서 가르치던 오늘날 동국대학교의 전신인 당시 불교전수학교 학생들이 펴내던 교우회지 《일광一光》 창간호에 〈성불과 중생〉이란 그의 권두시 전문이 수록되어 있다. 가르침을 공유하려는 거침없는 그 면모의 일단을 본다.

> 부처님이 되려거든/중생을 여의지 마라
> 극락을 가려거든/지옥을 피치 마라
> 성불成佛과 왕생往生의 길은
> 중생과 지옥

　민족의 핏줄 속에 흘러든 시의 혼불은 한 호흡의 운율로 '(결코) 중생을 여의지 말라'며 대승의 실천적 불교정신에 입각하여 일제강점기 민족운동과 독립정신, 오롯이 정진의 길을 일깨운 선시가 아닐 수 없다. 불교진리의 사회화를 향한 걸림 없고 일관된 만해의 다양한 불교교육 방법의 일단을 보여준다.
　결국 대중불교大衆佛敎라는 것은 불교를 대중적으로 행한다는 의미이니, 불교는 반드시 애愛를 버리고 친親을 떠나서 인간사회를 격리한 뒤에 행하는 것이 아니라, 인간 사회의 만반현실萬般現實을 조금도 여의치 않고 번뇌 중에서 보리菩提를 얻고 생사 중에서 열반涅槃을 얻는 것인즉, 그것을 인식하고 실천하는 것이 곧 대중불교의 건설이다. 이 대중불교가 만해가 밝힌 '불교의 사회화'의 큰 방향이라 하겠다.

'선과 인생', '선과 자아', '선외선', 거리를 향하다

만해는 심우장에 거처하면서 매일 참선 수행을 하였으며 특히 1930년대에는 선에 관한 논설들을 본격적으로 세상에 내놓게 된다. 세수 60세를 바라보며 시작한 1932년에 발표된 「禪과 人生」, 1933년 「禪과 自我」, 1935년에는 「文字 非文字」, 1937년에 이르러 「尋牛莊說」과 「禪外禪」 등은 대중선을 향한 독특한 만해 수행의 발로이다. 이를 통해 누구나 할 수 있는 생활 선을 주창하였으며, 심우장에서 거사(?)로서 매일 참선 수행을 하고 있는 근황을 당시 언론은 간간히 소개하였다.

만해는 불교를 '자력自力의 종교'라고 하였다. 그렇기 때문에 타력신앙의 표상인 염불당을 폐지하라는 주장을 하기도 하였다. 그런 의미에서 본다면 대표적인 자력신앙인 선은 만해의 지향하는 바와도 맞는 것이었다. 만해에게 있어서 참선이란 '마음의 정체를 밝히는 것'에 다름 아니었다. 그런데 이 마음은 만법을 현현하는 주체로서, 인간의 간단없이 오가는 사고로는 알 수 없다.

따라서 "참선을 통해서 마음이 '스스로 자체를 밝히는' 수밖에 없다"고 만해는 선수행의 중요성을 강조한 것이다. 만해의 소망은 자아개념을 확대하여 제국주의에 저항할 수 있는 평등주의·구세주의를 실현하는 데 있었다.(정영식, 「만해 한용운의 자아自我 개념과 선禪」, 『선문화연구 24권』(2018), pp.59~91)

비는 가장 큰 권위를 가지고, 가장 좋은 기회를 줍니다.
비는 해를 가리고 하늘을 가리고, 세상 사람들의 눈을 가립니다.
그러나 비는 번개와 무지개를 가리지 않습니다.(중략)

만일 당신이 비오는 날에 오신다면, 나는
연蓮잎으로 옷옷을 지어서 보내겠습니다.
당신이 비오는 날에 연잎옷을 입고 오시면,
이 세상에는 알 사람이 없습니다.
당신이 비 가운데로 가만히 오셔서 나의 눈물을 가져 가신대도
영원한 비밀이 될 것입니다.
비는 가장 큰 권위를 가지고, 가장 좋은 기회를 줍니다.

— 만해 한용운, 「님의 침묵」, '비' 중에서

비에 젖지 않는 연잎옷을 지어 바치는 만해의 마음은 선어禪語로만 주고 받을 수 있는 언어이다. 그의 말은 가르침의 비가 되어, 법비[법우法雨]가 되어 세상을 적신다.

철학은 현상에 대한 탐구인 반면, 참선은 이 현상을 지어내는 마음을 닦는 것이다. 그러므로 참선과 철학은 구별되어야 한다. 만해는 참선과 철학에 대해 "참선은 체體요 철학은 용用이며, 참선은 스스로 밝히는 것이요. 철학은 연구며, 참선은 돈오頓悟요 철학은 점오漸悟라고 할 수 있다"고 말했다. 이렇듯 만해는 행주좌와行住坐臥 어묵동정語默動靜 언제어디에서건 불교의 진리와 함께하는 삶을

살았다. 민중들 또한 그 속에 함께하길 염원하며 어떤 때는 언설로, 또는 오롯이 행동 선[活禪]으로 보여주며 스스로도 평생을 간화선 수행자로 살았던 것이다.(한용운,「禪과 自我」,『불교』6월호(1933) :『韓龍雲全集2』, 신구문화사, 1973, pp.319~323)

하지만 수행승 만해로서의 연구가 상대적으로 부족할 뿐 아니라 심층 연구조차 미진한 현실을 감안, 일차적으로 (사)만해사상실천연합 산하에 상설 연구조직 구성, 방안을 제안해 본다. 이를 통해 일평생 만해가 보여준 생활 간화선에 대한 체계적 연구와 관련 연구기관과의 연대 강화는 물론 작금의 시민 선방과의 교류 방안 등이 시급히 요청된다 하겠다.

만해의 생활간화선 재조명

우리나라에 내로라하는 선원, 선방 들이 많이 있지만 도심에서 승속이 하나 되어 생활 간화선을 집중 수행하는 곳은 많지 않다.

1989년 설립된 서울과 부산의 안국선원의 경우 그동안 국내외의 수행자들에게 1주일간의 간화선 집중수행을 300회 이상, 3만여명의 사부대중에게 선체험 기회를 제공한 바 있는 것으로 알려져 있다. 간화선 수행자에게 먼저 짧은 기간의 간화선 집중 수행을 통해 선 체험을 맛보게 하고, 실제 생활 중에서 습관을 다스려 가게 하는 것이야말로 가장 현실적인 간화선 수행법이라고 할 수 있을 것이다. 이런 원리대로 생활 중에서 실천하도록 이끌기 때문에,

간화선은 인류의 정신 세계에서 필수적인 미래의 대안으로 주목받고 있다는 것이다.

만해와 동 시대를 살았던 오대산 월정사 한암 대종사 또한 "우리나라에 불법이 들어 온 후에 재가자와 출가자를 막론하고 참선하여 도를 깨친 이가 무수히 많습니다. 꼭 부처님 앞에서(사찰에서) 참선해야만 되는 것이 아닙니다. 오히려 사무를 보는 복잡한 가운데에서 득력하는 것이 적정한 곳에서 득력하는 것보다 10만억 배나 더 힘이 있는 것입니다. 문제는 오로지 당사자의 신심이 얼마나 견고한가? 그것이 관건입니다."란 생활선의 중요성을 피력한다.(『定本 漢岩一鉢錄: 漢岩大宗師法語錄』상권 p.369, 한암대종사법어집 편찬위원회, 한암문도회, 2010)

특히 최근 수년간 동국대에서 열린 '간화선 국제학술대회'에 참가한 해외 불교학자들도 백담사, 마곡사, 미황사 등지에서 열린 간화선 집중수행 프로그램에 참가하여 선 체험의 법희선열法喜禪悅을 직접 맛보았던 것으로 알려진다. 현재는 국내의 서울, 부산, 진주, 창원과 세종시 그리고 미국, 중국과 뉴질랜드 해외등지 안국선원에서 수천 명의 불자들이 정진하고 있다.

기존의 이분법적 서구사상이 한계에 봉착한 현재 시점에서 인류를 구제할 올바른 길은 갈등을 넘어서는 중도 연기법을 직접 깨닫는 간화선의 대중화와 세계화에 있다. 이 점은 만해의 생활 간화선과 맞닿아 있어 공조의 여지가 많다고 보아 흥미롭다. 간화선의 부흥은 곧 현재의 시절 인연에 따라 다양한 문화 분야에서 꽃피고 있는 '한류'를 완성하여 인류정신문화 발전에 기여하는 길이기도 하다."고 말할 수 있다.

"안국선원 선원장 수불스님은 한국불교 정통수행법인 간화선을 현대에 맞게 착실히 되살리는데 최선의 노력을 경주해 왔고, 실제로 지난 33년에 걸쳐 간화선 집중 수행을 출가자와 재가자를 가리지 않고 꾸준히 지도해 왔다. 지난 3년간 세계적인 코로나19 대유행으로 봉쇄되었던 인고의 세월을 거친 후 이 신념은 더욱 굳어졌다."(김홍근 '깨달음으로 자비 실천하는 간화선 인류의 갈등 치유하는 백신 될 것', 동아일보 문화면 2022.5.6.일자)

수불스님(안국선원장)과 저자

더하여 서언緖言을 포함해서 모두 7개조로 이루어진 만해의 〈조선불교 개혁안〉중 '선교禪敎의 진흥振興'이라는 항목을 살핀다.

"선교禪敎를 떠나서 불교를 말할 수 없으니 선교는 곧 불교요, 불교는 곧 선교다. 선禪은 불교의 형이상적形而上的 순리純理를 이름이요, 교敎는 불교적 언문(言文)을 이름이니, 교로써 지智를 얻고 선으로써 정定을 얻는 것이다. 정을 얻어야 바야흐로 생사고해를 건너서 열반 피안에 이르게 되는 것이요, 교를 말미암지 않으면 중생을 제도하는 보벌寶筏의 지침을 얻을 수가 없는 것이다. 그러므로 선과 교는 새의 두 날개와 같아서 하나를 궐闕할 수가 없으니, 불교의 성쇠는 선교의 흥체興替를 영향하는 것이다." 교학에 근거한 철저한 그의 참선 수행이 허공 속 환화幻華을 향한 헛발질이 아니었음을 보여주는 대목이 아닐까?

소위 'K-선禪' 세계화 방향

만해는 〈선과 인생〉에서 "선禪이라면 불교에만 한하여 있는 줄로 아는 것이 보통이다. 물론 불교에서 선을 숭상하는 것이 사실이다. 그러나 선을 일종의 종교적 행사로만 아는 것은 오해다. 선은 신앙도 아니요, 학술적 연구도 아니며, 고원한 명상冥想도 아니요, 심적沈寂한 회심灰心도 아니다. 다만 누구든지 아니하면 아니 될 것이요, 따라서 누구든지 할 수 있는 지극히 평범하고 필요한 일이다." 라고……

만해는 선이라고 하든, 명상이라고 하든, 마음수련이라고 하든 호칭이야 어떻게 해도 좋겠지만, 화두를 드는 방편을 취하는 것이 가장 믿을 만한 수행법이라는 것이다. 즉 선을 불교에 국한하지 않으면서도, 수행의 과정에서 화두의 필요성을 역설했다. 이 점에서 대중선원에서의 선 수행 방법을 융합하여 새로운 'K-선'을 정립, 이를 세계화하는 방안이 필요하리라 본다. 저자는 만해의 생활간화선과 도심 대중선원의 간화선 수행법을 통합, 세계화로 선점하기 위해 'K-선(SUN)'으로 명명한 데 이어 나름 이를 체계화하기 위한 방안을 강구중이다.

안국선원은 물론 능인선원 등 기존의 도심 선원들과 유수 종단 소속 선원들이 MOU 또는 협력을 통해 고선枯禪 사선死禪이 아닌 활선活禪인 만해의 화두선에 대한 이해와 실참, 연구 등 발전 방안을 서로 마련해 나가는 방향이야말로 간화선의 세계화로 가는 길이라는 생각이다. 그리하여 만해가 주창해 온 생활선을 재조명함으로써 간화선의 대중화를 위한 수행 매뉴얼 등을 공유, 표준화해 나가는 것도 간화선의 세계화를 위한 좋은 공유 방법이 되리란 생각이다. 또한 2022년 6.26 국방부 원광사 경내, 및 2025년6월21일 부산박물관 행사장에서 안국선원장 수불스님과의 면담을 통해 그동안 「만해사상실천연합」 활동을 물심양면의 지원에 대해 감사드린데 이어 만해관련 저술출간, 간화선을 통한 만해 선수행 발전 방안 등에 대해 긍정적인 논의가 있었음을 밝힌다.

한편, 초창기 '불교와 심리치료'의 연구 경향을 살피면 1960년대 후반부터 1970년대 말까지는 주로 선禪불교를 중심으로 프로이드의 정신분석, 융의 분석심리학, 로저스의 상담이론을 비교분석하였고,(Suzuki, D. T. Zen Buddhism(Garden City: Doubleday, 1956)

과 鈴木 大拙, 『禪と精神分析』東京: 創元社, 1960) 1980년대 들어 연구 분야가 선불교에 한정되지 않고 점차 다양화되고 있어 고무적이다. 그 가운데 매사추세츠 대학 의과대학의 의학부 명예교수 존 카밧진(Jon Kabat-Zinn)은 유식불교의 마음챙김에 근거한 스트레스 완화(MBSR) 클리닉(1979년)의 설립자로 활동중이다. 그는 1974년 한국의 숭산스님으로부터 가르침을 받아 세상에 지혜와 자비가 늘고 고통이 줄어드는데 도움을 주고자 MBSR을 개발한 것으로 알려진다. 『마음챙김 명상과 자기치유』 등 여러 권의 책을 집필했다. 심리치료적 가능성에 대한 연구가 시도되고 있다고 보여 진다.

이후 2000년대 이후에는 존 카밧진의 MBSR 등을 포함하여 '위빠사나와 명상 기반의 심리치료'에 대한 연구가 증가하고 있음은 간화선의 다양한 활용 노력이 그만큼 요구되고 있다고 볼 수 있다.((김정호, 「위빠사나 명상의 심리학적 고찰」, 『사회과학연구』(서울: 덕성여자대학교 사회과학연구소, 1996), pp.25~60. 하현주·권석만, 「마음챙김 명상의 심리치료적 불교와 사상의학연구회, 『명상 어떻게 연구되었나? - 2000년부터 2012년까지 연구경향 분석』(서울: 올리브그린, 2013) 참조))

이와 관련 간화선에 기반한 선수행과 심리치료와 생활 명상을 만해의 생활선에 관한 이론 제공 및 만해 시낭송 프로그램 개발 등 융합형 협업을 통해 선불교의 세계화 방안도 모색할 수 있지 않을 까? 하고 원론적인 입장을 피력 해본다. 이 또한 만해사상의 실천을 위한 한 방향으로 자리매김해 나가는 융합적인 노력도 필요하다고 본다.

만해의 각종 논서를 활용한 '민주 시민화' 교육

불교의 삼귀의례는 불佛·법法·승僧 삼보三寶에 돌아가 의지하는 가장 기본적인 의례로 불교의식의 처음이다. 신라의 원효元曉는 그의 『대승기신론소大乘起信論疏』에서 삼귀의를 더욱 강조하여 목숨 다해 섬기는 '귀명삼보歸命三寶'로 규정하였다. 승려로 살아온 만해 한용운 또한 평생 삼보에 귀의함을 그 근본으로 삼아 수행해 왔다. 교학참구를 위해 일찍이 1908년 강원도 유점사에서 서월화사徐月華師에게 『화엄경』을 수학했고, 그해 4월 일본의 마관·궁도·경도·동경·일광 등지를 주유하며 신문물을 접했다. 일본 유학 당시 최린을 만나 강렬한 자극을 받아 민족지존과 시민의식을 더욱 고양하게도 된다.

만해선생 필첩(범어사)

이를 계기로 만해는 귀명삼보를 실천행으로 삼아 스스로 교학참구와 불교교리의 대중화를 위해 1910년 집필활동에 들어간다. 1912년 불교의 유신을 주장하는 논서 『조선불교유신론』을 탈고, 이를 간행 배포하기에 이른다. 그 직후 통도사 장경각에서 『고려대장경』 1,511부 6,802권을 일일이 열람, 섭렵하여 그 중에 1,000여 부의 경·율·론 삼장三藏으로부터 중요한 내용을 발췌, 연구를 이어 갔다. 1913년 불교강원 등지에서 강사로 활동하며 백담사를 찾아온 여러 애국지사에게 조국 없는 백성의 비애를 극복하는 방안과 앞날의 광복운동에 대한 불교적 방책을 설하기도 했다.

그 무렵 불교경전의 본격 저술을 위해 범어사로 가서 탈고를 마치고 1914년 『불교대전』을 발간한다. 한편 그 무렵 『채근담』 주해본을 함께 출간하게 된다. 만해는 『불교대전』 발행을 계기로 대승불교의 반야사상에 입각하여 종래의 무능한 불교를 개혁하고, 불교의 현실 참여를 주장하는 논지로 소위 '진리의 사회화'라는 원력을 실천해 나간다. 당시 『불교대전』은 '축소판 팔만대장경'이라 불릴 만큼 일대 획기적 평가가 오늘날까지 이어진다.

원광대 양은용 명예교수는 '만해 용운 선사의 『불교대전』 교의적 성격'에서 "한국에서 처음 편찬된 불교성전으로 근대 불교개혁사조를 이끌어간 상징적인 작품"이라고 평가했다. "《조선불교유신론》이 불교개혁사조의 실천이념을 밝힌 것이라면, 『불교대전』은 신행을 이끌어나갈 지침서"라며 "만해 스님은 변화된 시대에서 사부대중이 의지할 소의경전으로 편찬했다"고 강조했다. "만해 스님이 포교품에 포교의 부족, 포교의 득과, 포교의 주의主義와 같이 소

제목을 단 것을 통해서도 편찬 의도를 살필 수 있다"고 밝혔다.(양은용, 만해 용운선사『불교대전』의 교의적 성격,『선문화연구』제20집, 2016)

만해의 수행이력, 대중교육 결사의 좌표

걸림 없는 무애행을 실천해 온 만해 스님은 3·1운동 주모자로 3년간 옥살이를 마치고 1921년 12월 22일에 출옥, 정진하다가 1925년 봄에 설악산 백담사 사내 암자인 오세암으로 돌아왔다. 그리고 그해 6월에 김시습의『십현담 요해』를 새롭게 주석한『십현담 주해』를 출간한다. 만해스님은 전래되어온『십현담』이 선에 관한 선행先行기록이라는 선입견을 넘어 자신만의 고유한 사유를 통해 선화게송의 주해를 창의해냈다는 점에 의의가 있을 뿐더러 사뭇 흥미롭다. "십현담 동안상찰선사, 현담의 미묘한 글귀는 삼승을 멀리 벗어나 이미 인연에 혼합된 것이 아니며, 홀로 선 것도 아니다."는 언설에 필자로선 "'십현담'의 현묘한 뜻, 수 백년을 관통하여 '님의 침묵'으로 주해하다." 라고 조심스레 읽어낸다.

특히 박재현 교수는 "한국불교는 선禪이라는 가치에만 지나치게 매몰되어 그이외의 교학이나 의례집전, 계율 등 사찰운영과 직결된 업적은 소홀히 취급하거나 터부시하는 경향조차 있다. 이러한 경향의 연원을 밝히기는 어렵지만 근현대시기에 더욱 심화된 것으로 보인다."(박재현,『한국근대불교의 타자들』, 푸른역사, 2009, pp.125~125)는 지적을 볼 때 오늘날 우리가 선교쌍수를 수범한 만해의 수행이력에 주목해야 하는 이유이다.

이러한 만해의 가르침을 통한 대중적 불교교육을 위해서는 경전 발간 등 불사를 넘어 일종의 대중교육결사가 이뤄져야 한다. 그렇다고 천차만별의 불특정 인원을 대상으로 할 수도 없으니 일정한 수준대의 대학 신입생을 대상으로 한 교양과목으로 편성하는 것이 어떨까 한다. 대학의 교양교육은 대학에 입학한 학생이 처음으로 접하는 고등교육이며, 대학 이후의 삶에 중요한 영향을 준다. 하지만 종교 관련 교양교육은 무종교인과 이웃종교인 학생들의 종교의 자유와 같은 인권 문제까지 더해져 다층적인 어려임에 직면해 있어 국민적 합의가 요구된다.

종립 동국대의 경우 1995년까지는 입학생을 대상으로 한 공동 필수 과목으로 『불교학개론』, 『불교문화사』와 같은 과목들이 있었다. 건학이념 구현을 위한 불교 관련 교양교과목의 확대가 꾸준히 요청되어 1996년 학부제 실시로 변경된 교육과정에서는 교양필수 과목으로 『자아와 명상』, 『불교와 인간』 과목이 신설되었고, 이 과목들을 중심으로 일반교양교과목에도 변화가 있었다.(김은영, 불교계 종립대학의 종교교양교육의 현황과 과제 -동국대학교 교육과정 사례를 중심으로, 『Korean Journal of Religious Education』 63(1) July. 2020)

이후 교양교육에 대한 가치선언은 2014년 '다르마칼리지'를 신설하고 관련 규정을 정비하면서부터 시작되었다. 해당 규정에는 불교를 기반으로 하는 건학이념이 교양교육에도 반영되도록 했다. 2020년 기준 우리나라의 일반대학교는 총 191개교로 그 중 156개교가 사립학교이다. 그 중 종교계 설립은 86개교로 〈고등교육법〉 제2조(학교의 종류)에 따른 대학의 형태로 불교계에서 설립한 대학교는 동국대(서울/경주, 대한불교조계종, 1906년 개교), 중앙승가대학교(조계종, 1979년 개교), 위덕대(진각종, 1996년 개교), 금강대(천태종, 2002년 개교) 등 손에 꼽을 정도이다. 대표 과목으로는 '세계명작세미나(Great Books Seminar)'로 강좌는 '존재와 역사' '경제와 사회' '자연과 기술' '문화와 예술' '지혜와 자비' 등 5개 영역으로 명작을 나누고 총 4학기에 걸쳐 명작 100권을 독파하는 과정이나 아쉽게도 만해관련 저술은 포함되지 않았다는 점을 이 기회에 지적한다.

'동국의 빛, 이 사람을 보라', 지속가능해야 할 만해선양의 길

2022년 동국대측은 대학차원에서 개교 116주년을 계기로 '동국의 빛, 이 사람을 보라' 시리즈로 1년에 10명씩 10년간 모두 100명의 동국가족을 엄선, 선양해나가기로 했다. 2022년 5월 1차로 석전 박한영과 김법린, 그의 제자 백성욱 박사에 이어 후학 서정주와 조지훈과 독립 운동가이자 '님의 침묵' 등을 남긴 국민시인 만해 한용운 등 7명의 평전을 순차 발간할 예정으로 있다.

만해사상 선양활동이 계속되길 기대해본다. 덧붙여 백담사, 만해마을, 남한산성과 홍성에 있는 만해박물관과 만해학회와 만해연구소(동국대)를 비롯한 학술연구 단체와 연대 전 국민적 차원에서 다양한 방법으로 만해사상을 계승·실천하는 노력이 더욱더 요구된다. 만해사상 계승을 실천한 단체로「한용운 전집」간행위원회 등 6개 단체를 소개, 설명하는데 그치고 있다.(김광식,『만해 한용운의 기억과 계승』인북스, 2022.7, pp.436~475)

한편 만해의 후예들임을 자임하는 '만해사상실천연합' 회원들은 만해스님을 추모하는 기념행사에 그치지 않고 시대와 사회의 행복을 위해 새로운 결사에 나서기로 한 것으로 알려지고 있다. 특히 지난 만해평화축전 학술행사에서 제기된 만해사상 실천방안인 '만해사상연구기관 상설화' 등 여러 의견을 긍적 검토해 나가는 한편 문화재청과 성북구청이 추진하는 심우장을 중심으로 한 만해공원 조성사업 추진에 힘을 보태 나가기로 하고 관계당국과의 협의 등 만해사상의 기림을 넘어 그 사상의 실천을 위한 행보에 나서기로 했다는 데 의의가 크다.

해마다 만해 한용운 정신의 추모, 계승, 실천운동의 각종 기념사업은 만해문학상, 만해대상, 만해백일장, 만해축전 등으로 이어져오고 있다. 하지만 지능정보화 시대 변화에 걸맞게 지능정보의 원천이 되는 대장경, 특히 이를 축약한「불교대전」등 다양한 만해의 각종 논서를 활용, 4차 산업혁명 시대에 걸맞게 지능정보가 심화된 대중 불교교육 방향을 보다 체계적, 확장적으로 발전시켜 나가야 할 것이 요구된다.

3장 만해정신·사상이 지향하는 대국민 교육방향

- 만해 평등·구세주의

만해는 불교 승려이면서
시인, 사상가,
사회 활동가로
한평생 한국불교와 사회를
함께 바라보았다.

만해사상이란 무엇인가?
이 물음은
그 사상의 원류를
따라가야 분명해 진다.

한국불교의 정통과
궤를 함께하여 활동하며
사회의 변화
개혁의 방향을 탐색했고,
때론 사회적 변화를 수용하고
발전해야 하는
한국불교의 상황을
통렬히 지켜보기도 했다.

그의 현실인식은
시대에 따라
다양한 양상으로
면모를 달리하였다.

마치 석가모니의
천 백억까지는 아니어도
적어도 천의 얼굴을 한
화신으로 나타난 것이다.

그의 핵심 사상을
조명하고...

지금도 유효한
그의 사상에
기반한
대국민교육방향
만해평등·구세주의를
모색해 본다.

불교의 평등 · 구세주의, 만해의 사상적 기반이자 지향점

만해는 "불교의 주의 같은 것은 크게 나누어 둘로 잡을 수 있으니, 하나는 평등주의요, 하나는 구세주의救世主義가 그것이다"라고 한데서, 불교적 평등주의와 구세주의가 그의 불교정신 즉 사상의 중요한 근간이 되었음을 보여준다. 나아가 근세 서구의 자유주의와 세계주의가 불교의 평등주의에 기반 할 때 올바르게 발현되며, 불교의 평등주의를 "경에 '몸과 마음이 필경 평등하여 여러 중생과 같고 다름이 없음을 알라.' 하셨고, 또 '유성有性·무성無性이 한가지로 불도佛道를 이룬다.'"고 했다. 이것은 모든 중생이 불성을 가진다는 일체중생실유불성一切衆生悉有佛性의 관점인 것이다.

한용운의 독립정신은 그가 계승하고 개혁하려고 했던 한국 불교전통의 근본적 관점과 맞닿은 데서 출발하는 것인데, 그러한 관점은 그의 저술에서 찾을 수 있다.(『한용운 전집』 2. 「조선불교유신론」 〈불교의 주의〉, 불교문화연구원(2006), pp.43-46)

'모양이 없고, 걸림이 없고, 구족한 여래의 지혜가 중생들 몸 안에 갖추어져 있다'는 것이니 만해의 '평등주의'는 이 같은 관점에 기반을 두고 있다. '구세주의'에 대해서는 "불교가 출세간의 도가 아닌 것은 아니나, 세간을 버리고 세간에 나는 것이 아니라 세간에 들어서 세간에 나는 것이니, 비유컨대 연蓮이 비습오니卑濕汚泥에 나되 비습오니에 물들지 아니하는 것과 같은 것이다. 그러므로 불교는 염세적으로 고립독행하는 것이 아니요, 구세적救世的으로 입니입수入泥入水하는 것"이라는 언설에 압축되어 있다. 만해의 애국 독립운동 전반에 그 사상의 원류가 되었던 것은 이와 같은 '평등주의와 구세주의로서의 불교'가 아닐 수 없다.

1910년대 만해의 현실인식 제일은 불교의 개혁과 독립운동, 애국활동이었다. 불교계에 대해 자력불교 등 개혁방안을 담은 조선불교유신론과 팔만대장경을 축약한 「불교대전」을 발간하는 등 새로운 시대에 걸 맞는 불교계의 변화혁신을 도모하였다. 이 무렵 사회에 대한 주 관심사와 그의 현실인식은 독립에 있었다. 1905년 을사늑약과 1910년 한일합방으로 식민지 체제가 되자 세상을 주유하며 문명의 발전과 국민들의 어려움을 지켜보았다. 주권상실과 대중들의 고통을 인식한 그는 망설임 없이 3·1운동에 참여하였고 불교사상의 핵심인 자유와 평등으로 당시 조선인의 자주권을 강변하였다.

1920년대 만해의 현실인식은 불교와 사회에 대한 가치의 확대였다. 불교에 있어서 문화적 가치에 눈을 떠 역사적인 자료의 수집과 전통문화의 전승에 노력하였다. 사회적 활동은 민족의 정체성을 정립하여 독립을 지향하는 활동으로 나타났다. 그리고 고유한 한국불교 문화를 대중들에게 알리는 것이 불교의 발전임을 인식하는 쪽으로 활동방향을 잡았다.

1930년대 만해의 인식은 불교와 사회는 둘이 아니라는 심화된

의식이었다. 한국사회에 많은 영향을 준 불교를 개혁할 때 우리 민족의 정신과 생활을 혁신할 수 있다고 생각하였다. 그런 불교 개혁의 시작은 불교와 정치의 분리,

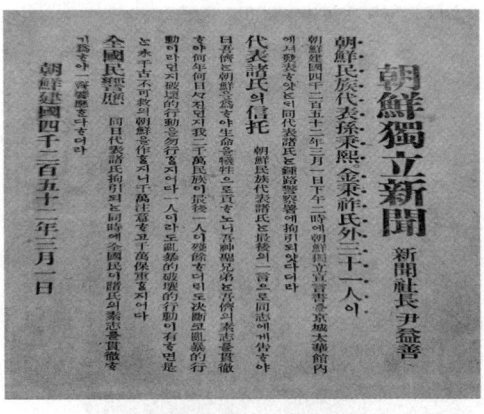

3·1독립선언 33인 기사(독립신문)

조선불교 통일기관의 설치, 그리고 대중들이 이해할 수 있는 불교를 만드는 것이었다. 더욱 심화된 사회활동은 불교를 포함한 한국사회의 발전이라고 생각하였다.

　1920년대 문제의식을 넘어 농민문제, 재만在滿 동포의 문제, 한글장려, 물산장려, 그리고 교육문제 등 당시 우리사회가 지니고 있는 문제점 전반에 걸쳐 비판하였다. 그리고 이런 문제점을 해결하려면 자기 일은 자기가 한다는 강력한 의지력과, 모든 산업에 있어 새 길을 개척하려고 노력하여야 한다는 대안을 제시하였다. 1931년에 발표한 〈조선불교의 개혁안〉에서 "천오백 년의 장구한 역사를 가진 조선불교는 조선화朝鮮化에 대하여 어떠한 공헌이 있었는가. 한 말로 말하자면 불교를 떠나서 조선의 문화를 말할 수 없는 것이다. ……그러므로 불교는 조선과 조선인의 전적 생활에 대하여 능히 분리할 수 없는 것이다. 그러므로 조선 민족의 정신적

한용운 전집6권(신구문화사)

동향과 생활의 형태를 개량 혹은 혁신하려면 그에 대한 역사적 영도권을 가지고 있는 불교의 개혁이 먼저 그 충衝에 당하지 않으면 안 될 것이다. 다시 말하면, 조선인의 정신과 생활의 형이상적 산파업産婆業을 파지하고 있는 불교가 먼저 혁신되지 않으면 안 된다는 것"이라고 불교 개혁은 조선의 독립과 조선 민족의 혁신을 위해서 반드시 선행되어야 한다는 것이다.(『한용운 전집』 2, pp.160-168)

이러한 만해의 현실인식은 오늘날 여전히 우리에게 유효하다는 점에서 참회와 반성, 계승과 발전이라는 책무를 게을리 할 수 없다. 이를 위해 공유하고 함께 연구하며 교육해 나가려는 노력이야말로 당면한 우리세대의 필수과제다.

만해의 민족자결, 자유 평화를 넘어 인류 보편적 본성을 향하다

민족에게 왜 자존, 자결, 독립이 중요한가? 그것이 본능, 피, 감정, 본성의 요구여서다. "민족의 독립 자결은 자존성自存性의 본능"이고, 피[자기희생]의 요구다. 인간과 동물은 모두 "저희끼리 사랑하여 자존을 누리는" 감정이 있다고 했다. 자존성이 배타적이긴 하지만 남의 간섭을 받기 싫다는 정도이지, 자존과 자결의 범위를 넘어 남을 배척하는 것은 아니라고 한 것이다. 이런 자존성은 "인류가 공통으로 가진 본성"이라고도 했다.

만해는 자존성의 관점에서 당시 제국주의를 비판했다. 자존성에 자체 추진력이 있어서 독립자존이 될 때까지 움직인다고 보았다. 독립자존의 길에 이르지 않으면 멈추지 않는 것이니 조선의 독립을 감히 침해하지 못할 것"이라 했다. 또한 이렇게도 말한다. "민족자결은 세계평화의 근본적인 해결책이다. …… 왜냐하면 민족자결이 이룩되지 않으면 언제라도 싸움이 잇달아 일어나 전쟁이 계속될 것이기 때문이다. 민족자결과 독립은 세계평화와 동양평화를 위한 열쇠이고, 세계평화의 꿈을 이루는 길이며, 우리의 책임이기도 하다."며 망국의 원인으로 조선의 부패한 정치와 조선 민중이 현대문명에서 낙후된 사실을... 결국 우리 모두의 책임이라고 지적하고 있다.

그는 〈조선독립의 서〉(1919) 에서 "자유는 만물의 생명이요. 평화는 인생의 행복이다. 그러므로 자유가 없는 사람은 죽은 시체와 같고 평화를 잃은 자는 가장 큰 고통을 겪는 사람이다. ……그러나 참된 자유는 남의 자유를 침해하지 않음을 한계로 삼는 것으로서 약탈적 자유는 평화를 깨뜨리는 야만적 자유가 되는 것이다. 또한 평화의 정신은 평등에 있으므로 평등은 자유의 상대가 된다. 따라서 위압적인 평화는 굴욕이 될 뿐이니 참된 자유는 반드시 평화를

만해의 사자후, 자유는 만물의 생명이요! 란
'조선독립의 서'

동반하고, 참된 평화는 반드시 자유를 함께 해야 한다. 실로 자유와 평화는 전 인류의 요구라 할 것이다."며 자유 평화사상을 설파했다.

나의 자유를 위해 남의 자유를 약탈하거나 쟁탈하면 약탈적 자유를 낳고, 약탈적 자유는 평화를 깨뜨리는 것이라 하고, 평화의 정신은 평등에 있다고 하니, 만해에게 자유와 평화, 평등은 함께 가는 것이다. 즉 자유를 얻고 평화를 지키는 것이 인생의 권리이고 의무이며, 전 인류의 요구라고 보았다.

특히 인류의 역사는 몽매에서 문명으로, 쟁탈에서 평화로 진화하거나 발전하고, 그 진화의 범위가 개인에서 국가로, 국가에서 세계로, 세계에서 우주로 확장된다고 보았다. 세계보다 더 넓은 우주가 무엇인지 알 수 없으나, 만해는 진보를 방해하는 세력으로 국가주의, 제국주의, 군국주의, 그리고 우승열패와 약육강식의 논리를 지적하고, 군국주의의 대표국가 서양의 독일과 동양의 일본을 지목하고 이를 반대했다.

민족 자결주의에 따라 이 원칙이야말로 정의이며 인류가 누릴 행복의 근원이기 때문에 어떠한 무력도 감히 조선 민족이 다른 국가를 간섭할 수 없음을 천명했다. 더 이상 외부의 속박을 받지 않고 스스로 정치적 운명을 결정하는 [自決]의 원칙과 독립의 의지를 꺾을 수 없다고 한 당시의 주장은 자유 평화를 넘어 인류 보편적 본성을 향하고 있는 것이다.

현대 러시아의 대표적 시인인 '콘스탄틴 케드로프'는 "투철한 자기 인식과 저항으로 영혼의 자유를 추구하는 만해 스님의 길은, 모든 사람에게 공감을 불러일으킨다고 생각합니다. 스님이 두 가지 자유를 결합하고 실체화하는 것 같습니다. 그 두 가지는 각각 다른 이를 해방하는 자유와 자신을 해방하는 자유입니다. 시인에게는 한 자유 없이 어떤 다른 자유가 존재할 수 없습니다. 우리 시인들은 이 두 가지 자유를 위해 싸워왔고, 앞으로도 싸울 것입니다. 현대 문명의 굉음과 소음 속에서 침묵을 듣는 일은 너무나 중요하다고 생각합니다."며 만해의 '님의 침묵'이 각별한 또 하나의 이유라고도 했다.

2013년 만해대상 문예 부문 공동 수상자인 러시아 시인 콘스탄틴 케드로프는 현대 러시아를 대표하는 시인이자 철학자다. 공산 소련 후르시초프 정권 시절 전체주의를 비판하다 탄압받았고, 30년 가까이 출판의 자유를 제한당한 대표적 저항 시인이기도 하다. "만해스님의 이름으로 된 상을 받게 되어 참으로 기쁘고 영광이다."란 수상 소감을 밝혔다.(조선일보 2013.08.12.일자 참조).

이 같은 제언은 만해 사상의 세계화라는 당시 중요한 모티브가 되었지만 아쉽게도 이러한 실천적 노력은 지속가능하지 못했다. 이제부터라도 해외 대학 연구소등과 만해사상의 해외홍포를 위한 방향으로 국제연대를 강화해 나가야 할 것이다.

남북분단 극복과 민족번영을 향한 만해 한용운의 평화론

최근 남북통일이 남과 북의 갈등과 대립을 해결하는 것을 넘어서 동북아와 세계적인 평화체계의 구축에 기여한다는 연구가 활성화되고 있다. 이러한 과정에서 인류 보편적 가치로서의 평화가 강조되게 된 것은 어쩌면 너무나도 당연한 귀결이라고 할 수 있을 것이다. 통일과 관련된 대국민교육은 분단 후 오늘에 이르기까지 '반공교육 → 안보교육 → 승공통일교육 → 통일안보교육 → 통일교육 → 평화통일교육'으로 시대상을 반영해 왔다. "이제는 통일교육의 패러다임 전환이 필요한 시점이다"는 전문가들의 의견이 빈번히 제기되고 있음은 남북관계 및 세계적 상황의 변화 등 새로운 시대상을 반영하려는 당연한 노력의 일환이다.

평화와 평화교육에 대한 열망은 지구촌의 핵심 가치와 맞닿아 있기에, 평화교육으로서 통일교육의 고민은 더 나은 국가공동체를 향한 토대가 된다고 말할 수 있다. 이는 다양한 학문 분야의 교육원리로 제시되는 평화학과 평화교육은 '갈등해결'을 그 주요한 논거로 삼고 있으므로 통일교육의 실천 영역에 있어 매우 중요한 위치를 차지한다.

　이처럼 평화에 대한 정의와 학문분야에서 평화에 대해 접근하는 방법은 다양하지만, 여러 분야에서 추구하는 가치와 잠재적 목표라는 점에서 동서고금을 막론하는 인류애적 개념이라는 것에 대한 광범한 전문가들의 공감은 물론 국가와 민족을 가리지 않는 보편적 합의가 존재한다고 할 것이다. 평화에 대한 논의는 평화교육과 연결되고, 평화교육에 대한 논의의 상당부분은 통일교육과의 연계 선상에서 이루어져 왔음을 알 수 있다. 정부가 2018년부터 내세우고 있는 통일교육에서 평화·통일교육으로 방향과 관점의 전환이 정부 또는 정권의 향배에 다소 영향을 받을 수는 있겠으나 남북 간의 갈등 극복을 위해 나아가야할 방향인 것이다.

　이를 위해 ① 유네스코의 평화 이념을 교육적으로 구현해 냄으

평화헌법, 국가미래비전 토론회(앞줄 우측 두 번째 저자)

로서 인류 보편의 가치로 확대해 내야 한다. ② 현행 통일 안보교육을 통일, 즉 만해가 주장하는 민족자결, 자유, 평화에 대한 인식의 지평 확장과 새로운 논리를 융합, 발전시켜야 한다. ③ 보편적 평화교육과 한반도의 역사적 맥락에서 배태된 특수한 통일교육의 상호 결합이 적절하게 이루어져야 한다고 볼 때 만해가 식민지 해방을 위해 주창한 자존, 자결, 민족적 독립의 자존 등 민족의 선각으로서 만해의 평화사상을 국가미래 비젼으로 포섭해 내는 노력 또한 필요하다고 본다.

　이를 토대로 관계 당국과의 협조하에 국제적인 차원과 글로벌한 시각을 반영, 한반도 분단과 관련이 있는 미국, 러시아, 중국, 일본 등 주변국은 물론 남북한 간의 국가 간 이해를 도모하여 궁극적으로 세계평화에 이바지하기 위한 교육이 될 수 있도록 노력해 나가야 할 것이다.

　분단의 극복은 이 시대를 살아가는 우리들의 과제이므로 상호 의존과 상호이해의 확대, 그리고 포용 교육을 통한 평화접촉의 확대를 통해 가능하므로 만해사상을 반영 재구성하는 방안도 요구된다.

　한편 이를 발전시켜 교육 문화 등 각계의 협조 하에 평생교육을 통해 모든 구성원들의 자유로운 권리와 존엄성의 보장에 중요한 관심을 가지고, 교육을 통한 '일상적 삶의 민주화'와 이를 통한 '공동체의 통합과 발전'에 기여 할 수 있도록 만해사상을 전파해 나가야 한다. 그리하여 한반도 분단 극복과 평화로운 공동체 형성을 통해 모든 구성원들의 시민적 권리와 존엄성을 고양하기 위한 평생교육 등 대국민교육에도 그 지향점을 갖도록 준비해 나가야 할 것이다.

만해의 어록, 역사 인문학교육 자료 DB구축

만해 스님의 한시작품과 교유인물을 통해 망망한 바다 같기만 한 그 문학세계를 조망해 보았다. 스님은 조선, 구한 말기, 일제 강점기를 관통하는 시대적 상황 하에 번민하던 여느 군상들과 다를 바 없었다. 그 첫걸음은 이 같은 행보로 시작하였으되 오롯이 시대를 아우르는 민족의 선각으로 수행자로 거듭나는 과정이 예사롭지 않았다. '나는 왜 중이 되었나?'라는 반신반의에서 비롯된 의심의 덩어리[疑團]는 '알 수 없어요!'에서 출발하여 '알 수 없어요?'로 자답하니 정녕 그 화두의 끝 간 데를 알 수 없음이라.

세상을 구제하려 행색을 바꾼 수행승으로 삶의 바닥을 훑는 모습은 더 넓은 바다 그 시작과 끝을 자맥질하는 몸부림 그 자체였을까? 성난 파도와도 같은 거친 포효는 마침내 침묵이 되어 앞을 분간하기 힘든 칠흑 같은 세상을 때렸다.

"마음은 본래 형체가 없는 것이라
모양도 여의고 자취도 끊어졌다.
마음이라는 것부터가 거짓 이름인데
다시 印이라는 말을 덧붙여 쓸 수 있으리오.
그러나 만법은 이것으로 기준을 삼고

모든 부처는 이것으로 증명을 하였다.
그러므로 이것을 心印이라 한다.
본제와 가명이 서로 용납할 때
心印의 뜻이 스스로 밝아진다.
라며 마음을 노래했다.
(한용운, 십현담주해, 『한용운 전집 1』, 신구문화사, 1973)

― 한용운, '십현담 주해'[심인(心印), 마음은 어떤 모습인가?에서

    당시 스님이 세상과의 소통을 위해 스승, 도반, 각계의 인사들과 교유하며 주고받은 '한시'와 남겨진 행장 나아가 수행 경지를 깜냥 염탐해 보았으나 아득하기만 하다. 더욱이 만해가 기록을 통해 만났던 량치차오梁啓超의 ≪음빙실문집(飮冰室文集)≫은 당시로선 수행자의 본분사를 더욱 자극한 것으로 보인다. 량치차오의 어록을 보면 더욱 그러하다. 량치차오가 사유한 불교가 근대에 재발명된 '신종교'였다는 점에 대해 "중국에서 불교는 2000년 역사다. 그런데 량치차오는 중국이 신앙이 없는 나라였다고 말한다. 량치차오가 말하는 종교는 완전히 새로운 어떤 것이다. 그것은 근대적 세계를 견인할 수 있는 신종교였다."(김영진, 중국 근대사상과 불교, 그린비, 2007, p.249.참조; 량치차오의 불교관에 대한 것으로는 이혜경, 천하관과 근대화론: - 양계초를 중심으로, 문학과 지성사, 2002, pp.254-255)

    "저들은 수구守舊를 욕하고 또 유신維新을 욕한다. 소인배를 욕하고 또 군자도 욕한다. 노인들에 대해서는 그들의 무기력이 이미

깊음을 욕하고 청년들에 대해서는 경솔하게 일을 많이 벌인다고 욕한다. 일이 성공하면 보잘것없는 놈이 요행히 공을 세웠다고 말하고 일이 실패하면 내가 진즉에 알았다고 말한다. 저들은 늘 지적할 수 없는 입장에 스스로 서 있으니 무엇 때문인가? 일을 하지 않는 까닭에 지적할 수 없고 방관하고 있으니 지적할 수 없다. 자기는 일도 하지 않으면서 일을 하는 사람 뒤에 서서 자기와 다른 이를 배척해 비웃고 공격한다. 이것은 가장 교활한 술수로 용기 있는 자로 하여금 기가 꺾이게 하고 겁쟁이로 하여금 절망하게 한다. 단지 사람들로 하여금 절망하게 하고 기가 꺾이게 할 뿐 아니라, 장차 이루어질 일에 대해서도 저들은 비웃고 욕하고 가로막는다. 이미 이루어진 일에 대해서도 저들은 비웃고 욕하고 망가뜨린다. 그러므로 저들은 세상의 음험한 자들이다."(량치차오, ≪음빙실문집≫ <방관자를 꾸짖노라>, 최형욱 옮김, 62쪽)

망국과 여섯 방관자는 ① 비웃고 욕이나 하는 무리 소매파笑罵派, ② 아무 생각이 없이 살아가는 혼돈파混沌派, ③ 내 것만 살피면서 벼락이 쳐도 자기 보따리만 챙기는 사람들인 위아파爲我派, ④ 탄식하며 한숨 쉬고, 통곡하며 눈물 흘리는 것을 유일무이한 업으로 삼는 오호파嗚呼派, ⑤별 볼 일없는 내가 뭘 하겠냐고 반문하면서 때만 기다리는 스스로 '나는 어찌할 수 없는 사람'이라고 여기는 포기파拋棄派, ⑥ 마냥 때만 기다릴 뿐 아무것도 하지 않는 대시피時派로 나눴다. 당시 4억 중국인구가 모두 여섯 범주에 든다며, 그러니 나라가 망했다고 질타했다.

백년이 지난 지금에 와서 보아도 그 언설은 한 점 다르지 않으니 세상은 모양만 바뀔 뿐 돌고 도는 것이란 생각이 든다. 만해는 그 무렵 일본과 만주, 러시아 일대를 주유하고 돌아왔다. 비로소 세상을 향해 펜을 들었다. 「불교유신론」을 비롯한 그의 저술이 쏟아져 세상 밖을 나왔다.

량치차오의 「음빙실문집」은 1902년 10월에 출간되었고 한용운이 읽은 판본은 1905년 6월과 11월에 초간본을 증보하여 간행한 중편음빙실문집과 분류정교 음빙실문집으로 추정된다.(김춘남, '양계초를 통한 만해의 서구사상 수용', 동국대 석사학위논문, 1984, p.22)

숱한 저술을 보고, 스님의 화두에 답해 보노라니 궁여지책이랄까 필자로서는 답답한 마음에 한 동안 침묵을 침묵하며 지내야 했다. 그 깊은 침묵에도 불구하고 계속되는 세상 일은 또 있다.

역사왜곡 극복을 위한 연구활동 및 단체간 연대강화

몇해전 미국 하버드대학 로스쿨 교수 존 마크 램지어(J. Mark Ramseyer)가 일제 강점기 일본군에게 끌려간 성노예(Sex Slave) 피해자들을 '매춘부(Prostitute)'라고 규정한 논문을 발표했다. 2021년 3월 국제학술지 'International Review of Law and Economics'에 게재하기로 했으나 이후 세계 지성들의 지적으로 일단 학술지 미발간으로 게재가 무산된 일이 있었다. 그는 이미 그 전에도 일본의 극우적 입장을 계속 대변해 왔던 인물임이 밝혀지고 그 행각이 일회성으로 그칠 일이 아니라는 데에 문제는 더욱 복잡해진다.

그는 또 "단지 극소수의 위안부 출신들만이 강제로 끌려갔다. 이들 중 몇몇은 일본이 배상금을 지급을 시작하기 전에는 그런 소리를 하지 않았었다"면서 "일본군이 강제로 위안부들을 위안소로 데려갔다는 증거는 그 누구에게도 있지 않다"는 궤변으로 일본군 성노예피해자들을 돈 때문에 거짓말을 하는 매춘부로 단정, 기술하고 있다.

일본군 '위안부' 문제를 일본정부나 군대와 무관한 사인 간 계약 문제로 축소하여 일본 정부의 공식적 책임을 부정하는 동시에 "일본군 '위안부'는 많은 돈을 번 계약 매춘부"라는 '위안부'의 일반적 형상을 도출해내고 있는 것이다. 결국 쟁점이 되었던 식민지 여성의 '성노예 계약'의 의미 분석은 생략되고 그가 극복하겠다고 포부를 밝힌《'위안부'는 순결한 소녀'》vs《'위안부'는 매춘부'》라는 현재의 경합적 내셔널리즘은 반복되고 있다는 데에 문제의 심각성이 있다.(김주희, "무엇을 더 숨길 게 있나"-'위안부'망언의 본질주의를 넘어-, 여성과 역사 34, 2021.6)

일본, 분쟁의 세계화 vs 만해, 만국평화론

　백 년 전, 이 보다 더 치열했던 당시를 살았던 만해 스님이 오늘날에도 자행되듯 계속되고 있는 이런 상황에 직면한다면 무슨 말씀을 하셨을까? 만해를 통해 과거가 아닌 오늘도 변함없이 이어지고 있는 한일 양국 간의 충돌적 내셔널리즘에서 과거극복과 미래를 향한 혜안을 구해야 하지 않을까?

　불행했던 과거사에서 파생되는 한일관계 과거기록의 국익적 선점, 왜곡의 전문화, 분쟁의 세계화를 경계하기 위해서는 문학적 상상력을 발휘해야 하는 시점이란 생각을 해본다. 문학이 인문학을 선도해야 하는 까닭이자 아득한 바다, 만해의 탐구를 이어가는 이유이기도 하다.

　이렇듯 오늘날 한국 불교문학은 만해를 비롯 숱한 승려시인의 등장에 따른 자비실천의 사유와 춘원, 육당, 조지훈, 미당 등 걸출한 불교문인들의 활약에 힘입으며, 그나마 삶의 인식을 심화시키는 역할을 지속해 왔기에 발전 가능한 것이었다. 이런 연유로 필자 또한 외람되게 계간 한국불교문학에 '論, 아득한 바다, 만해'를 기고, 불교문학 발전론 각론의 일환이자 불쏘시개로 삼아 소론을 펼치기도 했음이다.

　만해의 '만국평화론' 이야말로 일본의 과거사에 대한 잘못된 인식을 불식시키고 분쟁의 세계화 음모에 대한 경책이 아닐 수 없다.

　일본이라는 나라 하나가, 올곧은 사상가 한 사람을 당해내지 못하는 웃픈(?) 현실을 목도하고 있다.

4장 문학을 통한 만해사상 선양 및 그 실천방안

-「님의 침묵」, 천백억 화신의 손길

"세종째 조선글노 불경을 번역한 것이
금일 그 연구에 유일한 재료가 됨은
췌언할 것도 업거니와
역경사업이 매우 중요한 일이라고
생각함니다."란
만해의 주장이 바로 그것이다.
더하여 "우리는 불경 가운데서
훌용한 소설, 시, 극, 동화 등
여러 가지 작품을
만드러 낼 것이라 함니다."

불교라서 그렇고 원륭무애圓融无涯란
사상이문학과 회통會通하기
때문이기에 상통하는 것이리라.
특히 역경譯經을 해 나감으로써
"문학방면에 잇서도 그 힘이 만습니
다."란
말로 불교란 문화는 물론,
문학의 원천임을 강조하고 있는
그의 혜안을 본다.

이미 문학이냐? 불교냐? 란
선후를 묻는 필자의 우문에
불교는 (중생을 위한) 문학,
(중생에 의한) 문학은
(중생 그 자체) 불교라는
즉답을 하고 있는 지도 모를 일이다.

이같이 불경의 장광설은
오늘날 지능정보화 시대에
끊임없이 솟아나는
원천이자 문학의 많은 소재들이
아닐 수 없다.

세상을 밝고 맑고
아름답게 하는 스토리텔링이자
시와 노래로 되살아나는
감개무량함이다.
천백억 화신의 손길로
다듬어진 만해의 언어,
만해문학의 저력을
보게 될 날을 기대해 본다.

'님의 침묵', 민중을 향해 내미는 천백억 화신의 손길

아래 글은 1931년 당시 대표적인 불교계 인사들에게 가장 시급한 불교의 책무를 묻는 앙케이트 설문 두 가지 중 하나인 "①불교가 조선 당래의 문화에 대하야 엇더한 점에서 큰 공헌을 할 수 잇슴니까?"란 물음에 대한 간략한 만해의 답변이다. 만해의(불교)문화론과 관련된 일단을 살필 수 있는 글이라고 하겠다.

교육과 포교에 힘써야 될 것은 물론인데 교육시설은 어지간이 된 셈이니 포교에 힘쓸 것이올시다. 포교사업을 발전 식히는 데는 역경이 무엇보다 필요함니다. 역경 한 가지는 포교사업과 또한 압헤 말한 문학에 동시 공헌됨니다. 그러나 무엇보다도 첫재로 정교분립에 힘쓸 것임니다. 그래야 대중을 쯰을 수 잇슴니다.

김태진 공저, 「붓다의 길을 따라」

통상 불교문학을 말할 때 크게 보아 불교경전 중심의 부류와 불교사상, 불전설화 등을 포괄하는 두 부류가 있다. 이런 점에서 볼 때 대략 두 가지 큰 의미로 나누어 분류하는 경향이 나타난다고 하겠다. 그 하나는 『법화경法華經』, 『화엄경華嚴經』 등 불교경전 자체를 문학으로 보아 이를 불교문학으로 인식하는 관점이다. 이러한 경전의 가르침이야 말로 불교와 문학이 서로 소통할 수 있도록 하는 차원 높은 장광설이 아닐 수 없다.

이에 비해 불교문학을 경전의 핵심을 이루는 불교사상, 불교신앙, 불교의례 등에서 문학성이 높은 것을 포섭하여 불교찬가(찬불가), 불교설화, 게송, 법어 등을 불교문학으로 보고 나아가 신앙수필, 수행일기, 사찰순례기, 승려 에세이 등을 포함하여 이를 불교문학으로 삼는 입장이 그것이다.(김태진, 불교문학, 불교적 문학을 넘어서 - 불교문학의 새 지평, 한국불교문학 2019, 겨울호(통권 제39호)).

이를 음미해 보면 '불교의 문학', '불교에 의한 문학', '불교를 위한 문학', '불교적인 문학', '불교의 성격을 지닌 문학' 등 여러 개념과 다양한 의미로 해석될 수 있다. 즉 불교문학은 '불교'와 '문학'이 합쳐진 말이다. 하지만 따로 두 가지라 해서 서로의 관점이 대립되거나 양립되기 보다는 서로 병행하며 확장적이고 통섭적인 입장에서 그 성격규정이 이루어져 왔다고 할 수 있다.

> 조선 문화에 잇서서 불교의 공헌은 큽니다. 저 석굴암을 일례로 건축, 조각, 회화 등 방면에 거의가 불교의 공헌이지요. 나는 「불교대전」을 초하다가 발견한 것이요 만은 우리 항간에 돌아다니는 〈톳기전〉〈적성의전翟成儀傳〉이 모다 불경에서 나와 번역된 것을 알앗습니다.

「토끼전」은 인도설화에 뿌리를 둔 불전설화佛典說話를 근원설화로 하고 있다. 이것이 우리나라에 전파되어 설화화와 소설화의 과 정을 거친 것이다.

「적성의전」은 한자로는 翟成義傳·狄成義傳·狄城義傳·涇成義傳· 涇聖義傳·赤聖義傳·積成義傳 등의 여러 표기로 쓴다. 또한 '적씨화 행록'·'적씨효행록'이라 하기도 한다.(저자 주)

> 그러나 우리는 이것이 어데서 나온 것도 모르고 잇지 안슴니가?
> 이러케 문학방면에 잇서도 그 힘이 만습니다. 이것은 풍교風教상에 영향되는 것이지요.
> 새로 창작한다는 것은 별문제로 하고 우리는 불경 가운데서 훌융한 소설, 시, 극, 동화 등 여러 가지 작품을 만드러 낼 것이라 함니다. 세종째 조선글 노 불경을 번역한 것이 금일 그 연구에 유일한 재료가 됨은 췌언할 것도 업 거니와 역경사업이 매우 중요한 일이라고 생각함니다. 과거에 잇서 건축조 각 회화 등 방면에 크게 공헌한 조선불교는 이로부터 문학방면에 공헌되리 라고 생각함니다.
>
> ― 「이대문제」에 대한 한용운의 답변 중에서 (『일광』3호, 1931.3)

이 글 또한 불교의 책무를 묻는 앙케이트 설문 중 두 번째 ②조 선 금일의 불교도는 엇더한 방면에 역량을 집주함이 가하겟슴니 까?"란 물음에 대한 만해의 답 글이다.(일광 3호, p.46에 만해의 답변 글 이 있다.) 아무리 한문경전으로 교육과 포교를 한들 한계가 있다며 경전의 한글화 역경의 중요성을 만해는 강조하고 있다. "세종째 조 선글노 불경을 번역한 것이 금일 그 연구에 유일한 재료가 됨은 췌언할 것도 업거니와 역경사업이 매우 중요한 일이라고 생각합니다."란 그의 주장이 바로 그것이다. 더하여 "우리는 불경 가운데서 훌용한 소설, 시, 극, 동화 등 여러 가지 작품을 만드러 낼 것이라 함니다."

불교라서 그렇고 원융무애圓融无涯한 사상이 문학과 회통會通하기 때문이기에 상통하는 것이리라. 특히 역경譯經을 해 나감으로써 "문학방면에 잇서도 그 힘이 만습니다."란 말로 불교란 문화는 물론, 문학의 원천임을 강조하고 있는 그의 혜안을 본다. 이미 문학이냐? 불교냐? 란 선후를 묻는 필자의 우문에 불교는 (중생을 위한) 문학, (중생에 의한) 문학은 (중생 그 자체) 불교라는 즉답을 하고 있는 지도 모를 일이다.

이같이 불경의 장광설은 오늘날 지능정보화 시대에 끊임없이 솟아나는 원천이자 문학의 많은 소재들이 아닐 수 없다. 세상을 밝고 맑고 아름답게 하는 스토리텔링이자 시와 노래로 되살아나는 감개무량함이다. 천백억 화신의 손길로 다듬어진 만해의 언어, 만해문학의 저력을 보게 될 날을 기대해 본다. 국민 모두가

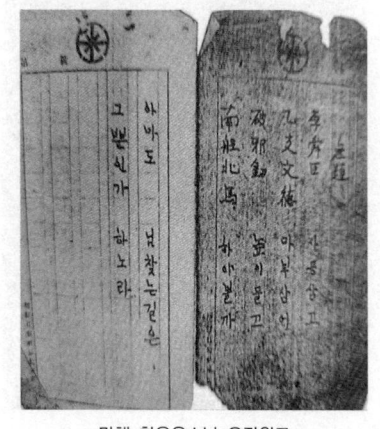

만해 한용운스님 유작원고

자유롭고 평화로운 마음과 시심으로 '님의 침묵'을 낭송하는 것, 만해문학으로 만해사상을 읽는 일, 만해사상으로 만해문학을 읽는 일, 이것이야 말로 만해문학 선양의 실천이라 하겠다. 온전한 나의 님을 향한 길이 아닐 수 없다. '님의 침묵'으로 대표되는 '만해문학'이야말로 민중을 향한 대자대비 천백억화신의 손길로 오늘 우리 앞에 현현함을 일러주고 있기 때문이다.

'갈등과 반목을 넘어 나와 남이 하나 되라'는 불이不二의 사자후

만해 한용운의 '님'은 현실의 '님'과 이념의 '님'뿐만 아니라 지향의 '임'까지 같은 궤에 두고 있다. 만해는 이를 두고 "님의 완성"이라고 했다. "한용운의 시는 '님의 沈默' 속 '님'처럼 중층적이고 복합적인데다 아름다운 비유와 상징이 넘쳐나니 필시 천백억 화신불로 현현하는 모습이 아닐까 한다. '님의 침묵'이란 사랑의 증도가인가? 깨달음의 노래인가? 침묵하는 님인가? 아니면 너와 나의 그림자인가? 회광반조인가? 각설하고 "「님」만 님이 아니라 그룬 것은 다 님이다." 라는 만해의 군말을

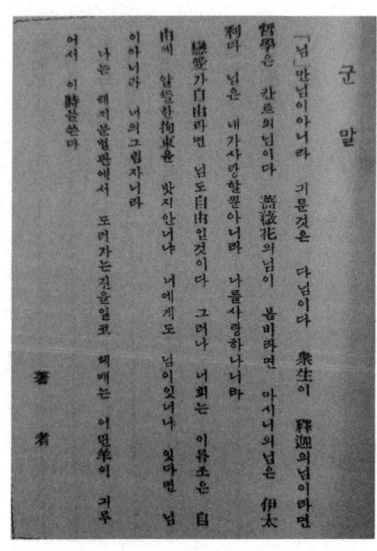

만해 한용운, 「님의 침묵」, '군말'

팁으로라도 해서 엿본다면 필시 님은 나와 남이 하나된 모습이라 할 것이다.

'님'이 됨으로써, 달리 말하면 '사랑'하는 관계가 됨으로써, 세계는 너와 나로 구분된 상대적 유한의 장에서 너와 나가 하나 된 절대적 무한의 세계로 들어 올려 진다. 동근同根이며 동체同體인 하나 됨의 무루적無漏的 진리의 삶이 여기서 생성되고 전개되는 것이다. 한용운은 그의 산문 '禪과 自我'에서 이런 자아를 가리켜 禪을 통해 드러나는 진여법성, 무한아無限我, 절대아絶對我라고 지칭한 바 있다.(한용운, 「禪과 自我」, 『불교』 6월호(1933) : 『韓龍雲全集2』, 신구문화사, 1973, pp.319-323.)

이렇듯 만해의 말을 빌려오다 보니 만해의 '님'이란 그동안 우리들이 가늠해오던 그런 '님'이 아니었을까라는 생각에 이른다.

만해가 세상 속에 있으며 세상을 떠나지 않은 이유가 밥을 빌거나 명리나 돈이 목적이 아니라면 바로 중생제도라는 네 가지 넓고도 큰 서원인 사홍서원四弘誓願의 실천적 삶에 있는 것이 아닐까 또 한번 생각하게 된다.(김주희 "무엇을 더 숨길 게 있나"-'위안부'망언의 본질주의를 넘어 -, 여성과 역사 34, 2021.6) 그가 말하는 '목자를 잃은 양의 떼같이 동서로 표박하는 동포'는 바로 그 자신이기도 했고, 그 해결의 방도나 방책은 스스로 목자가 되는 길이었을 것이기 때문이라 생각한다. '나와 남이 하나 되는 불이사상의 사자후, 갈등과 반목을 씻어라'는 것으로 읽으니 오늘날 우리사회의 모순과 갈등을 치료하는 가르침으로 다가온다. 이 또한 국민교육의 큰 방향이자 선양하고 기림을 넘어서 계승 실천해야할 덕목이라 하겠다.

만해의 문학사상을 잉태한 활동공간의 다양한 교육환경으로 전환

'에코뮤지엄'은 생태를 의미하는 에콜로지(ecology)와 박물관을 의미하는 뮤지엄(museum)이 합쳐져서 이루어진 합성어이다. 그것은 인간을 포함하고 자연생태와 산업을 포함한 문화유산을 모두 아우르는 특정 유산지역을 뮤지엄의 범주로 지정하고 지역 전체가 유기적으로 구성되며 주민이 자발적으로 운영에 참여한다는 특징을 갖고 있다.

만해 한용운의 사상이 잉태된 활동 공간을 찾아 그 공간이 에코뮤지엄화에 대한 제언을 해 보고자 한다. 만해의 생애 공간이 교육적 가치가 있고, 다양한 체험활동이 가능한 공간을 살핀다. 먼저 충청남도 홍성군이다. 만해가 유년시절 부친으로부터 세계정세와 국제사회의 사정, 독립 자결의 위인전을 듣고 자랐으며, 홍성을 중심으로 동학농민운동과 의병운동이 전개되는 것을 지켜보며 성장하였다. 홍성은 만해의 독립사상과 민족사상, 세계인식의 기반이 형성된 공간이며, 최영 장군, 사육신 성삼문, 항일 투사 김좌진 장군 등 여러 역사 인물들을 배출한 지역으로, 항일의병 열사들의 유골 9백 여구를 모신 홍성의사총洪城義士塚이 있는 곳으로 다른 어느 지역보다 역사의 현장 속에 위치해 있었던 공간이다.

둘째 만해가 백담사에서 머물면서 불교 경전공부와 참선을 통해 불교적 가치관을 정립하게 된다. 그의 대부분의 저술은 이 당시에 형성된 불교사상을 바탕으로 이루어졌다. 만해는 백담사에서 불교 개혁을 주장하는「조선불교유신론」을 탈고하였고 불교대중화를 위해 불교대전 편찬을 구상하였던 곳이다. 또한 일제강점기 아래 불교를 통하여 민족이 나아가야 할 방향을 제시하고 민족을 계몽하고자 하는 의지를 문학작품에 담아내려 했던 시인이자 독립운동가로서의 면모를 발견할 수 있는 공간이다.

셋째, 만해는 서대문형무소에 수감되어 '조선독립에 대한 감상'을 작성하였는데, 이 논설은 참고자료도 하나 없이 만해의 독립에 대한 의지와 세계정세에 대한 정확한 판단과 불교의 주요 사상인 연기와 인과의 이치에 따라서 논리정연하게 작성된 명논설로 평가받고 있다. 서대문형무소는 만해의 민족계몽의식과 독립운동사상이 집약되어 있는 공간이며, 이때의 경험이 이후 그의 문학에 많은 영향을 끼쳤다는 점에서 의미가 있다. 특히 만해 이외의 많은 민족지사들이 독립운동을 하다 투옥된 공간으로, 당시 우리나라의 시대 상황을 압축적으로 보여주고 있으며 독립을 위해 투쟁했던 공간으로서 교육적 의미가 큰 곳이다.

넷째, 만해의 활동 공간은 서울시 성북구 심우장이다. 일제의 검열로 인해 신문에 논설을 싣지 못하고 조선일보에 연재소설을 쓰기 시작, 「흑풍」과 「박명」등을 통해 암울한 우리민족의 현실을 그려 민중을 교화하고 계몽하고자 했다. 만해의 마지막 삶의 공간이었던 심우장은 비승비속非僧非俗의 삶을 살았던 만해의 모습을 보여줄 뿐만 아니라 독립과 민중의 교화에 힘쓰고자 하였던 공간으로서 의미가 있다.

이상의 네 공간이 에코뮤지엄의 구성 요건인 유산(heritage), 참여(participation), 박물관 활동(museum)을 갖추고 있는지를 살핀 결과 공통적으로 사회·문화적 상황을 체험하는 프로그램을 운영할 수 있는 요건을 갖춘 장소로 선행연구가 발표된 바 있다.(윤재웅, 「에코뮤지엄으로서의 미당시문학관의 발전 가능성에 대한 고찰」, 『한국문학연구』 제36집(2009)) 이에 대한 현실적 대안마련이 시급히 요구된다.

만해 콘텐츠의 세계화

그 중 백담사와 연계된 만해마을은 2003년 「만해사상실천선양회」가 문인들의 창작 활동을 위해 설립한 곳으로 문인들의 집필 공간으로 활용되었다. 2013년에는 동국대학교에 기증하여 일반인에게 개방되면서 만해문학박물관에서 만해의 서예작품과 문학작품을 등을 전시한 상설 전시뿐 만 아니라 다양한 기획 전시를 진행하고 있다. 또한 만해대상 및 유심상시상, 만해 추모행사, 학술행사, 문화예술 행사 및 경연, 지역대동제, 전시회 등을 활발히 진행함으로써 지역 주민들의 활발한 참여도 이끌어내고 있다. 이를 종합하여 보았을 때 백담사는 매년 많은 방문객들이 다녀가는 곳으로, 인접해 있는 인제군의 위성박물관을 연결해 주는 역할을 하며, 만해마을과 연계하여 전시 관람 위주의 활동이 아닌 명상, 문학, 역사, 생태와 관련된 다양한 체험 교육 프로그램을 통한 박물관 활동이 이루어진다는 점에서 가치가 높은 것으로 평가된다.

특히 심우장은 만해 콘텐츠를 뮤지컬, 시낭송, 캘리그래피, 토크콘서트 등 다양한 방식으로 재구성하고, 주민들의 참여를 적극적으로 이끌어 내고 있다는 점에서 에코뮤지엄으로서의 발전 가능성이 높은 공간으로 평가되고 있다. 직접 만해의 삶과 문학에 대한 창작 뮤지컬을 연출하거나 공연을 해보는 공간 그리고 대국민 교육장으로 활용할 수 있을 것으로 기대된다.

여기에 더하여 현행 학교교육을 위해 각급 학교 교과서 총 14종의 교과서 중 11종에서 만해 한용운의 시를 다루고 있는 만큼 이를 심화시켜 다양한 교육 환경 공간 활용과 병행하여 교육프로그램 개발 등 내실화 방안도 요청된다.

만해 콘텐츠의 산실, 심우장

5장 만해정신·사상이 지향하는 대국민 교육방향

– 만해 평등·구세주의

만해는
불교의 평등론을
평화론으로 발전시키며,
더 나아가
이를 만인과 세계만국에 대한
박애의 구세주의로 승화한다.

만해가 정의와 도의를
내세우며
평화적 방식으로
대안을 모색하니
폭력에 대한 대응을
근대 서구적 방식보다
전통의 불교 사상에서
찾았다는 데 의의가 있다.

단재, 백암 등과 더불어
전통의 가치를 고수하며
근대적 개혁을 받아들이는
길을 선택했다.

조선의 자존독립과
신문명 수용이라는 목표를
동시에 추구한 선지자의 모습이다.

승려로서 불교적 세계관과
가치를 고수하는 가운데
양계초 등에 의해
영향을 받아
근대적 개혁을 수용했다.

어제 그리고 오늘
비로소 내일을 관통하는 가르침
배우고 또 배운다.

21세기 오늘의 맥락에서도
근대성의 성찰로서
탈현대성과 상통하는 점
일찍이 탈현대적 지평을 펼친
만해 평등·구세주의
당신의 혜안을 본다.

(사)「만해사상 실천연합」, 만해사상 만해문학 홍포

(사)만해사상 실천연합(이사장 홍파, 대한불교 관음종 종정)은 2025년 2월20일 서울 종로구 숭인동 낙산 묘각사 낙가선원에서 상임이사 김용표 동국대 명예교수의 사회로 2025년도 법인사업보고 등 정기이사회에 이어 2025년도 사업계획 및 예산안을 확정하는 정기총회를 열었다.

이사장 홍파 종정스님은 인사말을 통해 "만해사상실천연합 법인 임원진들과 회원들이 그동안 만해사상 홍포에 진력해 온 데 대한 노고에 감사한다."며 "특히 세상이 어지럽고 정치권의 혼란상황이 지속되고 있어 여러 어려움이 많지만 이를 극복하고 머지않아 안정화되리라 확신한다."

사단법인 만해사상실천연합 법인 이사회

"올해는 우리 단체가 창립 10년이 되는 해인 만큼 만해사상 실천을 위해 의미 있는 한 해가 되도록 함께 노력하자." 또한 동국대 총동문회, 불교학과 동문회, 한국불교 여래종, 대전보광사, 대한불교인권위원회, 한국불교문인협회, 대한불교청년회 등 참여단체 및 대표자들에 대한 노고 치하와 적극적인 동참이 필요하다."

"이번 총회에서 다양한 고견들이 잘 수렴되어 조직 발전의 계기가 됨은 물론 이 사업이 원만히 추진되고 거듭 발전해 나가길 기원한다."고 당부한 뒤 국가적으로도 어려운 환경에 처해 있고 공사간 바쁜 중에도 본 총회에 참여해 준 여러분들의 열의와 봉사 정신에 힘입어 더욱 발전해 나가길 바라며 함께 노력하겠다." 말했다.

총회에 앞서 열린 정기 이사회에서는 2024년도 결산서 심의, 2025년 사업계획 및 예산서심의에 이어 2025년 1월 23일부터 2월 8일간 '10주년 기념행사'에 대한 회원 의견수렴 결과 등 4건의 의안을 심의하고 확정한 데 이어 이를 정기총회에 부의하였다.

정기총회는 사무국장 원혜영 교수의 사회로 개회, 2024년도 예산집행 감사결과를 김태진 법인감사가 보고를 통해 "제반 회계가 적정하고 계수가 정확하게 정산되었음을 이상 없이 확인하였다."고 밝혔다.

안건심의에서 들어가 1. 제10회 심우장 만해평화문학축전 행사, 2. 법인이사회, 운영이사회 및 정기총회 3. 법인 홈페이지활용 홍보활성화 방안 4. 회원 및 참여단체 조직 강화사업 등 4대사업

계획 및 예산안을 확정하였다.

또한 앞으로 연구, 교육, 사회 사업 활성화를 위해 1. 만해사상의 독창성과 본질 연구(서윤길 교수) 2. 만해의 평화사상과 그 실천 방안 연구(허우성 교수) 3. 만해사상의 국민교육 운동전개 방향(김태진) 4. 남북간 통일문학운동 전개방안(김재엽 박사) 5. 만해정신으로 사회통합 운동 전개(황진수 전 한성대 부총장) 6. 만해운동을 청소년 교화사업과 연계(박영동 운영이사) 등 다양한 의견을 수렴하였다.

한편 법인이사 김재엽 박사(한국불교문인협회 회장), 운영이사 법현 스님, 서병열 회장(일붕신문 발행인), 김형균 감사, 김영만 운영이사(전 교통공사 불자회장), 박영동 운영이사, 김용길 이사(원광대 법학전문대학원 교수), 하춘생 박사(동국대 경영전문대학원 교수) 등 주요 참석자들은 향후 심우장 만해공원 조성 및 성역화 사업에 주도적으로 동참할 것과 심우장 사업의 지속적 전개를 위한 기금조성 사업 등에 대한 후속논의와 함께 법인설립 취지문을 낭독하고 행사를 마무리하였다.

만해 계승자, 「만해사상실천연합」설립 취지문

사단법인 「만해사상실천연합」(이사장 홍파, 대한불교 관음종 종정)은 만해 한용운 선사의 민족 자주정신과 자유· 평화·생명 사상을 계승하여 민족의 평화통일과 한국문학의 발전, 그리고 도덕적 정의 사회 실현에 기여함을 목적으로 설립되었다. 만해는 조국 독립을 위하여 추호도 굴함이 없는 기상으로 저항했던 민족의 지도자였으며 인간의 무한한 자유와 생명의 존엄을 찬양한 위대한 시인이었다.

만해 사상의 근원에는 진리와 현실 세계가 둘이 아니라는 실천 원리가 있다. 그러므로 「만해사상실천연합」은 다른 만해 관련 단체와는 달리 만해의 민족정신과 평화사상을 이 시대에 실천하는 일을 주요 활동 방향으로 설정하고 있다. 지금 우리 사회는 이념의 혼란과 남북 간의 대립과 갈등으로 평화 통일의 길은 요원한 실정에 있다.

이러한 불확실성의 시대에 만해가 가르친 자주정신과 평화와 생명 사상은 민족을 초월하여 인류가 추구해야 할 보편적인 가치임을 보여주고 있다. 그러므로 우리는 만해 정신을 이 사회의 자유와 생명 운동으로 승화시키며, 또한 민족의 평화 통일 운동으로 전개하고자 한다.

본 연합은 2015년 6월 1일에 만해가 말년에 주석하였던 서울 성북동 심우장에서 창립되어 그 활동을 시작한 이래, 매년 만해통일문학축전 행사를 6회째 개최하여 만해정신의 계승과 홍포에 진력해왔다. 그 결과 2019년에는 심우장을 국가문화재로 승격시키는 데도 일조하였다. 우리는 국가문화재가 된 심우장의 성역화 사업을 적극 지원하고자 한다. 또한 만해사상과 문학을 더욱 연구하

만해사상 실천연합주최 제9회 만해평화문학축전(2024)

고 홍포하여 민족문화의 창달에도 앞장서는 모임을 만들 것이다.

이에, 본 연합은 지난 6년간 서울 성북구 심우장을 중심으로 전개해 온 활동 역량을 바탕으로, 재정을 더욱 확충하고 조직을 확대하고 대외적 공신력을 높여, 남북 간 통일문학 교류 사업과 만해실천상의 제정을 비롯한 목적 사업을 더욱 효율적 전개를 위해서 본 연합을 사단법인으로 승격시켜 한국의 문화 예술 분야 발전에 기여하고자 한다.(사단법인 '만해사상 실천연합', 설립 취지문)

광복 80주년 기념, 만해스님 행적 등 불교계의 항일운동 조명

부산시립박물관(관장 정은우)은 2025년 6월 20일 '광복의 시간, 그날을 걷다: 부산의 독립운동과 범어사' 특별기획전시회 개막식을 개최했다. 특별기획전시회는 6월 21일부터 8월 15일까지 총 56일간이다.

「광복의 시간, 그날을 걷다: 부산의 독립운동과 범어사」 특별기획전시회 개막식을 마치고 일반에 공개된 전시회는 일제강점기 부산과 불교계의 항일운동을 조명하는 특별전으로 특히 만해 한용운, 오성월 스님 등 항일 승려들의 행장이 소개되어 의미 있는 행사이다.

1부 행사는 부산광역시 이준승 행정부시장의 인사말, 박수영 지역구 국회의원, 범어사 금정총림 방장 정여스님, BBS불교방송 이사장 겸 불교신문 사장 수불스님, 범어사 주지 정오스님, 부산불교방송 사장 원허스님, 한국공무원불자연합회 김태진 고문, 유문형 삼성문화재단 대표이사, 임상택 부산대학교 박물관장, 이승혜 동아대학교 석당박물관장, 김광우 UN평화기념관장, 오재환 부산문화재단 대표이사 등 주요내빈들이 개막식 축사를 통해 행사관계자들의 노고를 격려하고 광복 80주년을 앞두고 열리는 특별전이 갖는 의미를 되새겼다. 이 같은 행사는 계기시마다 자주 기획되어 열리기를 바란다.

범어사 금정총림 방장 정여스님은 "이번 특별전시회를 통해 호국사찰 범어사의 역할과 당시 백용성 스님, 오성월 스님 등이 주도해 온 항일 독립운동 활동상을 일목요연하게 볼 수 있는 계기가 되었다"며 특별기획전시회 개막을 축하했다.

BBS불교방송 이사장 겸 불교신문 사장 수불스님은 "광복 80주

광복80주년, 부산의 독립운동과 범어사 특별전시회(부산박물관), 저자(왼쪽 끝)

년의 의미와 일제강점기 부산지역과 불교계의 항일운동을 조명하는 「부산의 독립운동과 범어사」 특별전은 그동안 소개되지 않은 불교계의 독립운동을 역사적 사실들을 기반으로 재조명되는 데 의미가 크다."며 "만해 한용운 스님이 범어사에서 집필하신 '불교대전' 원고와 관련 기록이 전시되어 있을 뿐 아니라 이번 특별전을 통해 불교계와 부산지역 항일 독립운동사를 더욱 폭넓고 새롭게 바라볼 수 있음은 물론 호국불교의 전통을 이어가는 계기가 되었다."고 자축했다.

범어사 주지 정오스님은 "특별기획전시회를 준비하면서 많은 분들의 도움을 받은 만큼 이를 바탕으로 사회각계와 소통하며 호국사찰 범어사의 위상을 새롭게 하고 그 숭고한 뜻을 기려나가도록 하겠다."고 강조했다.

2부 축하공연은 부산시립 소년소녀 합창단이 '아름다운 나라', '내나라 내겨레' 합창곡으로 감동과 희망의 메아리를 전해주어 행사참가자들로부터 환호를 받았으며 특별전 행사의 의미를 더하기도 했다. 남녀노소가 광복80주년을 기념하고 축하하는 모습은 그 어떤 행사보다 값지다.

범어사와 불교계의 독립운동과 만해스님

이번 전시를 기획한 임설희 학예연구사의 안내로 전시실 관람을 마치고 기념 촬영 및 다과회를 끝으로 특별기획전시회 개막식을 마무리했다. 끝으로 행사를 주관한 부산시립박물관 정은우 관장은 소중한 유물을 대여함으로써 특별전시회를 보다 입체적으로 구성할 수 있었다며 범어사를 비롯하여 많은 박물관 관계자들에게 감사 인사를 전했다. 한편 광복 80주년을 앞두고 부산박물관 기획전시실에서 열리는 특별기획전 「광복의 시간, 그날을 걷다: 부산의 독립운동과 범어사」 특별기획전시회 오는 6월 21일부터 8월 15일까지 총 56일간 열리게 되었다.

전시는 총 3부로, 크게 세 가지 주제로 나뉘어 있다. 첫 번째는 일제강점기 부산의 상황을 보여주는 섹션[1부, 군막사찰에서 선찰대본산으로]이고, 두 번째는 일제의 침략에 맞서 싸운 불교계의 항일 활동을 조명하며, 특히 범어사 승려들의 독립운동 참여 사례를 중심으로 구성한 범어사와 불교계의 독립운동을 다루는 부분[2부, 부산 독립운동의 요람, 범어사] 그리고 마지막 세 번째 섹션[3부, 부산의 함성, 대한독립만세]은 광복 이후의 부산과 현대사에 이르는 과정을 설명하고 있다. 특히 각 섹션마다 다양한 유물과 사진 자료가 전시되어 있어, 역사의 흐름을 한눈에 볼 수 있어 입체적인 관람을 돕고 있다.

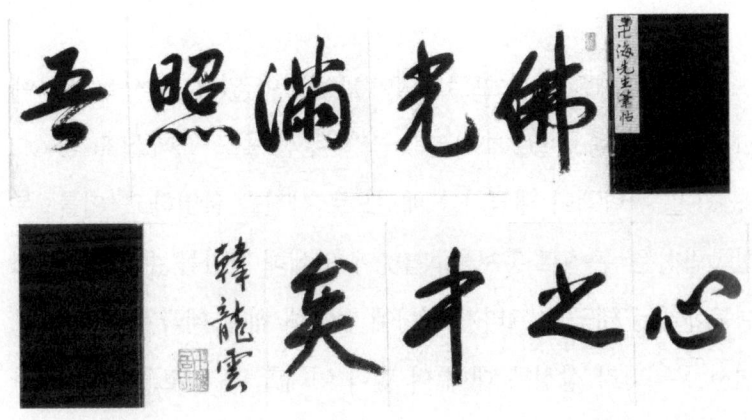

부산범어사에서 '불교대전' 작업중 쓰신 만해 한용운 스님 휘호

특히 범어사가 독립운동가들에게 은신처를 제공하고, 독립활동 자금을 지원하며 비밀리에 독립운동을 조직한 이야기는 자료를 보면 볼수록 정말 감동적이다. 그동안 몰랐던 범어사의 역할을 새롭게 인식하게 되고, 우리 역사의 소중함을 다시 한 번 깨닫게 된다. 범어사의 독립운동 관련 자료와 독립운동가들의 유품을 직접 보고

확인해 갈수록 그 시절의 어려움과 희생을 더 깊이 이해할 수 있을 것으로 생각된다.

　유물 전시는 ▲보물 '안중근 의사 유묵' ▲최근 국가등록문화유산으로 등재된 '서영해 관련 유물' ▲민족 대표 33인 중 한 명인 '백용성'과 '만해 한용운' 관련 유물 ▲범어사의 선찰대본산 승격을 이끈 당시 범어사 주지스님인 '오성월' 관련 유물 등과 다양한 시청각 콘텐츠들이 준비되어 있다.

　또한, 다양한 체험 프로그램이 준비되어 있다. 전시실 입구에 마련된 사진 홍보물(포토 리플릿) 공간 '부산 올드 프레스(Busan Old Press)'는 관람객이 태극기를 배경으로 사진을 촬영하고, 이를 '부산독립신문' 콘셉트 홍보물(리플릿)에 인쇄해 받아볼 수 있다. 청소년들에게는 태극기 그리기 체험에 참여해 직접 태극기를 그려 보면서 우리나라 상징에 대해 더 깊이 이해할 수 있고 기술이 역사 교육에 어떻게 활용될 수 있는지를 보여주는 좋은 예가 될 것이다.

　전시 연계 행사로 ▲최태성 '큰별 쌤' 역사 강사와 함께하는 '그날을 만든 사람들, 부산의 독립운동가' 강연 ▲어린이 대상 전시 해설 프로그램 '부기와 함께 전시실 한 바퀴' ▲전시를 기획한 학예연구사의 해설 프로그램 '큐레이터와의 역사 나들이' ▲사진 홍보물(포토 리플릿) 공간 '부산 올드 프레스'가 마련돼 있다.

기존 유물만을 보관 전시하는 지역박물관이 지역사회와 지역 대소박물관, 관립사립 박물관, 역사와 문화단체, 지방자치단체와 협업을 통해 지역과 종교계 항일운동을 조명하고 한 자리에 관련 유물을 모아, 광복80주년의 주제를 함께 공유해 나가는 것은 '만해정신·사상이 지향하는 대국민 교육방향'을 탐색하고 이를 확장해 나가는 데 좋은 귀감이자 많은 아이디어를 제공한다고 할 것이다. 국내 대학, 국공·사립 박물관, 기념관 등은 이를 벤치마킹하여 살아있는 박물관으로 자리매김하길 기대해 본다.

만해축전 '문학으로 만해를 기억하다?'

일제강점기 항일운동과 문학활동으로 민족정신을 일깨운 만해 한용운(1879~1944) 선생과 그 정신을 기리는 '2025 만해축전 제27회 전국고교생백일장(이하 만해백일장)'이 오는 2025년 8월11일 강원도 인제체육관에서 열렸다. 만해백일장은 만해축전추진위원회와 인제군이 공동 주최하고 강원일보 등이 후원하는 행사로, 전국의 고교생들이 학교와 지역을 대표해 문학적 역량을 펼치는 국내 최고 권위의 고교 문학경연 무대로 자리 잡고 있다.

만해사상실천선양회는 2021년 '설악·만해사상실천선양회'로 재단 명칭을 바꾸고 2023년 9월, 폐간했던 잡지 계간《유심》을 시 전문 잡지로 재창간하였다.

2023년 10월, 문화체육관광부, 속초시, 강원특별자치도의 후원으로 속초시 강원특별자치도교육청 진로교육원에서 제1회 설악무산문화축전을 개최하였다. 축전은 설악청소년문화축전의 형태로 진행되어 많은 청소년이 참여하였다.

2024년 5월 제1회 무산문화대상 시상식으로 그랜드하얏트서울 그랜드볼룸에서 개최하였다. 무산문화대상은 매년 '문학', '예술', '사회문화' 세 부문에서 수상자를 발굴 선정하여 각각 1억원의 상금을 수여한다. 제1회 수상자로 문학 부문 문태준 시인, 예술 부문 박찬욱 영화감독, 사회문화 부문 예수의 소화 수녀회가 선정되었다.

2024년 6월 설악무산문화축전 개최, 설악청소년문화축전, 설악음식문화페스티벌, 문화체험 프로그램, 전문 예술인 공연 및 버스킹 등의 세부 행사로 구성되었으며 3일간 연인원 6만여 명이 참여하여 성황을 이루었다.

2024년 12월 제8회 만해·무산 선양 시낭송 음악회는 서울특별시 성북구청의 후원으로 성북구 무산선원에서 열렸다. 유홍준 국립박물관장의 성북동 답사 강연, 고진하 목사, 예수의 소화 수녀회 수녀님들, 이영제 신부, 선일 스님의 시낭송을 시작으로 이근배, 오세영, 정호승, 김수복, 장석남 시인 등 많은 문인들이 시낭송을 하고 서울대 현악4중주단, 가수 최성수가 공연하였다.

만해축전은 동국대와 강원도, 인제군, 조선일보, (재)설악·만해사상실천선양회가 공동으로 주최하는 행사다. 유심상 시상식을 비롯해 학술행사, 문화예술 행사 및 경연대회 등 다채로운 프로그램이 진행된다. 만해축전 백미인 만해대상은 1997년 신흥사 조실 설악 무산스님이 제정했다. 2024년까지 28회를 거듭나며 국적과 인종, 종교의 울타리를 넘어 150여 명의 수상자가 나왔다. 역대 수상자로는 넬슨 만델라 전 남아공 대통령, 달라이 라마, 정주영 전 현대그룹 회장, 김대중 전 대통령, 함세웅 신부, 마리안느 스퇴거 전 소록도 간호사, 조정래 소설가, 모옌 노벨문학상 수상자, 산악인 엄홍길 등이 있다.

그러나 2025년 만해대상의 구체 일정이 공개되지 않고 문학으로 만해를 기억한다는 만해축전은 행사내용에서 보듯이 어느새 일반의 놀고 먹는 축제에 버금간다는 느낌을 지울 수 없다. 만해를 선양했던 무산霧山스님이 이 광경을 보면 뭐라 할까? "너거들 이리 할라카면 다 무산霧散시켜라. 다 없애 삐라" 하지 않았을까? 무산의 그림자를 밟으며 살아온 '저들만의 리그'를 보는 것 같아 헛헛하다. 붓다의 정설에 기대어 그들의 남 탓의 분노보다는 스스로의 각성을 촉구한다.

한편 동국대학교는 불기 2569년(2025년) 6월 27일, 교내 정각원에서 만해 한용운 스님 입적 81주기를 맞아 만해스님을 추모하는 다례재를 봉행하였다. 다례재는 윤재웅 총장, 정각원장 제정스님, 전한성 만해연구소장, 이길수 대한불교청년회장, 주현석 일반대학원 총학생회장 등이 참석한 가운데 헌향과 헌화, 행장 소개, 추모

공연, 추모시 낭독 등으로 진행되었다. 다례재에서는 만해 선사의 가르침과 그의 유훈을 되새겼다.

재단법인 대한불교 선학원은 2025년 6월 29일 서울 HW컨벤션센터에서 만해스님 81주기 추모다례 '우리 안에 살아 계십니다' 행사를 열었다. 예술제와 학술제 등 다양한 행사로 만해스님의 삶과 사상을 알려온 재단법인 선학원이 만해스님 입적 81주기를 맞아 추모다례재를 통해 만해스님의 애민정신을 되새기고 후대에 전할 것을 다짐했다. 참석자들은 일평생 독립운동과 민족불교 수호에 매진하다 조국 광복을 불과 1년여 앞둔 채 입적하신 만해스님의 생애를 기렸다.

이에 앞서 선학원 설립조사 중 한 분인 만해 한용운 스님의 삶과 사상을 재조명하기 위해 매년 개최하는 추모학술제를 2025년 6월 11일 한국근대불교문화기념관 만해홀에서 열었다. 이번 학술제는 '만해의 시대와 사상'을 주제로 진행되었으며, 불교, 독립운동, 문학을 아우르는 만해 사상의 깊이를 다각도로 조명했다.

일제에 맞서 조국 독립에 헌신한 만해스님의 삶과 사상은, 만해가 수시 주석했던 선학원의 역사와 함께 오늘날에도 깊은 울림을 외롭게 전하고 있다. 2025년 8월29일 호텔 등지가 아닌 '심우장'에서 염천炎天에 열리는 '만해사상실천연합'의 제10회 만해 평화 축전 행사를 반색하며 기다리는 이유이다.

'만해사상' 선양의 산실, 만해기념관 그리고 특별전시회

만해기념관(관장 전보삼)은 제106주년 3·1절을 맞아 2025년 3월 1일부터 3월 30일까지 특별기획전 '3·1정신과 그 세계'를 개최했다. 국가보훈부와 경기동부보훈지청의 후원으로 진행된 이번 기획전은 3·1운동의 정신이 국내를 넘어 세계적으로 어떻게 확산됐는지를 살펴보는 뜻 깊은 자리로 마련되었다.

전시에서는 독립을 향한 불굴의 의지와 민족 자주의 가치를 담은 다양한 사료와 유묵, 영상 및 디지털 콘텐츠가 선보인다. 특히 만해 스님을 비롯한 독립운동가들의 사상과 실천을 조명, 그들의 숭고한 정신을 되새기고 자리매김한 것으로 평가되었다. 또한 3·1운동이 전 세계 각국의 독립운동과 인권운동에 미친 영향을 소개해, 과거의 외침이 현재에도 지속적으로 영향을 미치고 있음을 보여주는 산교육장으로도 손색이 없었다.

"이번 전시를 통해 시민들과 청소년들이 3·1운동 정신의 의미를 깊이 이해하고 독립과 평화라는 소중한 가치를 함께 앞으로도 잘 기억하게 되었다"는 반응이 있었다.

만해기념관(관장 전보삼)이 지난해 광복 79주년을 맞아 '만해 한용운 옥중 시 특별전'을 개최하여 3·1운동 민족대표 33인 중 선봉에 서서 끝까지 변절하지 않고 민족의 자존심을 지킨 만해 한용운 선생의 옥중 한시 서예 작품을 선보였다.

만해기념관 학예사는 "만해 선생의 고귀한 정신을 기리며 현대의 우리가 그 정신을 이어받아 사회를 더욱 발전시킬 수 있는 계기를 마련하고자 한다."며 "특별기획전을 통해 광복 79주년의 의미를 강조하고자 한다."고 당시를 회고했다.

특히 광복80주년을 맞는 올해는 2025 경기도 박물관·미술관 지원사업의 일환으로 기획전시인 「스승과 제자 특별전」〈만해와 무불스님〉을 2025년 7월 1일 ~ 8월 31일 열게 되었다.

이번 전시는 만해 한용운과 무불 스님의 스승과 제자 관계를 통해 한국불교의 정신과 수행 전통을 조명하는 데 초점을 맞췄다. 일제강점기 민족정신을 일깨운 만해의 사상과, 경전을 사경 수행에 일생을 바친 무불 스님의 정진을 통해 시대를 초월한 정신적 유산을 되새기게 된 것이다. 만해와 잘 알려지지 않는 제자 무불스님, 두 인물의 삶과 수행을 기획함으로써 오늘날까지 이어지는 한국인의 영적 정체성과 시대정신을 형상화하는 데 앞장서고 있다는 긍정평가가 이어지고 있다.

한편, 만해아카이브연구소, 한국불교사학회, 한국불교사연구소는 제38회 집중 세미나를 열었다.

용운당 만해 봉완의 「님의 침묵」 탈고 100주년기념학술대회를 2025.8.22. 동국대 만해관에서 개최한 것이다.

이를 통해 '만해의 정신' 만해의 님, 「님의 침묵」 전편 해설과 100년 동안의 변화, 정본화의 진전과 평과, 새로운 100년의 전망과 비젼, 활자와 여상의 만남과 대화를 지속하려고 한다'는 기획의 미를 되새겼다.

21세기 만해문학이 지향하는 국민교육 운동의 방향

21세기는 문화적 창의성이 개인생활의 중심이자 사회발전의 원동력이며 국부창출의 기반이자 정부의 핵심과제다. 문학은 문화예술의 기초가 되는 핵심 장르이며, 문화예술의 발전을 위해서는 체계적인 보호와 육성이 필요하다. 특히 오늘날 미디어가 주도하는 급속한 정보화 사회의 도래로 문학은 문화의 중추적 지위를 영상매체에 넘겨주게 되자 문학 수요자 이탈로 이어져 젊은 문학 수요 기반이 형성되지 못함에 따라 문학은 위기를 맞고 있다. 문학이 다른 예술 장르 못지않은 발전과 성장 잠재력에도 불구하고 답보하고 있음은 국가 정책과 행정에 대한 문학인 스스로의 인식과 노력의 부족도 있다. 지능정보화시대에 부응한 국가적 '정책'이나 '행정'에 대한 패러다임의 전환을 통해 국가의 문학정책을 마련, 문학 진흥정책을 견인해야 할 때이다.

문학의 발전을 위해서는 중앙정부와 지방정부, 산하단체와 각종 문화재단, 지방문화원, 문학관 및 문학단체, 한국문화예술위원회 및 지역 문화, 문단, 출판계를 망라한 광범한 거버넌스 구축 필요성이 제기 된다. 즉 정책적으로 문학의 중요성을 환기시켜 저변 확대를 통해 문학 수요를 창출할 수 있을 것이다. 이들과 함께 진행되는 문학축제, 문학교육을 중심으로 만해 문학의 대국민교육 방향을 가늠해 진력해 나가야 하리라본다.

먼저 문학축제는 문학생산자인 문학인과 문학소비자인 독자와 만남의 장이며, 문학의 대중화에 유효한 수단으로 언론과 대중의 관심을 끌 수 있고 그 지역을 알리는데 효과적이다. 그동안 문학의 저변확대에 기여해 왔고 앞으로도 지속적으로 증가할 것으로 전망된다. 전국적으로 117개 이상의 문학축제가 개최되고 있으나 규모가 작고 일부 축제를 제외하고는 소수인원만이 참여하여 문학인들만의 리그로 인식되는가하면 정부 또는 지자체와의 연계 미비, 홍보부족 등 문제점이 노정된다.

대표적으로 만해축전과 평창 효석문화제 등은 비교적 모범적으로 운영되고 있다. 하지만 문학축제의 공공성 제고방안과 국제네트워크 가입방안, 문학축제의 세계화방안 및 공공적 네트워크 발전방안 등에 대한 한계가 지적되기도 한다. 더하여 인문학적 상상력과 스토리텔링의 활성화로 자생력 있는 축제로 성장시키려는 노력도 병행되어야 한다. 향후 문학축제를 운영하고 있는 지방자치단체나 축제 추진위원회에서는 협의회 구성 등 공공적 네트워크를 강화로써 문학축제를 보다 발전적으로 추진해 나가야하는 과제를 안고 있다.

만해 한용운의 선양사업을 위해 2016년 강원 인제군과 서울 성북구, 충남 홍성군, 선양사업 지방정부 행정협의회'(속초시 등 행정협) 5개 자치단체가 창립되었다. 앞으로 만해 기념공원 및 문학관 건립, 문화 콘텐츠 개발, 유적지 순례길 운영방안 등을 추진 중이다. 만해문학인들의 미시적 전문적 접근이 요구된다.

한편 문학교육은 문학을 통해 인간을 더 나은 수준으로 이끌어 갈 수 있다는 문학에 대한 관점을 기초로 교육을 확장해 나가야 한다. 문학교육으로 문학이 곧 인간의 성장과 어떤 점에서 관련되는가를 구체적으로 판단하고, 이에 따라 그 구체적인 교육의 경로를 만들게 될 것이기 때문이다. 이런 점에서 문학교육에서 전제하는, 또는 문학교육에 실제로 강력하게 작용하는 문학관文學觀이 어떤 것인가에 대해 논하는 것은 문학교육 연구의 본질적인 과제가 된다.

이런 점에서 만해문학은 본질적으로 문학교육의 본질을 이루고 있는 것을 모두 구비한 것으로 평가되므로 이를 현실에 어떻게 활용할 것인가 하는 방법론에 대한 심층검토가 요구되기도 한다. 이를 위해 동국대 만해문학기념관, 홍성만해문학관, 남한산성 만해기념관 등지 문화강좌 개설 등 국민교육 실행계획에 대한 다양한 논의가 있어야 할 것이다.

오늘날 문학은 순수예술을 뛰어넘는 콘텐츠로서 고부가가치 산업이자 공공재로서 중요한 예술 장르이다. 한국문학이 발전하기 위해서는 다양한 대중적 접근방안을 검토하고 보다 원활한 소통을 위해 정책을 개발해야 한다. 여기에 만해문학의 대중화, 국민교육 방향의 지향이 함께해야 한다.

이렇게 함으로써 평화와 자유, 민족자결을 기반으로하는 만해문학이 어우러져 문화거버넌스 구축과 문화공공성 제고를 통한 효과적인 문학진흥정책을 선도할 수 있고 한국문학을 보다 세계화할 수 있으며 소위 K-문학으로 우리의 가치와 국격國格을 한층 높여 나갈 수 있으리라 본다.

끝으로 이 기회에 공공성을 강화한 사단법인화를 계기로 「만해사상 실천연합」내 가칭 '만해학연구소', '만해학교' 설치 및 만해박물관·기념관·문학관 심우장 등과 유수의 만해연구기관 단체 그리고 해당지자체와의 연대를 통해 만해사상에 대한 대국민 교육·홍보를 위한 공동 프로젝트 수행방안을 제언한다.

「만해문학회」, 세상의 만반 현실을 향한 필치筆致

만해 한용운은 두 번에 걸쳐 출가하였다. 첫 번째 출가에 대한 내용은 『별건곤』 5권 6호(경성: 개벽사, 1930.7) 만해의 회고에 "나는 원래 충남 홍성 사람으로 구식 조혼시대에 일찍이 장가를 들고 19세에 어떤 사정으로 출가를 하여 중이 되었었는데…"라고 되어 있다. 1894년 첫 번째 출가이다. 하지만 1900년경 만해는 고향인 홍성으로 다시 돌아갔다.

그 후 1905년에야 비로소 재 출가하게 된다. 만해 스스로 『조선불교유신론』(서울: 불교서관, 1913.5)에서 "중년에 선친이 돌아가시고 편모를 섬겨 불효에 이르렀더니, 지난 을사乙巳(1905)에 입산해서는 더욱 국내, 외국을 떠돌았다"고 밝힌바 있다.

『한용운 평전』,(서울:향연, 2004) 등 기록으로 볼 때 만해는 1903년도에 재 입산하여 1905년 1월 26일 백담사에서 득도得度했다고 볼 수 있다. 1907년 4월 15일 만해는 금강산의 2대 사찰이었던 유점사와 건봉사를 오가며 그중 유명한 선방인 건봉사 무불선원 수선안거에 동참한다. 당시 건봉사 총지摠持 이설파는 젊은 한용운의 선기와 법상을 능히 짐작하고 "에라이 이 사람아, 저쪽 무불당 구석에 가서 실컷 쪼그리고 앉아서 똥오줌이나 가리려무나. 썩 물러가거라. 돌!"이라 외쳤다.

이후 만해는 '무자' 화두를 들고 방선시간에도 자리를 떠나지 않아 결가부좌한 겹방석이 닳아 패이고 엉덩이에는 피가 돌지 않아 죽은 살이 더덕더덕 붙었었다고 전한다.(고운, 『한용운 평전』, p.147)

이미 1894년에 첫 출가하여 불가佛家에 귀의, 처음으로 계戒를 받는 득도식도 치렀고 오계와 사미계와 봉완奉玩이라는 법명을 받았던 만해였으므로 이때 재수계식을 하였던 것이라 하겠다. 두 번의 출가를 보면, 만해의 성정과 개인사를 몰록 가늠해 볼 수 있는 대목이 아닐 수 없다.

만해는 백담사에서 연곡선사를 은사로 재출가하여 1907년 건봉사 선방으로 들어가 본격적으로 선문수행에 든다. 건봉사 내 무불선원에 입방한 만해는 깨달음을 향한 구도정진에 매진한다. 그리고 1881년에 결성된 건봉사 만일염불선회를 1908년 회향한 만화萬化선사에게 법을 인가받고 용운龍雲이라는 법명을 받게 된다.

39세 시인 1917년 12월 13일 오세암에서 좌선하던 중에 만해는 문득 물건이 바람에 떨어지는 소리에 세상이 무너지는 듯 굉음을 듣고 깨달음을 얻게 되자 잘 알려진 칠언절구의 오도시를 읊으며 마침내 깨달은 오도인으로 수행자로 거듭나게 된다. 이렇듯 만해는 건봉사에서 치열하게 수선안거를 마친다. 깨달음 이후 만해는 더욱 활발한 사회활동을 펼치게 된다.

만해의 숱한 행장을 따라 가다보니 그 기행과 남긴 언설이 일치되는 행보로도 이미 전설이 되고 말았으니 보탤 것도 더 언급할 것도 없다는 생각에 주저하게 된다. 고심 속 논의가 의미심장, 확장되어 나가면 나갈수록 만해를 바로보고 그 중심에 서서 왜 지금 만해 한용운 인가?라며 관계를 계속해 나가야만 했다. 만해를 앞세우는 이유이기도 하다.

그동안 해오던 작업이 지속 가능해져야 했고 긴 호흡 끝에 현실 참여적 불교사상과 오늘날 문학이 공유한 정신사적 궤적, 그 깊이를 헤아려야 했다. 이제 불교사상에 기반하여 만해에 대한 기존의 다양한 해석과 분석에 더해 그 정신을 계승하고 계속 발전해 나가려는 어떤 시도를 하게 된다. 시세계를 함께 조망해 봄으로써 그 모습이 분명해 질 것이기 때문이란 생각을 해본다.

본서를 기획한 '만해문학회'는 지금 여기에 문학이란 이름으로 만해를 소환했다. '오늘, 다시 만해를 만나다'란 모토로 만해란 아득한 바다를 향한 작은 물길 질 끝에 반사되어 오는 회광반조回光返照는 어디에 담고 품을지 고민하리라. 나의 작은 탐색이나마 아득한 바다의 유등으로라도 항해의 불을 밝히길 …

> 그는 간다. 그가 가고 싶어서 가는 것도 아니오
> 내가 보내고 싶어서 보내는 것도 아니지만 그는 간다
> 그의 붉은 입설 흰 이 가는 눈썹이 여여쁜 줄만 알었더니
> 구름 같은 뒷머리 실버들 같은 허리 구슬같은 발꿈치가
> 보다도 아름답습니다
> 걸음이 걸음보다 멀어지더니 보이려다 말고 말려다 보인다
> 사람이 멀어질수록 마음을 가까워지고
> 마음이 가까워질수록 사람은 멀어진다
> 보이는 듯한 것이 그의 흔드는 수건인가 하였더니
> 갈마기 보다도 적은 쪽각구름이 난다
>
> — 만해 한용운, 「님의 침묵」, '그를 보내며'

만년晩年 법학도가, 선량한 법률가를 가장한 도적 무리인 법비法匪들이 준동하는 작금에 만해의 이름으로 펜을 든다. 저들의 만

행이 일상화되어 '법마法魔'마저 출현하는 현실을 막아야 한다는 생각으로 세상의 만반 현실을 향한 필치筆致를 들었다.

또한 도처에 문비文匪, 예비藝匪, 학비學匪, 정비政匪는 어떠한가? '만해문학회'의 이름으로 파사현정破邪顯正의 가르침을 펼치기 위해 오래전의 졸고들을 모아 상재하는 이유다.

만해 한용운 연보

1879년(1세) 8월 29일(음력 7월 12일) 부 한응준, 모 온양 방씨 2남으로 충청남
　　도 홍주군 주북면 옥동에서 출생(현, 홍성읍 대교동).
　　본관은 청주, 유년 시절의 이름은 유천, 호적 이름은 정옥.
1884(6세) 향리 서당에서 한학 수학
1886(8세) 홍성읍내로 이주, 한학 공부(스승 문수운)
1887(9세) 통감, 대학, 서상기, 서경 등을 공부
1888(10세) 10세까지는 서당 공부(통감, 대학, 서상기, 서경)
1895(17세) 전정숙과 결혼
1896(18세) 향리의 서당 선생으로 활동
1897(19세) 1차 출가, 상경의 길에 법주사, 백담사로 방향을 전환
　　건봉사 강원에서 수학, 방랑
1904(26세) 2차 출가
1905(27세) 1월 26일 백담사에서 정식 수계(은사 김연곡, 계사는 전영제)
　　4월, 이학암(백담사)에게 기신론, 능엄경, 원각경을 배움
1906(28세) 세계일주 차원에서 시베리아행 단행, 석왕사에 칩거
1907(29세) 건봉사 선원에서 최초의 안거 수행
　　만화선사로부터 전법(법명, 龍雲, 법호 萬海)
1908(30세) 명진학교 보조과(속성과, 3개월) 수학
　　4월 유점사에서 서월화에게 화엄경 배움
　　5~9월 일본으로 시찰 겸 유학(임제종대학, 현 고마자와 대학)
　　9월 귀국, 건봉사에서 이학암에게 화엄경과 반야경 배움
　　12월 10일 경성명진측량강습소 개설, 소장
1909(31세) 7월 30일 표훈사 강원 강사
1910(32세) 3월, 9월 중추원과 통감부에 승려의 결혼 허용요청 '건백서' 제출
　　9월 20일, 화장사 화산강숙 강사
　　12월 8일, 《조선불교유신론》탈고

1911(33세) 원종의 조동종 맹약에 반대하는 임제종운동 주도
　　　　임제종 종무원의 서무부장 겸 관장 서리
　　　　3월 16일 임제종 종무원 관장에 취임, 종무원을 범어사로 이전
1912(34세) 5월 임제종중앙포교당 개설
　　　　6월 임제종중앙포교당을 선종중앙포교당으로 명칭 변경
　　　　9~10월, 만주 서간도 탐방(친일파 오인 피격, 구사일생으로 목숨구함)
　　　　범어사에서 칩거, 휴식
1913(35세) 3~4월 조선불교월보 에「승려의 단결」(조선불교유신론 일부 원고)
　　　　기고, 필명, 법호인 '萬海'를 사용
　　　　5월 19일 통도사 강원 강사에 취임
　　　　통도사에 머무르며 대장경 열람('불교대전'구상)
　　　　5월 25일, 《조선불교유신론 발간》(불교서관)
1914(36세) 4월 조선불교강구회 총재
　　　　4월 30일《불교대전》간행(범어사 간행)
　　　　8월 조선불교회 조직, 회장으로 활동(본산 주지와 일제의 방해로 중단).
　　　　9월 불교동맹회 조직, 주도
1915(37세) 8월 조선선종중앙포교당 포교사에 취임
1917(39세) 4월 4일 신문관에서《정선강의 채근담》발간
　　　　12월 3일 오세암에서 좌선 중 깨달음(오도송 지음)
1918(40세) 9월 월간 교양잡지 유심 발간, 발행인(3호로 중단)
1919(41세) 1월 최린 등 천도교 측과 3·1운동 논의
　　　　2월 불교, 유교 측 민족대표 포섭. 공약삼장 추가
　　　　(공약삼장은 육당 최남선이 썼다는 설도 있음)
　　　　3월 태화관에서 독립선언식 참여, 주도. 일제에 피체
　　　　7월 10일「조선독립에 대한 감상」작성
　　　　8월 9일 경성지방법원에서 유죄 판결
1921(43세) 12월 22일 석방, 선학원에 주석
1922(44세) 3월 24일 역경과 불교대중화를 위한 단체인 '법보회' 발기
　　　　3월 29~30일 선학원의 선우공제회 발기인
　　　　11월 민립대학기성회 참여

1923(45세) 3월 31일 민립대학기성회의 중앙부 집행위원에 피선
    4월 2일 민립대학기성회의 상무집행위원에 피선
1924(46세) 1월 6일 조선불교청년회 회장에 취임
1925(47세) 6월 7일 오세암에서 『십현담주해』 탈고
    8월 29일 「님의침묵」 탈고
1926(48세) 5월 15일 '법보회'에서 『십현담주해』 발간(비매품, 법보시)
    5월 20일 회동서관에서 『님의 침묵』 발간
    6월 7일 선학원에서 6·10만세운동 예비검속 구속
1927(49세) 1월 19일 신간회 발기인으로 참여
    2월 15일 신간회 중앙집행위원으로 피선
    6월 10일 신간회 경성지회장으로 피선
1928(50세) 8월 「건봉사급건봉사본말사약지」 편찬, 발간
1929(51세) 12월 광주학생운동 민중대회 사건으로 구속
1930(52세) 5월 항일비밀결사 만당의 당수로 추대(비공식)
    서울 종로의 사직동에 칩거.
1931(53세) 6월 「불교」의 발간처인 불교사 사장 취임
    7월 전주 안심사의 한글경판 발견
1932(54세) 12월 안심사에 보관되었던 한글경판을 인출
    「불교」지 선정 불교계 대표인물 선정에서 절대 다수로 1위차지
1933(55세) 7월 「불교」 휴간으로 불교사 사장에서 퇴직
    유숙원과 결혼(재혼)
    조선어학회 발기인 참여
1934(56세) 9월, 딸 한영숙 출생. 서울 성북동에 「심우장」을 짓고, 주석
1935(57세) 4월 9일, 「조선일보」에 소설, 「흑풍」 연재 시작(1936년 2월 4일까지)
1936(58세) 「조선중앙일보」에 소설, 「후회」 연재(50회로 중단)
    신채호 묘비 건립(글씨 오세창)
    7월 16일, 다산 정약용 서거 백년기념회 개최(정인보, 안재홍 등)
1937(59세) 3월 만주의 항일운동가 김동삼이 서거하자, 유해 인수하여 장례를 치름
    「불교 신1~2집」에 소설, 「철혈미인」 연재
1939(61세) 청량사에서 회갑연 개최(음력 7월 12일)

다솔사에서 회갑 기념식수, 회갑 기념모임
　　　조선일보에 삼국지 번역, 연재 시작(1940년 8월, 조선일보 폐간 시까지)
1942(64세) 신채호 유고집 발간 추진, 좌절(최범술, 박광, 신백우 등)
1944(66세) 6월 29일 「심우장」에서 입적
　　　미아리 화장터에서 화장하고 그 유해는 망우리 공동묘지에 안장
1948 「만해한용운전집 간행 추진위원회」조직, 자료수집(6·25로 중단)
1959 조지훈과 고대문학회가 만해전집 발간을 위한 작업, 시작
1962 대한민국 건국공로 훈장을 정부에서 추서
1967 10월 파고다 공원에 용운당대선사비 건립
1971 「만해한용운전집간행위원회」재결성, 자료수집
1973년 7월 5일 한용운전집(전 6권)을 신구문화사에서 간행
1979 한용운전집 증보판 발간. 1974 창작과비평사에서 만해문학상 제정
1980 만해사상연구회 결성(심우장)
1992 만해학회 결성
1995 제1회 만해제 거행(홍성), 만해사(생가) 건립
1996 만해사상실천선양회 결성(백담사)
1999 제1회 만해축전 개최(백담사), 만해대상 시상
2003 만해마을 준공(백담사 입구)
2013 만해마을, 동국대로 기증. 2019 3·1운동 100주년 행사
2015 「만해사상실천연합」심우장에서 창립
2025 제10회 심우장 만해평화문학축전
2026 동국대학교 '만해한용운전집' 발간예정

* 출전: 김광식, 「3·1운동과 불교」(만해사상실천연합, 『3·1운동 100주년 심우장 기념
　　대회 자료집』, 2019.3.1.)

만해 한용운 저술, 작품 일람

구분	대 상	게재지(출판사)	발 표
한시	「思鄕 등」 12편	和融誌12권 6·7·8호	1908.6·7·8.
논설	「中樞院 請願書」		1910.3.24.(음력)
논설	「統監府 建白書」		1910.9.
발문	「동화사 내원암 同戒錄」		1910.4.29.
교재	佛敎漢文讀本		1912.
논설	「女子斷髮令」		1912.
논설	「元僧侶之團體」	조선불교월보13~14호	1913.4~5.
저서	朝鮮佛敎維新論	불교서관	1913.5.25.
저서	佛敎大典	범어사	1914.4.30.
수필	「古書畵의 3일」	매일신보	1916.12.7.~15.(5회)
저서	精選講義 菜根談	신문관	1917.4.6.
한시	「悟道頌」		1917.12.3.
시	「처음에 씀」	유심 1호	1918.9.
시	「心」	유심 1호	1918.9.
논설	「朝鮮靑年과 修養」	유심 1호	1918.9.
논설	「苦痛과 快樂」	유심 1호	1918.9.
논설	「學生의 衛生的 夏期 自修法」	유심 1호	1918.9.
수필	「苦學生」	유심 1호	1918.9.
번역	「生의 實現」	유심 1,2,3호	1918.9~12.
시	「一莖草의 生命」	유심 2호	1918.10.
논설	「魔는 自造物이다」	유심 2호	1918.10.
시	권두언	유심 3호	1918.12.
논설	「自我를 解脫하라」	유심 3호	1918.12.
논설	「遷延의 害」	유심 3호	1918.12.
논설	「毁譽」	유심 3호	1918.12.
수필	「前家의 梧桐」	유심 3호	1918.12.
시	권두언, 창간사	신청년	1919.1.
논설	「朝鮮獨立에 對한 感想의 大要」	독립신문 25호	1919.11.4.
시	「無窮花 심으과저」	개벽 27호	1922.9.
인터뷰	「現 制度를 打破하라」	동명 2호	1923.1.
대담	「靈的 缺乏으로 苦痛」	동아일보	1923.1.9.
논설	「내가 믿는 佛敎」	개벽 45호	1924.3.
소설	「죽음」(遺稿)		1924.
대담	「社會運動과 民族運動 차이점과 일치점」	동아일보	1925.1.2.
대담	「混沌한 思想界의 先後策」	동아일보	1925.1.23.

구분	대 상	게재지(출판사)	발 표
번역	十玄談註解	법보회	1926.5.15.
시집	님의 침묵	회동서관	1926.5.20.
논설	「가갸날에 대하여」	동아일보	1926.12.7.
대담	「女性의 自覺이 人類 解放要素」	동아일보	1927.7.3.
수필	「죽었다가 다시 살아난 이야기」	별건곤 8호	1927.8.
회고	「내가 생각하는 痛快二三」	별건곤 8호	1927.8.
설문	「質素·簡潔」	별건곤 17호	1928.12.
시조	「成佛과 往生」	일광 창간호	1919.12.
논설	「天道敎에 대한 感想과 囑望」	신인간 20호	1928.
수필	「天下名妓 황진이」	별건곤 18호	1929.1.
논설	「朝鮮靑年에게」	조선일보	1929.1.1.
논설	「人格을 尊重하라」	회광 2호	1929.3.
논설	「작은 일부터」	근우 창간호	1929.5.
논설	「專門知識硏究」	별건곤 21호	1929.6.
한시	「聞砧聲」 외 6편	삼천리 1호	1929.6.
회고	「當時의 追憶」(押收, 미게재)	삼천리 1호	1929.6.
수필	「明沙十里行」	조선일보	1929.8.14~24
논설	「小作農民의 覺悟」	조선농민 6권1호	1930.1.
회고	「남모르는 나의 아들」	별건곤 25호	1930.1.
논설	「신간회 解消運動」	삼천리 호	1930.2.
기타	「精神부터 修養, 民衆에게 보내는 新春 멧세이지」	별건곤 제26호	1930.2.
논설	「農業의 神聖化」	농민 1호	1930.5.
회고	「나는 왜 僧이 되었나」	삼천리 6호	1930.5.
기타	「沈着性과 持久性 있는 靑年을」	대중공론2권5호	1930.6.
축사		별건곤 30호	1930.7.
설문	「階級戰爭으로」	별건곤 32호	1930.9.
대담	「萬有가 佛性으로 돌아간다」	삼천리 8호	1930.9.
설문	「儒林界에 대한 희망」	천도 8호	1930.10.
논설	「한·일 공학제도」	조선일보	1930.10.8
설문	「朝鮮은 어디로 가나? ; 종교계」	별건곤 34호	1930.11.
논설	「민중불교 건설은 포교법에 있다」	매일신보	1931.1.31.
설문	「신간회 해소가부론 ; 容易치는 안타」	별건곤 37호	1931.2.
설문	「時間의 協同은 必要」	삼천리 12호	1931.2.
논설	「民族的大協同機關 組織의 必要와 可能如何-都是難言」	혜성 창간호	1931.3.
설문	「修道僧과 禁慾」	삼천리 13호	1931.3.
시	「지는 해」	삼천리 15호	1931.5.
시조	「還家」(卷頭)	불교 84·85합호	1931.6.

구분	대 상	게재지(출판사)	발 표
시	「聖誕」	불교 84·85합호	1931.6.
시	권두언	불교 86호	1931.8.
수필	「비바람」	불교 86호	1931.8.
기타	「漫話」	불교 86호	1931.8.
논설	「불교청년총동맹에 대하여」	불교 86호	1931.8.
권두언	권두언	불교 87호	1931.9.
논설	「政敎를 分立하라」	불교 87호	1931.9.
기타	「國寶의 한글 경판의 발견 경위」	불교 87호	1931.9.
논설	「印度 불교운동의 片信」	불교 87호	1931.9.
시조	「반달과 소녀」	불교 87호	1931.9.
기타	「漫話」	불교 87호	1931.9.
논설	「在日 在滿 同胞問題와 國際主義」	삼천리 3권9호	1931.9.
권두언	권두언	불교 88호	1931.10.
논설	「조선불교의 개혁안」	불교 88호	1931.10.
시조	「山村의 여름저녁」	불교 88호	1931.10.
논설	「중국불교의 현상」	불교 88호	1931.10.
기타	「閒葛藤」	불교 88호	1931.10.
권두언	권두언	禪苑 창간호	1931.10.
권두언	권두언	불교 89호	1931.11.
논설	「타이의 불교」	불교 89호	1931.11.
기타	「閒葛藤」	불교 89호	1931.11.
권두언	권두언	불교 90호	1931.12.
논설	「우주의 因果律」	불교 90호	1931.12.
논설	「중국혁명과 종교의 수난」	불교 90호	1931.12.
기타	「閒葛藤」	불교 88호	1931.12.
시조	「歲暮」	불교 88호	1931.12.
수필	「겨울밤 나의 생활」	혜성 9호	1931.12.
논설	「二大問題」	일광 3호	1931.12.
권두언	권두언	불교 91호	1932.1.
논설	「寺法改定에 대하여」	불교 91호	1932.1.
논설	「원숭이와 불교」	불교 91호	1932.1.
대담	「韓龍雲 씨와 釋迦를 語함」	삼천리 4권1호	1932.1.
논설	「표현단체 건설여부」	조선일보	1932.1.3.
수필	「평생 못 잊을 상처」	조선일보	1932.1.8.
권두언	권두언	불교 92호	1932.2.
논설	「禪과 人生」	불교 92호	1932.2.
논설	「佛敎東(지나)漸年代考」	불교 92호	1932.2.
논설	「根本으로 軍備撤廢를」	혜성 2권2호	1932.2.
시조	권두언	불교 93호	1932.3.

구분	대 상	게재지(출판사)	발 표
논설	「세계종교계의 회고」	불교 93호	1932.3.
권두언	권두언	회광 2호	1932.3.
시	「殘日」	조선일보	1932.3.28.
시조	권두언	불교 94호	1932.4.
논설	「新年度의 佛敎事業은 어떠 할까」	불교 94호	1932.4.
논설	「滿洲事變과 日中 佛敎徒의 對峙」	불교 94호	1932.4.
기타	「閒葛藤」	불교 94호	1932.4.
논설	「派爭으로 재분열한 天道敎」	신동아 6호	1932.4.
기타	「축사」	한글	1932.4.
권두언	권두언	불교 95호	1932.5.
논설	「佛敎 신임 간부에게」	불교 95호	1932.5.
기타	「閒葛藤」	불교 95호	1932.5.
시조	권두언	불교 96호	1932.6.
논설	「信仰에 대하여」	불교 96호	1932.6.
권두언	권두언	불교 97호	1932.7.
기타	「閒葛藤」	불교 97호	1932.7.
시	「明沙十里」	삼천리 4권7호	1932.7.
설문	「大衆의 信任밧는 人格者가」	삼천리 4권7호	1932.7.
권두언	권두언	불교 98호	1932.8.
논설	「조선불교의 해외발전을 요망함」	불교 98호	1932.8.
기타	「閒葛藤」	불교 98호	1932.8.
격문	권두언	불교 99호	1932.9.
논설	「교단의 권위를 확립하라」	불교 99호	1932.9.
기타	「閒葛藤」	불교 99호	1932.9.
권두언	권두언	불교 100호	1932.10.
수필	「海印寺 巡禮記」	불교 100호	1932.10.
논설	「佛敎靑年運動에 對하여」	불교 100호	1932.10.
비평	「西伯利亞에 移農」	삼천리 4권10호	1932.10.
회고	「月明夜에 一首詩」	삼천리 4권10호	1932.10.
권두언	권두언	불교 101·102합호	1932.12.
권두언	권두언	禪苑 2호	1932.2.
시조	「禪友에게」	禪苑 3호	1932.8.
권두언	권두언	불청운동7·8합호	1932.10.
수필	「고난의 칼날에 서라」	실생활 3권11호	1932.11.
대담	「釋迦의 精神」	삼천리 32호	1932.11.
시조	권두언	불교 103호	1933.1.
논설	「불교사업의 旣定方針을 實行하라」	불교 103호	1933.1.
기타	「한글經 印出을 마치고」	불교 103호	1933.1.
기타	「새해의 맹세」	삼천리 34호	1933.1.

구분	대 상	게재지(출판사)	발 표
기타	「나의 처세훈」	신동아 15호	1933.1.
시조	권두언	불교 104호	1933.2.
논설	「宗憲發布 記念式을 보고」	불교 104호	1933.2.
시조	권두언	불교 105호	1933.3
시	「달님」 등 3수	동아일보	1933.3.26.
권두언	권두언	불교 106호	1933.4.
논설	「교정연구회 창립에 대하여」	불교 106호	1933.4.
논설	「한글 맞춤법 통일안의 보급방법」	한글 11호	1933.4.
시조	권두언	불교 107호	1933.6.
논설	「新露西亞의 宗敎運動」	불교 107호	1933.6.
권두언	권두언	불교 108호	1933.7.
논설	「禪과 自我」	불교 108호	1933.7.
권두언	권두언	불청운동 11호	1933.8.
회고	「西伯利亞 거쳐 서울로」	삼천리 5권9호	1933.9.
수필	「明沙十里」	삼천리 5권7호	1933.9.
기타	「자립역행의 정신을 보급시켜라」	신흥조선 창간호	1933.10.
기타	「구차한 사랑은 불행을 가져온다」	중앙 4호	1934.2.
시	「당신의 편지」, 「님」	삼천리 7권1호	1935.1.
수필	「북대륙의 하룻밤」	조선일보	1935.3.8~13.
시	「꿈과 근심」	신인문학 6호	1935.4.
기타	「文字非文字」	禪苑 4호	1935.10.
기행문	「國寶잠긴 安心寺」	삼천리 7권6호	1935.7.
시	「우리님」	삼천리 7권6호	1935.7.
기타	「조선사람의 문화 정도가 진보된 상징」	조선일보	1935.7.6.
수필	「最後의 5분간」	조광 창간호	1935.11.
수필	「심우장 漫筆」	조선일보	1936.3(16회)
수필	「봄」	조선일보	1936.3.17~18.
수필	「취직」	조선일보	1936.3.19~20.
수필	「人造人」	조선일보	1936.3.21~26.
시	「산거」, 「산골 물」	조선일보	1936.3.27.
시	「矛盾」	조선일보	1936.3.28.
시	「쥐(鼠)」	조선일보	1936.3.31.
시	「日出」「海村의 夕陽」	조선일보	1936.4.2.
시	「江 배」, 「落花」, 「一莖草」	조선일보	1936.4.3.
시	「파리」, 「모기」, 「半月」과 소녀」	조선일보	1936.4.5.
시조	「實題」	삼천리 74호	1936.6.
기타	「暮鐘最梵 無我境」	조광 2권10호	1936.10.
기타	「손기정선수의 소식을 듣고」	삼천리 8권11호	1936.11.

구분	대 상	게재지(출판사)	발 표
대담	「萬古에 거룩한 釋迦의 精神」	삼천리 8권11호	1936.11.
논설	「菜根譚講義」	삼천리 8권12호	1936.12.
소설	「後悔」	조선중앙일보	1936. 55회
논설	「佛敎 續刊에 대하여」	불교 신제1집	1937.3.
소설	「鐵血美人」	불교 신제1~2집	1937.3~4.
논설	「朝鮮佛敎 統制案」	불교 신제2집	1937.4.
논설	「譯經의 急務」	불교 신제3집	1937.5.
논설	「住持選擧에 對하여」	불교 신제4집	1937.6.
수필	「尋牛莊說」	불교 신제4집	1937.6.
논설	「禪外禪」	불교 신제5집	1937.7.
기타	「氷壺」	조선일보	1937.7.20.
수필	「精進」	불교 신제6집	1937.8.
기타	「戒言」	불교 신제7집	1937.10.
논설	「제논의 飛矢不動論과 僧肇의 物不遷論」	불교 신제8집	1937.11.
수필	「山莊寸墨」	불교 신7~10집,13~15집	1937.10~1938.2, 1938.6~9.
시조	「尋牛莊」	불교 신제9집	1937.12.
논설	「조선불교에 대한 과거1년의 회고와 신년의 전망」	불교 신제9집	1937.12.
시조	「漁翁」	야담	1938.12.
논설	「불교청년운동을 復活하라」	불교 신10집	1938.2.
논설	「共産主義的 反宗敎 理想은 과연 實現될 것인가」	불교 신11집	1938.3.
논설	「나치스 獨逸의 宗敎」	불교 신12집	1938.5.
논설	「反宗敎運動의 批判」	삼천리 10권5호	1938.5.
논설	「佛敎와 孝行」	불교 신13집	1938.6.
논설	「忍耐」	불교 신14집	1938.7.
논설	「三本山會議를 展望함」	불교 신15집	1938.9.
논설	「總本山 創設에 대한 再認識」	불교 신17집	1938.11.
기타	「나의 感想과 希望」	비판 68호	1938.12.
소설	「薄命」	조선일보	1938.5.1.~1939.3.12.
번역	「삼국지」(소설)	조선일보	1939.11.1.~1940.8.11.
권두언	권두언	금강저 23호	1939.1.
기타	「환갑, 소회 글」	청량사	1939.7.12(음력)
논설	「불교의 과거와 미래」	불교 신20집	1940.1.
번역	「維摩詰小說經 講義」	불교 신21집, 23집	1940.2·5.
기타	鏡虛集 의 序	중앙선원	1943.3.

'만해 한용운론'은 그의 유작까지 포함하여 편찬한 『한용운 전집』을 기본문헌으로 삼았다. 심화된 내용은 여러 문헌들을 참고하였고, 필요한 경우 내용안에 출처를 밝혀 이해를 돕도록 했다.

참고문헌

1. **참고 자료**
   - 「기미독립선언서」
   - 《대한매일신보》
   - 《매일신보》
   - 《독립신문》, 상해판
   - 《東亞日報》
   - 《삼천리》
   - 《朝鮮佛敎月報》
   - 송병기 외 편저, 「한성사범학교관제」, 『한말근대법령자료집』, 고려대학교 아세아문제연구소, 1972.
   - 『朝鮮開敎五十年誌』, 大谷派本願寺 朝鮮開敎監督部 編, 朝鮮開敎五十年誌, 1927.
   - 「朝鮮國布敎日誌」, 『眞宗史料集成』제11권, 1975
   - 『朝鮮總督府官報』
   - 『韓龍雲全集』, 불교문화연구원, 2006.

2. **참고 논저**
   - 강석주, 박경훈, 《불교 근세 백년》, 민족사, 2002.
   - Hans Kohn, 「The Idea of Nationalism」(백낙청 엮음, 『민족주의란 무엇인가』, 창작과 비평사, 1981.
   - 〈개화승 이동인의 재일 활동〉, 《신동아》, 동아일보사, 1981. 5.
   - 高橋亨, 『李朝佛敎』, 寶文館, 1929.
   - 고명수, 「'조선독립에 대한 감상 개요'에 나타난 만해의 독립사상」

- 『불교평론』, 제3권 제3호, 불교시대사, 2001, 가을.
- 고 은, 『한용운평전』, 향연, 2007.
- 김광식, 《만해 한용운 평전》(증보판), 장승, 2007.
- 김광식, 『한국근대불교사연구』, 민족사, 1996.8.
- 김광식, 「1910년대 불교계의 進化論 수용과 寺刹令」, 『韓國近代佛教史研究』, 민족사, 1996.
- 김광식, 《우리가 만난 한용운》, 참글세상, 2010.
- 김광식, 『한국근대불교의 현실인식』, 민족사, 1998. 11.
- 김광식, 『근현대불교의 재조명』, 민족사, 2000. 10.
- 김광식, 『새불교운동의 전개』, 도피안사, 2002. 5.
- 김광식, 「한용운의 민족의식과 조선불교유신론」, 『한국민족운동사연구』 35 한국민족운동사학회, 2003.6.
- 김광식, 「첫키스로 만해를 만난다」, 장승, 2004.
- 김광식, 『민족불교의 이상과 현실』, 도피안사, 2007.11.
- 김광식, 『만해 한용운의 기억과 계승』, 인북스, 2022.
- 김삼웅, 《만해 한용운 평전》, 시대의 창, 2011.
- 김상현, 「3·1운동에서 한용운의 역할」, 『동국사학』 제19. 20합집, 동국사학회 1991.
- 김소령, 「한말 계몽운동기 教科書 속의 '國民' 인식」, 『대동문화연구』제63집, 대동문화연구원, 2008. 9.
- 김소진, 「대한승려연합회선언서와 불교계의 독립운동」, 『원우논총』, 숙명여자대학교대학원 총학생회, 1995.
- 김소진, 『한국독립선언서연구』(국학자료원, 1999).
- 김순석, 「朝鮮總督府의 「寺刹令」 공포와 30본사 체제의 성립」, 『한국사상사학』 제18집, 한국사상사학회, 2002. 6.
- 김순석, 『일제시대 조선총독부의 불교정책과 불교계의 대응』, 경인문화사, 2003. 12.
- 김순석, 「한국근대 불교계의 민족의식」, 『불교학연구』 제21호, 2008.12.
- 김순석, 「한용운의 정교분리론 연구」, 『한국독립운동사연구』 제28집, 독립기념관 한국독립운동사연구소, 2007.
- 김영진, 「근대 한국불교의 형이상학 수용과 진여 연기론의 역할」, 『불교학연구』 제21호, 2008.12.

- 김용옥, 『만해 한용운, 도올이 부른다』 1,2권, 통나무, 2024.
- 김종만, 「호국불교의 반성적 고찰」, 『불교평론』 제2권 제2호, 불교평론사, 2000, 여름.
- 김우창, 「한용운의 시」, 『궁핍한 시대의 시대의 시인』, 민음사, 1990.
- 김재홍, 「한용운 문학연구」 일지사, 1982.
- 김창수, 「일제하 불교계의 항일민족운동」, 가산 이지관스님 회갑기념논총 『한국불교문화사상사』 하권, 서울가산이지관스님 회갑기념논총간행위원회, 1991.
- 김태진, 「인왕반야경」, 붓다를 사랑하는 사람들, 2015
- 김태진, 「불교문학, 불교적 문학을 넘어서」, 한국불교문학, 2019.
- 김태진, 「아득한 성자」, 한누리미디어, 2021.
- 김태진, 「아득한 바다, 만해」, 한국불교문학, 2023.
- 김태진, 「만해사상의 대국민 교육방향」, 제8회 만해평화축전자료집, 2023.
- 김태진, 「대한민국, 화쟁사상으로 길을 묻다」, 국회발표자료, 2023.
- 김태진, 「붓다의 길을 따라」(공저), 연암서가, 2023.
- 김태진, 「만해 한용운, 만악조오현 시세계」, 한누리미디어, 2025.
- 김홍규, 「시인인가 혁명가인가」, 『문학사상』, 1978.8.
- 김현숙, 「한말 '민족'의 탄생과 민족주의 담론의 창출 : 민족주의 역사서술을 중심으로」, 「동양정치사상사」 제5권 1호, 한국·동양정치사상사학회, 2006. 3.
- 김혜승, 「한국 민족주의」, 비봉출판사, 1997.
- 김희철, 「한국현대시에 나타난 불교사상연구」, 동국대학교 박사학위논문, 1978.
- 박걸순, 『한용운의 생애와 독립운동』, 독립기념관 한국독립운동사연 구소, 1992.
- 박노자, 「한국 근대 민족주의와 불교」, 『불교평론』28·29, 현대불교 신문사, 2006, 12.
- 박재현, 《한국 근대 불교의 타자들》, 푸른역사, 2009.
- 박재현, 《한용운 평전-만해 그날들》, 푸른역사, 2015.
- 박은식, 『朝鮮獨立運動의 血史』 1,2권, 東京 平凡社, 1972(소화47년)
- 백동현, 「러일전쟁 전후 '民族' 용어의 등장과 민족인식」, 『한국사학보』 10, 고려사학회, 2000.
- 불학연구소편, 《근대선원방함록》, 대한불교조계종교육원, 2006.
- 서경수, 「日의 佛敎政策」, 『佛敎學報』19, 불교학회, 1982.

- 서재영, 「민족불교와 불교적 보편주의」, 『불교평론』28 · 29, 현대불교신문사, 2006. 12.
- 서중석, 「한국에서 민족문제와 국가」, 『근대 국민국가와 민족문제』, 지식산업사, 1995
- 신상철, 「한국현대시에 나타난 님의 연구」, 동아대학교 박사학위논문, 1983.
- 송 욱, 「님의 침묵 전편해설」, 일조각, 1974.
- 안계현, 「3·1운동과 불교계」(동아일보사, 1969).
- 안병직, 「만해 한용운의 독립사상」, 『창작과 비평』 제5호(창작과비평사 1970. 12).
- 오세영, 「침묵하는 님의 역설」, 『국어국문학』65-66합본호, 국어국문학회, 1974.12.
- 유병덕, 「日帝時代의 佛敎」, 崇山朴吉眞博士華甲紀念『韓國佛敎思想史』(원광대학교출판부, 1975).
- 윤경로, 「1910년대 독립운동의 방략과 특성」, 『한국독립운동사사전』 총론편(한국독립운동사연구소, 1996).
- 염무웅, 「만해 한용운론」, 『창작과 비평』 1972. 겨울호
- 이광린, 「개화승 이동인에 관한 새자료」, 『동아연구』 6집(서강대 동아시아 연구소, 1985).
- 李光洙 編, 國際聯盟提出『朝日關係史料集』(高大圖書館 影印本, 982).
- 이민호, 「만해 한용운 시의 탈식민주의 여성성 연구」, 『한국 문학이론과 비평』 제31집, 2006.
- 이능화, 『朝鮮佛敎通史』상권, (京城 寶蓮閣, 1982).
- 이병석, 「만해시에서의 '님'의 불교적 연구」, 동아대학교박사학위논문, 1996.
- 이병헌 편저, 『3·1운동비사』(시사시보사출판국, 1959),
- 이성택, 「민족주의와 원불교사상」, 『원불교사상』 12집(원불교사상연구원 1988. 12).
- 이선이, 「만해 한용운 문학에 나타난 탈식민주의적 인식」, 『어문연구』 제118권, 2003.6.
- 이선이, 「만해시의 생명사상연구」, 월인, 2001.
- 이영호, 「1894년 농민전쟁의 사회경제적 배경과 변혁주체의 성장」, 『1894년 농민전쟁연구』(역사비평사, 1994).
- 이혜원, 「한용운 김소월 시의 비유구조와 욕망의 존재방식」, 고려대학교박사학위논문, 1996.

- 임성조, 「만해시의 선해적 연구」, 연세대학교박사학위논문, 1995.
- 장규식, 『일제하 한국 기독교민족주의 연구』(혜안, 2001).
- 장백일, 「만해의 불교록 인간관」, 『불교사상』, 1986. 4.
- 전보삼, 『푸른산빛을 깨치고』, 민족사, 1996.
- 정광호, 「日帝의 宗教政策과 植民地 佛教」, 『한국사학』3(정신문화연구원, 1980).
- 정광호, 『한일불교관계사연구』(인하대출판부, 1994. 3).
- 정광호, 『일본 침략시기의 한·일 불교관계사』(아름다운 세상, 2001. 3).
- 진순애, 『전쟁과 시와 평화』, 푸른사상, 2008.
- 조동일, 「한용운」, 『한국문학사상사 이론』, 지식산업사, 1978.
- 조종현, 「卍海한용운」, 『한용운사상연구』, 만해사상연구회.
- 조지훈, 「한국의 민족시인 한용운」, 『사상계』, 1966.
- 최연식, 「특집 프롤로그」, 『불교평론』28·29(현대불교신문사, 2006. 12).
- 한동민, 「"寺刹令" 체제하 본산제도 연구」, 중앙대학교 박사학위 논문, 2005.
- 한보광, 「백용성 스님의 역경활동과 그 의의」, 『대각사상』 제5집(대각사상연구회, 2002)
- 한석희, 『日本の朝鮮支配と宗教政策』(東京:未來社, 1988),
- 한용운, 『조선불교유신론』(불교서관, 1913)
- 허우성, 「내셔널리즘의 감소를 위한 조건」, 일본사상사학회, 『일본사상』 제13호(한국일본사상사학회, 2007. 12).

3. 웹사이트

국사편찬위원회 한국사데이터베이스 (http://db.history.go.kr)
국사편찬위원회 한국역사정보통합시스템 (http://www.Koreanhistory.go.kr)
국가기록원 나라기록 (http://contents.archives.go.kr)
독립기록관 한국독립운동사정보시스템 (http://search.i815.or.kr)
디지털한글박물관 (http://hangeulmuseum.org)
국립중앙도서관 한국고전적종합목록시스템(https://nl.go.kr/korcis)
한국고전번역원 (https://www.itkc.or.kr)
한국연구재단 기초학문 자료센터 (https://www.krm.or.kr)
국립중앙박물관& 뮤지엄 (https://www.emuseum.go.kr)

아득한 바다, 휘감는 마음노래

2025년 8월 25일 제1판 제1쇄 인쇄

지은이　김태진
펴낸이　송경자
펴낸곳　도서출판 충무로정미소
기　획　만해문학회
등록번호　제2024-000126호
주　소　04557 서울시 중구 충무로2길 32-4 2층
전　화　010-9858-6615
E-메일　art6502@daum.net

값 23,000원
ISBN 979-11-991030-3-0　03810

※ 잘못 만들어진 책은 구입한 곳에서 교환해 드립니다.